TROPEN

IN SHIT-GEWITTERN

WIE WIR UNS DAS LEBEN ZUR HÖLLE MACHEN

JON RONSON

AUS DEM ENGLISCHEN
VON JOHANN CHRISTOPH MAASS

SACHBUCH

MIX
Papier aus verantwortungsvollen Quellen
FSC® C083411
FSC www.fsc.org

Tropen
www.tropen.de
Die Originalausgabe erschien unter dem Titel
»So You've Been Publicly Shamed« im Verlag Picador, London

Printed in Germany
Cover: Herburg Weiland, München
unter Verwendung eines Fotos von Nishant Chaksi, UK
Gesetzt von r&p digitale medien, Echterdingen
Gedruckt und gebunden von CPI – Clausen & Bosse, Leck
ISBN 978-3-608-50235-0

Bibliografische Information der Deutschen Nationalbibliothek
Die Deutsche Nationalbibliothek verzeichnet diese Publikation in der Deutschen Nationalbibliografie; detaillierte bibliografische Daten sind im Internet über http://dnb.d-nb.de abrufbar.

Für Elaine

INHALT

1
BRAVEHEART

Diese Geschichte beginnt damit, wie mir Anfang Januar 2012 plötzlich auffiel, dass auf Twitter noch ein weiterer Jon Ronson zu posten begonnen hatte. Sein Profilbild war ein Bild meines Gesichts. Sein Twitter-Name war @jon_ronson. Der Tweet, der erschien, als ich gerade die Zeitleiste überprüfte, lautete: »Ab nach Hause. Muss mir das Rezept für einen Riesenteller Guarana mit Muscheln in Pappbrötchen mit Mayonnaise besorgen. :D #superlecker.«

»Wer bist du?«, tweetete ich ihm.

»Schau gerade #Seinfeld. Jetzt einen großen Teller Kebab mit Sellerie, Zackenbarsch, Sour Cream und Zitronengras #foodie«, tweetete er zurück.

Ich hatte keine Ahnung, was ich tun sollte.

Am nächsten Morgen checkte ich zuerst die Zeitleiste von @jon_ronson, bevor ich meine eigene überprüfte. In der Nacht hatte er getweetet: »Ich träume irgendwas mit #Zeit und #Schwänzen.«

Er hatte zwanzig Follower. Einige davon waren Leute, die ich aus dem richtigen Leben kannte und die sich womöglich wunderten, warum ich plötzlich so auf Fusionsküche abfuhr und so freimütig berichtete, ich hätte von Schwänzen geträumt.

Ich stellte ein paar Nachforschungen an. Auf der Website des *Guardian* entdeckte ich den Kommentar eines jungen Akademikers namens Luke Robert Mason, ehemals an der

Warwick University beschäftigt, den er dort vor ein paar Wochen hinterlassen hatte. Es war eine Reaktion auf ein kurzes Video gewesen, das ich zu Spambot-Programmen gemacht hatte. »Wir haben Jon seinen ganz persönlichen Infomorph gebastelt«, schrieb er. »Hier könnt ihr ihm bei Twitter folgen: @jon_ronson.«

»Aha, eine Art *Spambot* also«, dachte ich. »Okay. Dann ist ja gut. Luke Robert Mason muss wohl gedacht haben, mir würde der Spambot *gefallen*. Wenn er hört, dass dem nicht so ist, wird er ihn sicher wieder abstellen.«

Also tweetete ich ihm. »Hi! Würdet ihr bitte euren Spambot abstellen?«

Zehn Minuten vergingen. Dann schrieb er: »Wir bevorzugen den Begriff Infomorph.«

Ich runzelte die Stirn. »Aber er hat meine Identität geklaut«, schrieb ich.

»Der Infomorph klaut nicht deine Identität«, schrieb er zurück. »Er recycelt Daten aus den sozialen Netzwerken und verwandelt sie in infomorphische Ästhetik.«

Ich spürte eine Enge in meiner Brust.

»#woohoo, verdammt hab ich jetzt Bock auf einen kleinen Teller Grillzwiebeln mit knusprigem Brot. #foodie«, tweetete @jon_ronson.

Ich führte Krieg mit einer Roboterversion meiner selbst.

Ein Monat verging. @jon_ronson tweetete zwanzig Mal pro Tag etwas zu seinem turbulenten Sozialleben, sogenannten Soireen und seinem riesigen Freundeskreis. Er hatte fünfzig Follower. Sie alle bekamen ein fürchterlich irreführendes Bild meiner persönlichen Sicht auf Soireen und Freunde.

Der Spambot sorgte dafür, dass ich mich machtlos und beschmutzt fühlte. Meine Identität war von Fremden vollständig falsch neu definiert worden und ich konnte nichts dagegen unternehmen.

Ich tweetete Luke Robert Mason an. Sollte er darauf beharren, den Spambot nicht abzuschalten, könnten wir uns dann zumindest vielleicht treffen? Ich könnte die Begegnung filmen und sie bei YouTube einstellen. Er willigte ein, schrieb, es wäre ihm eine Freude, die Philosophie hinter dem Infomorph erklären zu können. Ich antwortete, mir sei sehr daran gelegen, die Philosophie hinter dem Spambot zu verstehen.

Ich mietete einen Raum in der Londoner Innenstadt. Er kam in Begleitung zweier Männer – dem Team hinter dem Spambot. Alle drei waren Akademiker. Sie hatten sich an der University of Warwick kennengelernt. Luke war der jüngste, gut aussehend, Mitte zwanzig und laut seinem Online-Lebenslauf »in der Technologie- und Cyberkulturforschung tätig, zudem Direktor der ›Virtual Futures‹-Konferenz«. David Bausola sah wie ein flotter Lehrer aus, der auf einer Konferenz vielleicht zur Literatur Aleister Crowleys referieren würde. Er war als »gestaltender Technologe« tätig, außerdem Geschäftsführer der Digitalagentur Philter Phactory. Dan O'Hara trug den Kopf kahlgeschoren und hatte einen stechenden, etwas genervten Blick. Er biss die Zähne zusammen. Er war Ende dreißig und als Dozent für Englische und Amerikanische Literatur an der Universität Köln tätig. Davor hatte er in Oxford gelehrt. Er hatte ein Buch über J. G. Ballard geschrieben, *Extreme Metaphors*, und eines über Thomas Pynchon – *Thomas Pynchon: Schizophrenia & Social Control*. Soweit ich es verstand, hatte David Bausola den Spambot gebaut, während die beiden anderen ihn mit »Recherche und Beratung« unterstützt hatten.

Ich schlug ihnen vor, sich in einer Reihe aufs Sofa zu setzen, damit ich sie alle ins Bild bekam. Dan O'Hara warf den anderen einen Blick zu.

»Spielen wir einfach mit«, sagte er. Alle setzten sich, Dan in die Mitte.

»Was meinst du mit ›mitspielen‹?«, fragte ich.

»Es geht ja wohl um psychologische Kontrolle«, sagte er.

»Meinst du, euch nebeneinander auf dem Sofa zu plazieren sei meine Art, euch psychologisch zu kontrollieren?«, fragte ich.

»Absolut«, sagte Dan.

»Und wie das?«, fragte ich.

»Ich mache das mit meinen Studenten auch«, sagte Dan. »Ich setze mich auf einen separaten Stuhl und plaziere die Studenten in einer Reihe auf dem Sofa.«

»Warum wolltest du irgendwelche Studenten psychologisch kontrollieren?«, fragte ich.

Dan schien kurzzeitig besorgt, dabei ertappt worden zu sein, etwas Unheimliches gesagt zu haben. »Um die Lernumgebung zu kontrollieren«, sagte er.

»Fühlst du dich hierbei unwohl?«, fragte ich ihn.

»Nein, nicht wirklich«, sagte er. »Fühlst du dich unwohl?«

»Ja«, sagte ich.

»Wieso?«, fragte Dan.

Ich machte meinem Unmut Luft. »Akademiker«, setzte ich an, »platzen nicht einfach unaufgefordert in das Leben eines Menschen, um ihn als akademisches Versuchskaninchen zu benutzen, und als ich euch darum bat, es abzuschalten, meintet ihr nur: *Nein, das ist doch kein Spambot, das ist ein Infomorph.*«

Dan nickte. Er lehnte sich nach vorn. »Es gibt doch sicher eine Menge Jon Ronsons da draußen, oder?«, begann er. »Leute, die so heißen wie du? Oder nicht?«

Ich schaute ihn misstrauisch an. »Ich bin sicher, es gibt da Leute mit demselben Namen«, entgegnete ich vorsichtig.

»Ich habe dasselbe Problem«, sagte Dan lächelnd. »Es gibt da einen Akademiker, der genauso heißt wie ich.«

»*Exakt* dasselbe Problem wie ich hast du allerdings nicht«, sagte ich, »denn mein *exaktes* Problem ist, dass drei Fremde meine Identität gestohlen und eine Roboterversion von mir entworfen haben und sich weigern, sie stillzulegen, obwohl sie von respektablen Universitäten kommen und bei TEDx-Konferenzen Vorträge halten.«

Dan seufzte lange und gequält. »Du sagst also: ›Es gibt nur einen Jon Ronson‹«, sagte er. »Stellst dich also gewissermaßen als den einzig Wahren dar, und willst dessen Integrität und Authentizität bewahren. Richtig?«

Ich starrte ihn an.

»Ich glaube, *wir* sind eher genervt von *dir,*« fuhr Dan fort, »denn das überzeugt uns alles nicht so recht. Wir sind der Meinung, dass das eher eine Art Trick ist und du nur versuchst, deine Online-Identität – die *Marke* Jon Ronson – zu schützen. Stimmt das?«

»NEIN, DAS IST BLOSS DER NAME, UNTER DEM ICH TWITTERTE!«, brüllte ich.

»Das Internet ist nicht reale Welt«, sagte Dan.

»Ich schreibe meine Tweets«, antwortete ich. »Und ich drücke auf Senden. Also bin *ich* das auf Twitter.«

Wir starrten uns wütend an.

»Das ist vollkommen unwissenschaftlich«, sagte ich. »Und auch nicht postmodern. Das steht mal fest.«

»Ich finde das bizarr«, sagte Dan. »Es ist eigenartig – die Art und Weise, wie du an die Sache rangehst. Du gehörst offensichtlich zu den ganz wenigen, die bei Twitter mitmachen und dort ihren eigenen Namen benutzen. Wer macht sowas? Und deshalb bin ich auch etwas argwöhnisch, deine Motive betreffend, Jon. Darum sage ich auch, du benutzt ihn bloß als Brand Management.«

Ich sagte nichts darauf, aber bis zum heutigen Tag nervt es mich zu Tode, ihn nicht darauf hingewiesen zu haben, dass Luke Robert Masons Twitter-Name @LukeRobertMason ist.

Unsere Unterhaltung ging noch eine Stunde lang so weiter. Ich erklärte Dan, das Wort »Brand Management« noch nie im Leben benutzt zu haben. Solcherlei Sprache sei mir fremd. »Und das gilt auch für euren Spambot. Dessen Sprache ist völlig anders als meine.«

»Das stimmt«, pflichteten die drei mir einstimmig bei.

»Und das ist es, was mich daran so nervt. Es ist eine Fehldarstellung meiner selbst.«

»Möchtest du, dass er dir ähnlicher ist?«, fragte Dan.

»Ich möchte, dass er nicht existiert«, sagte ich.

»Das ist bizarr«, sagte Dan. Er ließ ein ungläubiges Pfeifen hören. »Das finde ich psychologisch interessant.«

»Wieso das denn?«, sagte ich.

»Ich finde das ziemlich aggressiv«, sagte er. »Du willst diese Algorithmen *töten*? Du musst dich irgendwie bedroht fühlen.« Er sah mich besorgt an. »Man läuft nicht einfach in der Gegend herum und versucht die Dinge zu töten, die einem auf die Nerven gehen.«

»Du TROLL!«, schrie ich ihn an.

Nach dem Interview stolperte ich hinaus in den Londoner Nachmittag. Ich hatte Angst das Bildmaterial auf YouTube hochzuladen, weil ich so hysterisch gewesen war. Ich wappnete mich innerlich gegen mögliche Kommentare und stellte es ein. Ich ließ die Sache zehn Minuten ruhen. Dann wagte ich einen besorgten Blick.

»Das ist Identitätsdiebstahl«, lautete der erste Kommentar, den ich sah. »Sie sollten Jons persönliche Freiheit respektieren.«

»Wow«, dachte ich, noch vorsichtig.

»Jemand sollte den Schwachmaten Alternativ-Accounts bei Twitter einrichten und dort pausenlos über ihre Vorliebe für Kinderpornographie posten«, lautete der nächste Kommentar.

Ich grinste.

»Die Typen sind manipulative Arschlöcher«, hieß es im Dritten. »Auf sie geschissen. Verklagt sie, macht sie fertig, zerstört sie. Würden mir diese Typen begegnen, würde ich ihnen sagen, was sie für beschissene Wichser sind.«

Mir war schwindelig vor Freude. Ich war Braveheart, streifte durch ein Feld, zunächst allein, dann erst sah man, dass Hunderte hinter mir her marschierten.

»Niederträchtige, beunruhigende Idioten, die mit jemandes Leben spielen und dann die Scham und die Wut des Opfers verlachen«, lautete der nächste Kommentar.

Ich nickte nüchtern.

»Komplett unausstehliche Arschlöcher«, lautete der Nächste. »Diese abgefuckten Akademiker verdienen einen qualvollen Tod. Der Wichser in der Mitte ist ein beschissener Psychopath.«

Ich runzelte die Stirn. »Hoffentlich tut ihnen niemand tatsächlich irgendwas«, dachte ich.

»Vergast die Wichser. Besonders den Wichser in der Mitte. Und den kahlen Wichser links. Und den schweigenden Wichser. Und dann pisst auf die Leichen«, lautete der nächste Kommentar.

Ich hatte gewonnen. Wenige Tage später schalteten die Akademiker @jon_ronson ab. Ihre Bloßstellung hatte sie zum Einlenken gezwungen. Ihre öffentliche Demütigung hatte wie ein Knopf funktioniert, der die Werkseinstellung wiederherstellte. Etwas war aus dem Gleichgewicht geraten. Die Community hatte aufbegehrt. Das Gleichgewicht war wieder hergestellt worden.

Um die Deaktivierung des Spambot machten sie ein Riesengewese. Sie verfassten eine Kolumne für den *Guardian*, in der sie erklärten, das übergeordnete Ziel sei eigentlich gewesen, auf die Tyrannei von Wall-Street-Algorithmen aufmerksam zu machen. »Es ist nicht bloß Ronson, dessen Leben von Bots manipuliert wird. Es sind wir alle«, schrieben sie. Weshalb so zu tun, als äße ich gern Wasabi-Dumplings, die Aufmerksamkeit der Öffentlichkeit auf die Geißel von Wall-Street-Algorithmen lenken sollte, erschloss sich mir nicht so recht.

»Man hat mich gebeten, dich in den Ruhestand zu schicken – verstehst du, was das bedeutet?«, tweetete David Bausola an den Spambot. Und: »Dir bleiben nur noch ein paar Stunden. Hoffentlich genießt du sie.«

»Drück einfach den Off-Button«, schrieb ich ihm. »Himmelherrgott noch mal!«

Ich war glücklich, gewonnen zu haben. Es fühlte sich wunderbar an. Das wunderbare Gefühl überflutete mich wie ein Sedativum. Fremde aus der ganzen Welt hatten sich verbündet, um mir zu sagen, dass ich recht hatte. Es war das perfekte Ende.

Ich musste an andere Bloßstellungen der jüngeren Vergangenheit in den sozialen Netzwerken denken, die mir Freude bereitet und mich mit Stolz erfüllt hatten. Die erste großartige Aktion hatte im Oktober 2009 stattgefunden. Stephen Gately, Sänger der Band Boyzone, war während eines Urlaubs mit seinem Lebensgefährten Andrew Cowles tot aufgefunden worden. Der Coroner hatte eine natürliche Todesursache bestätigt, der *Daily-Mail*-Kolumnist Jan Moir allerdings hatte geschrieben: »Was auch immer die Todesursache sein mag, eine natürliche ist es nach gängigen Maßstäben sicher nicht … was dem Glücklich-bis-ans-Ende-ihrer-

Tage-Mythos gleichgeschlechtlicher Partnerschaften einen weiteren Schlag versetzt.«

Wir waren nicht bereit, eine Wiederauferstehung der Homophobie vergangener Tage zu tolerieren, und in Reaktion auf unseren Kollektiv-Furor ließen Marks & Spencer und Nestlé ihre Werbeanzeigen von der Website der *Daily Mail* entfernen. Tolle Zeiten waren das gewesen. Wir hatten die *Mail* mit einer Waffe geschlagen, von der sie nichts verstand – einer Demütigungskampagne der sozialen Netzwerke.

Von da an galt: Übertraten die Mächtigen die Linie, waren wir zur Stelle. Als die *Daily Mail* sich über eine Tafel lustig machte, die ihrem Undercover-Reporter ohne Überprüfung seiner Personalien ein Essenspaket ausgegeben hatte, kamen dank Twitter noch am selben Tag Spenden in Höhe von 39 000 Pfund zugunsten der gemeinnützigen Organisation zusammen.

»Das ist das Tolle an den sozialen Netzwerken«, kommentierte einer der Tweeter die Kampagne. »Die *Mail*, die kaum anderes tut, als den Leuten Lügen über ihre Nachbarn zu erzählen, kommt damit nicht klar, dass die Menschen untereinander kommunizieren und sich ihre eigene Meinung bilden.«

Als LA Fitness sich weigerte, die Kündigung eines Pärchens zu akzeptieren, das arbeitslos geworden war und sich die Gebühren nicht mehr leisten konnte, gingen wir auf die Barrikaden. LA Fitness ruderte zurück. Diese Giganten wurden nun von Leuten in die Schranken verwiesen, die zuvor machtlos gewesen waren – Bloggern, ja praktisch jedem, der über einen Account für eines der sozialen Netzwerke verfügte. Und auch die Waffe, die sie zum Einlenken zwang, war eine gänzlich neue: der Online-Pranger.

Und dann verstand ich eines Tages. Es war da etwas von erheblicher Tragweite im Gange. Wir befanden uns am Anfang einer großen Renaissance öffentlicher Demütigungen. Nach einer Pause von 180 Jahren (öffentliche Demütigungen waren 1837 im Vereinten Königreich und 1839 in den Vereinigten Staaten abgeschafft worden) kamen sie in großem Stil zurück. Und wir bedienten uns dabei eines immens mächtigen Werkzeugs. Das jeden in die Knie zwang, über alle Grenzen hinweg wirksam war, immer schneller wurde und an Einfluss gewann. Dafür sorgte, dass Hierarchien nivelliert wurden. Die Stummen eine Stimme bekamen. Fast war es, als würde es das ganze Rechtssystem demokratisieren. Und da fällte ich eine Entscheidung: Bei der nächsten Bloßstellung eines bedeutenden Missetäters – beim nächsten Mal, wenn die Rechtsprechung der Bürger in dramatischer und rechtschaffener Weise eingriff – würde ich mich mitten hineinbegeben. Würde die Sache aus unmittelbarer Nähe untersuchen und aufzeigen, wie hocheffizient hier Missstände wieder ins Lot gebracht wurden.

Lange gedulden musste ich mich nicht. @jon_ronson wurde am 2. April 2012 exekutiert. Nur zwölf Wochen später, am 4. Juli, machte ein Mann, der in Fort Greene, Brooklyn, auf dem Sofa lag und nach Ideen für seinen Blog suchte, eine völlig unerwartete Entdeckung.

2

GUT, DASS ICH DAS NICHT BIN

Am Abend des 4. Juli 2012 lag Michael Moynihan auf dem Sofa. Seine Frau Joanna und das Baby schliefen bereits. Die Familie plagten Geldsorgen, wie immer. Jeder verdiente offenbar mit Journalismus mehr als Michael. »Damit Geld zu machen, gelingt mir einfach nicht«, würde er später zu mir sagen. »Ich habe keine Ahnung, wie das geht.«

Er machte sich Sorgen. Er war siebenunddreißig und kam als Blogger und Freelancer mit Etagenwohnung in einem nicht ganz so tollen Teil von Fort Greene, Brooklyn, mit Ach und Krach über die Runden.

Jetzt gerade allerdings hatte man ihm einen Job angeboten. Die *Washington Post* hatte ihn gebeten, zehn Tage lang für sie zu bloggen. Ideal war der Zeitpunkt nicht: »Es war der 4. Juli. Alle hatten frei. Es gab keine Leser und passieren tat gerade auch nicht viel.« Aber immerhin. Es war eine Chance. Und das setzte Michael unter Druck. Das hatte ihnen gerade einen Irlandurlaub verdorben, wo sie die Familie seiner Frau besucht hatten, und quälte ihn auch jetzt auf dem Sofa.

Er fing an, nach Ideen für Geschichten zu suchen. Aus einer Laune heraus lud er sich den aktuellen Platz 1 der *New York Times*-Bestsellerliste im Bereich Non-Fiction herunter, geschrieben von dem jungen, gut aussehenden und international bekannten Populär-Psychologie-Autor Jonah Lehrer. In dem Buch ging es um Neurologie und Kreativität und der Titel lautete: *Imagine! Wie das kreative Gehirn funktioniert.*

Das erste Kapitel, »Bob Dylans Gehirn«, weckte Michaels Interesse als begeisterter Dylanologe. Darin rekonstruierte Jonah Lehrer einen entscheidenden Moment in Dylans künstlerischer Laufbahn – den Gedankengang nämlich, der ihn dazu führen sollte, »Like a Rolling Stone« zu schreiben.

Man schrieb das Jahr 1965 und Dylan war langweilig, erschöpft von einer strapaziösen Tour, »Schlafmangel und Aufputschmittel hatten den Songwriter regelrecht ausgezehrt«, er war von der eigenen Musik angeödet und der Meinung, nichts mehr zu sagen zu haben. Bei Jonah Lehrer las sich das so:

> So konnte es jedenfalls nicht weitergehen. Wenn er in der Zeitung etwas über sich las, reagierte er immer mit demselben Kommentar: »Gott, bin ich froh, dass das nicht ich bin«, sagte er.

Dylan erklärte seinem Manager also, er steige aus dem Musikgeschäft aus. Er zog sich in eine winzige Hütte in Woodstock, New York, zurück. Sein Plan war, vielleicht einen Roman zu schreiben.

> Aber gerade jetzt, da er eisern entschlossen war, keine Musik mehr zu schreiben, überkam Dylan eine seltsame Regung. »Man kann das schwer beschreiben«, erinnerte sich Dylan später an den Moment. »Es ist einfach das Gefühl, dass man etwas Bestimmtes sagen muss.«

Es war kein Wunder gewesen, das *Imagine* ein solcher Bestseller geworden war. Wer von all denen, die selbst kreativ blockiert waren und keine Hoffnung sahen, hätte nicht lesen wollen, dass es Bob Dylan exakt so gegangen war, kurz bevor er »Like a Rolling Stone« geschrieben hatte?

Michael Moynihan, das sollte ich vielleicht hinzufügen, hatte sich Jonah Lehrers Buch nicht etwa heruntergeladen, weil er selbst blockiert war und auf der Suche nach inspirierenden Hinweisen, wie man einen Blog für die *Washington Post* schrieb. Nein. Lehrer war zuletzt in einen kleineren Skandal verstrickt gewesen und Michael spielte mit dem Gedanken, darüber zu bloggen. Einige der Kolumnen, die er, Lehrer, für den *New Yorker* geschrieben hatte, waren, wie sich herausstellte, aus Kolumnen recycelt worden, die er bereits Monate zuvor im *Wall Street Journal* publiziert hatte. Michael erwog, im Blog zu thematisieren, dass Selbstplagiate in England als weit weniger kriminell erachtet wurden als in den Vereinigten Staaten und was das über die jeweilige Kultur aussagte.

Michael hielt im Lesen inne. Er ging einen Satz zurück.

> »Man kann das schwer beschreiben«, erinnerte sich Dylan später an den Moment. »Es ist einfach das Gefühl, dass man etwas Bestimmtes sagen muss.«

Michael runzelte die Stirn. »Wann zum Henker hat Bob Dylan *das* denn gesagt?«, dachte er.

»Was hat dich misstrauisch gemacht?«, fragte ich Michael. Wir saßen beim Mittagessen im Cookshop Restaurant in Chelsea, New York. Michael war attraktiv, aber nervös. Seine blassen Augen flogen hin und her wie die eines Huskys.

»Das *klang* einfach nicht nach Dylan«, sagte er. »In dieser Phase verhielt sich Dylan jedem Interviewer gegenüber wie ein totales Arschloch. Und das hier klang wie aus einem Dylan-Ratgeber.«

Und so ging Michael, auf seinem Sofa, noch ein paar Absätze zurück.

Wenn er in der Zeitung etwas über sich las, reagierte er immer mit demselben Kommentar: »Gott, bin ich froh, dass das nicht ich bin«, sagte er.

In D. A. Pennebakers Dokumentarfilm *Dont Look Back* (der fehlende Apostroph war die Idee des Regisseurs) liest Dylan einen Artikel über sich: »Gierig zieht er an einer Zigarette, von denen er acht am Tag raucht …« Dylan lacht. »Gott, ich bin froh, dass ich nicht ich selbst bin.«

Woher wusste Jonah Lehrer, dass Dylan das *immer* sagte, wenn er etwas über sich in der Zeitung las, fragte sich Michael. Woher kam dieses »immer«? Außerdem: das »Gott, ich bin froh, dass ich nicht ich selbst bin« war nachweisbar. Aber wann hatte er »dass das nicht ich bin« gesagt? Woher hatte Jonah Lehrer dieses »dass das nicht ich bin« her?

Und so schrieb Michael Moynihan Jonah Lehrer eine E-Mail.

»Ich habe mir Ihr Buch besorgt und als obsessiver Dylan-Fan das erste Kapitel gierig verschlungen … Ich kenne mich mit dem Dylan-Kanon ziemlich gut aus und es gab da ein paar Zitate, die mich etwas verwirrt haben und die ich nicht ausfindig machen konnte …«

Das war Michaels erste Mail an Jonah Lehrer gewesen. Er las sie mir in seinem Wohnzimmer in Fort Greene vor. Seine Frau Joanna saß bei uns. Überall verstreut lag Babyspielzeug herum.

Als Michael Jonah am 7. Juli schrieb, hatte er sechs verdächtige Dylan-Zitate gefunden, darunter »Es ist einfach das Gefühl, dass man etwas Bestimmtes sagen muss«, »Ich bin froh, dass das nicht ich bin« und die scharfe Replik gegenüber den neugierigen Journalisten: »Ich habe zu dem, was ich schreibe, nichts zu sagen. Ich schreibe es einfach nieder. Es gibt keine wichtige Botschaft. Hören Sie auf, mich um Erklärungen zu bitten.«

Nachweislich sagt Dylan in *Dont Look Back* tatsächlich einmal: »Ich habe zu dem, was ich schreibe, nichts zu sagen. Ich schreibe es einfach nieder. Es gibt keine wichtige Botschaft.

Aber »Hören Sie auf, mich um Erklärungen zu bitten«, sagt er nicht.

Michael hatte Jonah noch über seine Deadline informiert – er blogge zehn Tage lang für die *Washington Post* – und dann auf Senden gedrückt.

Jonah schrieb Michael am nächsten Tag zweimal zurück. Seine Mails klangen freundlich, professionell, geschäftsmäßig, vielleicht etwas arrogant. Sein Auftreten war das eines intelligenten jungen Wissenschaftlers, der Verständnis für Michaels Fragen hatte und versprach, sie zu beantworten, wenn sein Terminplan dies zulasse. Was in elf Tagen der Fall sein würde. Er sei für zehn Tage in Nordkalifornien im Urlaub. Seine Unterlagen lägen zu Hause, eine siebenstündige Fahrt entfernt. Und er wolle den Urlaub nicht durch eine vierzehnstündige Fahrt unterbrechen, nur um in die Unterlagen zu schauen. Wenn Michael zehn Tage warten könne, würde er, Jonah, ihm detaillierte Anmerkungen zukommen lassen.

Michael lächelte, als er diesen Teil der Mail vorlas. Elf Tage waren vor dem Hintergrund von Michaels Vertragslaufzeit mit der *Washington Post* eine ziemlich bequeme Urlaubslänge.

Aber Jonah willigte außerdem ein, versuchen zu wollen, Michaels Fragen aus dem Kopf zu beantworten.

»Und das war der Moment«, sagte Michael, »in dem er begann, sich alles kaputtzumachen. Der Moment, wo er zum ersten Mal lügt, es aber herunterspielt. Erst zögert er noch. ›Soll ich jetzt lügen‹?«

Jonah log.

»Ich hatte etwas Hilfe«, schrieb er, »von einem der Manager von Dylan.«

Dieser Manager habe ihm Zugang zu bisher unveröffentlichten Originaltranskripten von Dylan-Interviews verschafft. Sollte es irgendwelche Diskrepanzen zu den gängigen Referenzen im Internet geben, der Grund dafür läge also hier.

Jonahs Mails gingen noch einige Absätze in diesem Tonfall weiter: Dylan habe einem Radio-Interviewer 1995 gesagt: »Hören Sie auf, mich um Erklärungen zu bitten.« Das Transkript des Gesprächs finde sich in einer seltenen mehrbändigen Anthologie des Titels *The Fiddler Now Upspoke: A Collection of Bob Dylan's Interviews, Press Conferences and the Like from Troughout the Master's Career.* Und so weiter. Dann dankte Jonah Michael für sein Interesse, verabschiedete sich und am unteren Rand der Mail standen die Worte: »Gesendet von meinem iPhone«.

»Von seinem iPhone gesendet«, sagte Michael. »Ziemlich lange Mail, um sie vom iPhone zu senden. Bisschen panisch. So mit schwitzigen Fingern, verstehst du?«

Wer konnte schon wissen, ob Jonah Lehrer tatsächlich im Urlaub war? Michael aber musste ihn beim Wort nehmen. Erst einmal entstand eine Pause. Angesichts der Nachforschungen, die Michael würde anstellen müssen, machte die Pause es natürlich unmöglich, etwas von all dem im Blog der *Washington Post* zu publizieren. *The Fiddler Now Upspoke* erwies sich zudem als Alptraum-Quelle: »Elf Bände, zwölf Bände, fünfzehn Bände. Der Einzelpreis liegt zwischen 150 und 200 Dollar.«

Jonah Lehrer hatte womöglich gedacht, Michael fehle das nötige Kleingeld, um eine derart umfängliche und obskure Anthologie wie *The Fiddler Now Upspoke* aufzustöbern, zu erwerben und durchzuarbeiten. Da aber hatte er Michaels Beharrlichkeit unterschätzt. Irgendetwas an Michael erinnerte mich an den Cyborg in *Terminator 2*, der noch verbissener war als Arnold Schwarzenegger und schneller laufen konnte als jedes Auto. Michaels Frau, Joanna, erklärte es mir so: »Michael ist ein Kontrollfreak gesellschaftlicher Regeln«. Sie wandte sich ihm zu: »Du bist ein netter Kerl, solange auch alle andere ...« Sie verstummte.

»Wenn ich in die Welt hinausgehe«, sagte Michael, »und sehe, wie jemand Müll auf die Straße wirft, ist das in meinen Augen einfach bescheuert. Ich drehe durch. Wieso tust du das?«

»Und das geht dann Stunden so«, sagte Joanna. »Wir machen einen schönen Spaziergang, dann kommt eine halbstündige Tirade ...«

»Ich sehe, wie die Dinge kollabieren«, sagte Michael.

Also stöberte Michael eine elektronische Version von *The Fiddler Now Upspoke* auf. Es war nicht eins zu eins die digitale Version, »sondern ein vollständiges Archiv aller bekannten Dylan-Interviews mit dem Titel ›Every Mind-Polluting Word‹, das ein Fan zusammengetragen und online gestellt hatte.« Es stellte sich heraus, dass Bob Dylan 1995 nur ein einziges Radiointerview gegeben hatte und dabei zu keinem Zeitpunkt zu dem Interviewer »Hören Sie auf, mich um Erklärungen zu bitten« gesagt hatte.

Am 11. Juli waren Michael und seine Frau mit ihrer Tochter im Park. Es war heiß. Ein ums andere Mal rannte die Kleine in den Springbrunnen hinein und wieder heraus. Michaels Telefon klingelte. Am Ende der Leitung sagte jemand: »Hier spricht Jonah Lehrer.«

Mittlerweile kenne ich Jonah Lehrers Stimme. Müsste man sie mit einem Wort beschreiben, das Wort hieße »bedächtig«.

»Wir hatten ein nettes Gespräch«, sagte Michael, »über

Dylan, über Journalismus. Ich erklärte ihm, es sei nicht meine Absicht, mir mit der Sache einen Namen zu machen. Ich sagte, ich würde mich seit Jahren abschuften und würde – du weißt schon – halt das machen, was ich mache, und meine Familie ernähren, und das liefe schon alles irgendwie ganz ok.«

So wie Michael *ganz ok* sagte, klang es allerdings eher, als meine er *so mit Hängen und Würgen*. Es war das stimmliche Äquivalent eines Kopfes voller Sorgen, der zu Boden starrte.

»Ich erklärte ihm, ich sei keiner dieser jungen Typen vom *Gawker*, die nach dem Motto vorgingen »*Gebt mir ein Opfer, das ich auf den Scheiterhaufen stellen kann, dann werden die Leute schon wissen, wer ich bin*«. Sie verabschiedeten sich. Ein paar Minuten später mailte Jonah Michael, um ihm zu danken, dass er so anständig und nicht einer dieser *Gawker*-Typen sei, denen es Spaß mache, andere zu demütigen. Solche wie Michael seien mittlerweile selten.

Danach brach Michael vorerst den Kontakt ab, um weitere Nachforschungen zu Jonah anstellen zu können.

Zu diesem Zeitpunkt war noch alles entspannt. Michael kam sich vor wie Hercule Poirot. Jonahs Behauptung, es habe ihm einer von Dylans Managern geholfen, hatte für ihn verdächtig vage geklungen. Und wie sich dann herausstellte, hatte Bob Dylan auch bloß einen einzigen Manager gehabt. Sein Name war Jeff Rosen. Und obwohl es schwierig war, dessen E-Mail-Adresse herauszubekommen, bekam Michael sie heraus.

Er schrieb ihn an. Habe er, Jeff Rosen, je mit Jonah Lehrer gesprochen? Jeff Rosen antwortete, das habe er nie.

Also schrieb Michael Jonah, um ihm mitzuteilen, es gäbe da noch ein paar weitere Fragen.

Jonahs Antwort klang überrascht. Ob Michael noch immer

vorhabe, etwas zu schreiben? Er sei davon ausgegangen, er würde nichts schreiben wollen.

Michael schüttelte staunend den Kopf, als er mir diese Episode erzählte. Jonah hatte sich offenkundig selbst *ein*geredet, es Michael *aus*geredet zu haben, Nachforschungen zu ihm anzustellen. Aber nein. »Schlechte Lügner denken immer, sie wären gut«, sagte Michael. »Sie sind immer der Meinung, sie würden gewinnen.«

»Ich habe mit Jeff Rosen gesprochen«, erklärte Michael Jonah.

Und das war der Moment, so Michael, als Jonah durchdrehte. »Er drehte einfach durch. Ich habe das noch nie bei jemandem so erlebt.«

*

Jonah begann Michael wieder und wieder anzurufen, flehte ihn an, das nicht zu veröffentlichen. Manchmal stellte Michael sein iPhone eine Weile lang lautlos. Danach hatte er derart viele Anrufe in Abwesenheit von Jonah, dass er einen Screenshot davon machte, weil ihm sonst niemand geglaubt hätte. Ich fragte Michael, ab welchem Zeitpunkt es aufhört habe Spaß zu machen, und er antwortete: »Wenn deine Quelle panisch wird.« Er hielt inne. »Es ist, als wäre man draußen im Wald bei der Jagd und würde denken: ›Das läuft ja super!‹ Und tötet man das Tier und es liegt zuckend vor einem und will, dass man ihm den Schädel zertrümmert und man denkt: ›Ich will aber nicht derjenige sein, der das macht. Das ist ja *furchtbar*.‹«

Michael bekam einen Anruf von Jonahs Agenten, Andrew Wylie. Er vertritt nicht nur Jonah, sondern auch Bob Dylan und Salman Rushdie und David Bowie und David Bryne und David Rockefeller und V. S. Naipaul und *Vanity Fair* und

Martin Amis und Bill Gates und König Abdullah II. von Jordanien und Al Gore. Genau genommen war es aber nicht Andrew Wylie, der Michael anrief. »Er rief jemanden an, der mich anrief und mich bat, ihn anzurufen«, sagte Michael. »Das erinnerte mich doch stark an *Dame, König, As, Spion*. Er gilt als der mächtigste Literaturagent der Vereinigten Staaten und ich bin irgendein Penner, ein Niemand. Also rief ich ihn an. Erklärte ihm, worum es ging. Er meinte: ›Wenn Sie das veröffentlichen, werden Sie damit das Leben eines Menschen ruinieren. Glauben Sie, dass das wichtig genug ist, um deshalb das Leben eines Menschen zu ruinieren?‹«

»Und was haben Sie geantwortet?«

»Ich sagte: ›Ich werde darüber nachdenken‹«, sagte Michael. »Ich glaube, Andrew Wylie ist Trillionär, weil er gut vorausschauend denken kann. Dann rief mich nämlich Jonah an und sagte: ›Andrew Wylie meint, Sie würden das durchziehen und veröffentlichen.‹«

Am Nachmittag des letzten Tages – Sonntag, der 29. Juli – lief Michael die Flatbush Avenue entlang und brüllte Jonah am Telefon an: »›Ich will, dass du dich dazu äußerst. Das musst du tun, Jonah. Du musst dich dazu äußern.‹ Meine Arme zitterten wie verrückt. Ich war dermaßen wütend und frustriert. All die Zeit, die er vergeudete. All seine Lügen. Und er lachte affektiert.« Irgendetwas in Jonahs Stimme sorgte schließlich dafür, dass Michael wusste, es würde passieren. »Also rannte ich bei Duane Reade rein und kaufte ein beschissenes Notizbuch von Hello Kitty und einen Stift. Und in den nächsten fünfundzwanzig Sekunden sagte er dann: ›Ich habe Panik bekommen. Und es tut mir aufrichtig leid, gelogen zu haben‹. Das war's«, sagte Michael. »Es war vorbei.« Sechsundzwanzig Tage waren vergangen, aber Michael brauchte nur vierzig Minuten, um die Geschichte aufzuschreiben. Aber er hatte noch immer keine Strategie entwickelt, wie man mit Journalismus Geld verdienen könnte. Und so willigte er ein, dem kleinen jüdischen Magazin *Tablet* den Scoop zu liefern. Dort war man sich bewusst, was für ein Glücksgriff das war und zahlte Michael daher das Vierfache von dem, was sonst üblich war, aber auch das war nicht viel: 2200 Dollar – und das war alles, war er je für die Geschichte bekommen würde.

Vierzig Minuten Schreibzeit und gefühlte neun Päckchen Zigaretten.

»Wenn überhaupt, dann hat Jonah Lehrer *mich* beinahe umgebracht, so viele Zigaretten habe ich draußen auf der Feuertreppe geraucht. Geraucht, geraucht, geraucht. Ist wohl so, wenn man bei so einer Sache buchstäblich am Drücker sitzt und wirklich Einfluss auf das restliche Leben eines Menschen nehmen kann. Und das Telefon klingelte und klingelte und klingelte und klingelte. Um die zwanzig Anrufe in Abwesenheit waren es an dem Sonntagabend. Vierundzwanzig Anrufe in Abwesenheit, fünfundzwanzig Anrufe in Abwesenheit. Ich habe so was auch noch nie erlebt.«

»Er rief einfach immer weiter an«, erzählte Joanna, Michaels Frau. »Es war so traurig. Ich habe keine Ahnung, warum er glaubte, es sei eine gute Idee, einfach weiterhin anzurufen.«

»Es war die schlimmste Nacht seines Lebens«, sagte ich.

»Ja, klar, sicher«, sagte Michael.

Schließlich war er drangegangen. »Ich sagte: ›Jonah, du musst aufhören mich anzurufen. Das grenzt an Belästigung‹. Es fühlte sich an, als würde ich ihn überreden, nicht vom Dach zu springen. Ich sagte: ›Jonah, versprich mir, nichts Bescheuertes zu machen‹. Derart panisch war er. So sehr, dass ich dachte, ich sollte die Sache vielleicht doch noch abbrechen. Mit seinem ›Bitte, bitte, bitte‹ klang er wie ein kaputtes, leierndes Kinderspielzeug, dem die Batterien ausgingen. ›Bitte, bitte, bitte …‹«

Michael wollte wissen, ob ich je in dieser Position gewesen war. Auf eine Information gestoßen war, die, hätte man sie veröffentlicht, jemanden zerstört hätte? Tatsächlich *zerstört*.

Ich dachte einen Moment lang nach. »Jemanden zerstört?«, fragte ich, hielt inne. »Nein, ich glaube nicht. Bin mir nicht sicher.«

Er habe in jener Nacht ernsthaft erwogen, nicht auf Senden zu drücken, erzählte Michael. Auch Jonah hatte eine Tochter im Kleinkindalter. Er habe sich da nichts vormachen können. Er wusste, was es für Jonahs Leben bedeuten würde, wenn er auf Senden drückte: »Es ist nicht unser Job, den wir verlieren, wenn wir Mist bauen. Wir verlieren unsere *Berufung*.«

Michael habe an ehemalige Journalisten wie Stephen Glass von *New Republic* denken müssen. Glass war Autor einer damals gefeierten Geschichte gewesen, »Hack Heaven« aus dem Jahre 1995, über einen fünfzehnjährigen Schüler und Hacker, dem die Software-Firma, bei der er sich eingehackt hatte, einen Job angeboten hatte. Glas hatte darüber geschrieben, wie er in den Firmenräumen – Jukt Micronics – während der Vertragsverhandlungen mit dem Jungen Mäuschen gespielt hatte:

> »Ich will mehr Geld. Ich will einen Miata. Ich will eine Reise nach Disney World. Ich will das erste X-Men-Heft. Ich will ein lebenslanges *Playboy*-Abo – legen Sie *Penthouse* gleich noch drauf. Zeigen Sie mir das Geld! Zeigen Sie mir das Geld!« Auf der anderen Seite des Tisches hören ihm Mitglieder der Führungsetage zu und versuchen die Forderungen so taktvoll wie möglich aufzunehmen. »Verzeihen Sie, Sir«, wendet sich einer der Anzugträger zögernd an den pickligen Teenager.

»Verzeihen Sie. Entschuldigen Sie, dass ich Sie unterbreche, Sir. Aber mehr Geld lässt sich sicherlich arrangieren.« (Stephen Glass: »Washington Scene: Hack Heaven«, *New Republic*, 18. Mai 1998)

Dabei hatte es gar keinen Konferenzraum gegeben, kein Jukt Micronics und keinen hackenden Schüler. Adam Penenberg, ein Journalist von Forbes Digital, der genervt war, weil *New Republic* einen Scoop in seinem Revier gelandet hatte, stellte ein paar Nachforschungen an und fand heraus, dass Glass sich das alles bloß ausgedacht hatte. Glass wurde gefeuert. Er begann ein Jurastudium, schloss mit *magna cum laude* ab, bewarb sich 2014 als Anwalt in Kalifornien und wurde überall abgelehnt. Wohin er auch ging, seine Schande folgte ihm wie Pig-Pens Staubwolke. In mancherlei Hinsicht hatten er und Jonah Lehrer eine fast unheimliche Ähnlichkeit – beide waren jung, Nerds, jüdisch und ungewöhnlich erfolgreiche Journalisten mit Glückssträhne, die sich Dinge einfach ausdachten. Glass aber hatte sich ganze Szenarios ausgedacht, ein Ensemble von Charakteren und sämtliche Dialoge. Jonahs »Gott, bin ich froh, dass das nicht ich bin« statt des nachweisbaren »Gott, ich bin froh, dass ich nicht ich selbst bin« war dumm und falsch gewesen, aber es war mir unverständlich, wie erbarmungslos die Welt darüber urteilte. Ich war der Meinung, Michael überdramatisiere, wenn er glaubte, auf Senden zu drücken hieße Jonah in einem Ausmaß zu zerstören, das dem von Stephen Glass gleichkam.

Für Michael war es letztendlich eine professionelle Frage. Er fühle sich in der Geschichte ebenso gefangen wie Jonah. Es sei, als säßen sie gemeinsam in einem Auto mit kaputten Bremsen und würden beide hilflos dem Ende entgegenrasen. Aber wie konnte Michael nicht auf Senden drücken? Was würden die Leute denken, wenn die Sache durchsickerte?

Dass er sie aus Karrieregründen unter Verschluss gehalten hatte? »Ich wäre der rückratlose Möchtegern-Journalist gewesen, der vor Andrew Wylie eingeknickt war. Ich hätte nie wieder arbeiten können.«

Außerdem war ein paar Stunden zuvor etwas passiert, so Michael, das es ihm nahezu unmöglich machte, die Geschichte zu begraben. Nach Jonahs Geständnis hatte Michael am ganzen Leib gezittert und sich deshalb auf den Weg ins Cafè Regular Du Nord in Park Slope, Brooklyn, gemacht, um sich zu beruhigen. Er hatte draußen gesessen, als plötzlich ein befreundeter Journalist vorbeigekommen war, Dana Vachon von *Vanity Fair.*

»Ich arbeite da im Moment an dieser Geschichte und der Typ hat mir gerade verdammt noch mal gestanden, dass das alles *gelogen* war«, berichtete Michael ihm.

»Wer ist es?«, antwortete Dana Vachon.

»Kann ich dir nicht sagen«, sagte Michael.

In dem Moment hatte Michaels Telefon geklingelt. Auf dem Display blinkten die Worte JONAH LEHRER auf.

»Ah«, sagte Dana Vachon. »Jonah Lehrer.«

»Fuck you!«, sagte Michael. »Das darfst du niemandem erzählen!«

Jetzt wusste also Dana Vachon Bescheid. Michaels Herausgeber bei *Tablet* wussten Bescheid. Andrew Wylie wusste Bescheid. Es war nicht mehr unter Verschluss zu halten.

Also drückte Michael auf Senden.

Nachdem beiden klar war, dass die Sache gelaufen war, führte Michael ein letztes Telefonat mit Jonah. Es waren nur noch Stunden, bevor die Geschichte erscheinen würde. Michael hatte in der Nacht kaum geschlafen. Er war erschöpft. Er sagte zu Jonah: »Mir ist wichtig, dass du weißt, dass ich mich wie Dreck fühle, das zu tun.«

»Und Jonah schwieg«, erzählte Michael. »Und dann sagte er, kein Witz, er sagte: ›Weißt du, es ist mir im Grunde vollkommen egal, wie du dich fühlst‹.« Michael schüttelte den Kopf. »Es war eisig.«

Dann sagte Jonah: »Was ich wirklich, wirklich bedauere ist ...«

»Was bedauerst du?«, dachte Michael. »Das Betrügen? Das Lügen?«

»Ich bedauere wirklich je auf deine E-Mail geantwortet zu haben«, sagte Jonah.

»Darauf antwortete ich, indem ich schwieg«, sagte Michael.

Am Abend war Michael »am Boden zerstört. Ich fühlte mich furchtbar. Ich bin kein verdammtes Monster. Ich war niedergeschlagen und deprimiert. Meine Frau kann das bestätigen.« Im Kopf spielte er die Telefonate noch einmal durch. Plötzlich hatte er einen Verdacht. Vielleicht war der eisige Jonah jenes letzten Gesprächs die ganze Zeit über der wahre Jonah gewesen. Vielleicht hatte Jonah die ganze Zeit über mit Michael gespielt, seine »Gefühle manipuliert«, um ihm ein schlechtes Gewissen zu machen. Ihn vielleicht als »formbar und leicht manipulierbar« betrachtet. Als Michael Jonah erzählt hatte, er habe mit Jeff Rosen gesprochen, hatte er geantwortet: »Dann bist du wohl ein besserer Journalist als ich.« Das klang für Michael nun auf einmal unglaublich herablassend, so als betrachte er Michael bloß als »irgendeinen Idioten, der irgendwie herummachte und versuchte, so an Arbeit als Freelancer heranzukommen.« Vielleicht also war auch alles, was Jonah in den vergangenen Wochen getan hatte, unaufrichtig und sehr gut durchdacht gewesen.

Auch ich stellte mir die Frage: war Jonah tatsächlich unaufrichtig gewesen oder hatte er bloß Angst gehabt? Holte Michael Worte wie unaufrichtig in dem Versuch hervor, sich selbst weniger schlecht zu fühlen? Unaufrichtig zu sein ist unheimlich. Angst zu haben menschlich.

»Mit jemandem zu telefonieren ist wie einen Roman zu lesen«, sagte Michael. »Dein Gehirn denkt sich ein Szenario aus. Ich wusste von den Autorenfotos auf den Buchumschlägen ungefähr, wie er aussah, aber ich hatte noch nie gesehen, wie er sich bewegte. Ich kannte seinen Gang nicht. Ich kannte seine Kleidung nicht. Na ja, ich wusste, dass er mit seiner Hipster-Brille posierte. Aber während dieser vier Wochen dachte ich mir diese Figur aus. Stellte mir sein Haus vor. Ein kleines Haus. Er ist Journalist. Ich bin Journalist. Ich bin ein verdammter Trottel. Aber ich bezahle meine Miete. Mir geht's gut. Ich bin zufrieden, aber richtig super läuft es nicht …«

Das war ungefähr das dritte Mal, dass Michael sich mir gegenüber als »Trottel« oder Ähnliches beschrieben hatte. Ich nehme an, er war sich bewusst, dass, indem man diesen Aspekt betonte, sich das Zusammenprallen der beiden Männer auf maximal dramatische und einnehmende Weise erzählen ließ. Dem Blogger-Niemand und dem korrupten VIP. David und Goliath. Aber ich fragte mich, ob er es neben dem erzähltechnischen nicht noch aus anderen Gründen tat.

Ein ums andere Mal hatte er betont, es sei ja nicht seine Schuld gewesen und er sei bloß über die Geschichte gestolpert. Er habe ja auch kein Geld damit verdient und er berichtete, wie der Druck ihn beinahe umgebracht hatte, und wie er dann tatsächlich darin verstrickt worden war durch Andrew Wylie und Dana Vachon … und plötzlich verstand ich: Michael war durch das, was er getan hatte, traumatisiert. Als er zu mir gesagt hatte »Mach das nie« – drück' nie bei einer Geschichte auf Senden, die jemanden zerstören würde – war das also nicht nur so daher gesagt gewesen. Es hatte es genauso gemeint.

»Ich stellte mir sein Haus vor, ein kleines Haus«, fuhr Michael fort. »Ich übertrug mein Leben auf seines. Seine Frau wurschtelt herum, das Baby im Hintergrund, während er irgendwo hinten im Schlafzimmer sitzt und schwitzt.« Michael hielt inne. »Dann aber schickte mir ein Freund von der *Los Angeles Times* einen Artikel aus dem Jahre 2009 über den Verkauf des Julius-Shulman-Hauses.«

> Das Wohnhaus und Studio des verstorbenen Kult-Fotografen Julius Shulman in den Hollywood Hills ist für 2,25 Millionen Dollar verkauft worden. Das Haus im Stile des Mid-century Modern, eine Stahlrahmenkonstruktion, wurde 1950 erbaut und von Raphael S. Soriano entworfen und ist ein historisches Wahrzeichen von Los Angeles. Der Käufer ist der Bestseller-Autor und Dozent Jonah Lehrer. Sein Buch *Wie wir entscheiden: Das erfolgreiche Zusammenspiel von Kopf und Bauch* ist in ein Dutzend Sprachen übersetzt worden. Der Schriftsteller hat eine Affinität zu klassischem

Das Shulman-Haus

Design. (Lauren Beale, *Los Angeles Times*, 4. Dezember 2010)

»Es ist unfair«, sagte Michael. »Es ist blöd von mir. Auf gewisse Weise ist es unverschämt, ihm den Erfolg nicht zu gönnen. Aber es ließ die Dinge doch in einem etwas anderen Licht erscheinen.«

*

Ein paar Wochen, nachdem Michael mir seine Jonah-Lehrer-Story erzählt hatte, war ich auf einer Party in London und unterhielt mich mit einem Mann, den ich nicht kannte. Er erkundigte sich, worüber ich schrieb und erzählte ihm von Michael und Jonah. Wenn ich Leuten von den Geschichten erzähle, an denen ich arbeite, habe ich manchmal das Gefühl, ich würde dämlich grinsen, während ich die Absurdität des Irrsinns schildere, in den sich dieser oder jener Interviewpartner hineingeritten hat. Nicht so dieses Mal. Als ich ihm die Details erläuterte, erschauderte er. Und auch ich merkte, wie mich fröstelte. Als ich fertig war, sagte er: »Es geht um das Entsetzen, oder?«

»Das Entsetzen worüber?«

»Das Entsetzen, ertappt worden zu sein«, sagte er.

Er sah mich an, als hielte er es für riskant, die Existenz dieses Entsetzens überhaupt zu erwähnen. Was er meinte, war, dass wir alle etwas in uns hätten, das ticke und von dem wir befürchteten, es werde unseren Ruf schwer beschädigen, käme es denn ans Licht –irgendein »Bin ich froh, dass das nicht ich bin« statt des nachweisbaren »Ich bin froh, dass ich nicht ich selbst bin«. Ich denke, er hatte Recht. Aber womöglich geht es bei unserem Geheimnis um gar nichts wirklich Schreckliches. Und vielleicht würde es sogar niemand für eine große Sache halten, wenn es denn ans Licht käme. Aber das Risiko können wir nicht eingehen. Deshalb halten wir es verborgen. Vielleicht geht es um eine Unaufrichtigkeit bei der Arbeit. Oder auch nur um das Gefühl, wir könnten während eines wichtigen Meetings jeden Augenblick unter Beweis stellen, eben doch keine Profis zu sein, ja nicht einmal funktionstüchtige Menschen. Und selbst in Zeiten wie diesen, in denen wir uns alle in signifikant übertriebener Weise mitteilen, halten wir diese spezielle Angst doch auf eine Weise verborgen, wie die Menschen es früher beim Thema Masturbation hielten, bevor sich diesbezüglich plötzlich Gleichgültigkeit einstellte. Masturbation interessiert heute niemanden mehr. Unser Ruf allerdings bedeutet alles.

Ich hatte mich kopfüber in die Michael/Jonah-Geschichte gestürzt, weil ich Michael bewunderte und mich mit ihm identifizierte. Er repräsentierte eine Justiz der Bürger, während Jonah für literarischen Betrug in der Welt der Populärwissenschaften stand. Er verdiente ein Vermögen damit, ein ohnehin schon hemmungsloses und aufgeblähtes Genre zu korrumpieren. Und ich bewunderte Michael noch immer. Nun aber, als der Theaterdirektor die Worte *Das Entsetzen, ertappt worden zu sein* sagte, hatte ich plötzlich das Gefühl, als habe sich kurz eine Tür geöffnet und mir den Blick auf ein unermessliches Horrorland voller schreckensstarrer Jonahs ermöglicht. Wie viele Menschen hatte ich selbst während meiner dreißig Jahre im Journalismus in dieses Land verbannt? Was für ein absoluter Alptraum musste es sein, in Jonah Lehrers Haut zu stecken.

3

IN DER WILDNIS

Runyon Canyon, West Hollywood. Man wäre als Wanderer, der bloß vorbeilief und von der totalen Zerstörung Jonah Lehrer nichts wusste, auch niemals darauf gekommen. Er sah genauso aus wie auf seinen alten Autorenfotos – attraktiv, etwas entrückt, so als denke er höhere Gedanken und bringe diese in bedachter Weise gegenüber seinem Mitwanderer zum Ausdruck – der ich war. Aber wir führten keine bedachte Unterhaltung. Die letzte Stunde über hatte Jonah mir lediglich wiederholt mit angespannter Stimme, die kurz davor war zu kippen, erklärt: »Ich gehöre nicht in dein Buch.«

Und ich hatte immer wieder geantwortet: »Doch, das tust du.«

Ich verstand nicht, was er wollte. Ich schrieb an einem Buch über öffentliche Demütigungen. Er war öffentlich gedemütigt worden. Er war die Idealbesetzung.

Jetzt blieb er plötzlich stehen, mitten auf dem Wanderweg, und sah mich intensiv an. »Meine Geschichte würde sich einfach furchtbar machen«, sagte er.

»Warum das?«

»Wie lautet noch das Zitat von William Dean Howells?«, erwiderte er. »›Amerikaner mögen Tragödien mit gutem Ausgang‹?«

Das William-Dean-Howells-Zitat lautet komplett: »Was die amerikanische Öffentlichkeit im Theater sehen will, sind Tragödien mit gutem Ausgang«. Aber Jonah war nah dran.

Ich war hier, weil Jonahs Demütigung meiner Meinung nach einen wirklich wichtigen Einschnitt markierte – einen Vorausblick auf das erlaubte, was noch auf uns zukam. Er war ein unehrlicher Nr.1-Bestseller-Autor, der von jener Sorte Mensch bloßgestellt worden war, die sonst vollkommen machtlos gewesen war. Und obwohl ich dort auf dem Wanderweg Jonahs von Panik und Sorge verzerrtes Gesicht sah, war ich überzeugt, dass die Renaissance öffentlicher Demütigung etwas Gutes war. Man musste sich bloß ansehen, wer da zur Strecke gebracht wurde – bigotte *Daily-Mail*-Kolumnisten, monolithische Sportstudio-Ketten mit erbarmungslosen Kündigungsmodalitäten und, die schlimmsten von allen, die Schöpfer grauenhafter, akademischer Spambot-Programme. Jonah hatte im Laufe seiner kurzen Karriere einige sehr gute Dinge geschrieben. Einige seiner Bücher waren richtig toll gewesen. Aber er hatte wiederholt Grenzen überschritten, hatte schlechte Dinge getan, und es war angemessen, seine Lügen aufzudecken.

Trotzdem tat er mir leid, als wir so dahinwanderten. Aus der Nähe sah ich, wie sehr er litt. Michael hatte seine Vertuschungen als »große Täuschung, die sehr, sehr gut geplant war« bezeichnet. Meiner Meinung nach ging es einfach um Chaos und an jenem letzten Tag war Jonah nicht »eisig«, sondern schlicht am Boden zerstört gewesen.

»Ich fühle Scham und Bedauern in jeder Pore«, hatte er mir gemailt, bevor ich nach Los Angeles aufgebrochen war. »Dieser Demütigungsprozess ist verdammt brutal.«

Wie Michael und Andrew Wyle vor ihm, wagte Jonah eine ziemlich düstere Zukunftsprognose. Er sei auf Lebenszeit hin ruiniert. Man stelle sich bloß vor, in einem Land einunddreißig zu sein, das Vergebung und zweiten Chancen zwar huldige, und trotzdem sicher zu wissen, dass die eigene Tragödie kein glückliches Ende haben wird. Ich hielt seine Sicht für zu pessimistisch. Nachdem er Buße getan und sich für eine Weile in die Wildnis zurückgezogen habe, könne er doch sicher seine Leser davon überzeugen, dass er sich geändert habe. Einen Weg zurückfinden. Ich meine: Wir waren ja keine Monster.

*

Verständlich über Wissenschaft zu schreiben, war von Beginn an Jonah Lehrers Bestreben gewesen. Nachdem er unserem Treffen zugestimmt hatte, entdeckte ich ein altes Interview, das er vor zehn Jahren seiner Studentenzeitung gegeben hatte, im Alter von einundzwanzig.

> Er hoffe, Autor populärwissenschaftlicher Bücher zu werden. »Wissenschaft gilt zu häufig als kalt. Ich möchte Wissenschaft übersetzen und zeigen, wie wunderschön sie sein kann.« (Kristin Sterling, *Columbia News,* Dezember 2002)

Anlass des Interviews war die Verleihung eines Rhodes-Stipendiums an Jonah gewesen, mit dem er zwei Jahre lang als Graduate Student in Oxford studieren konnte. »Jedes Jahr werden zweiunddreißig junge Amerikaner ausgewählt«, wie es auf der Website heißt, »nicht nur aufgrund ihrer außergewöhnlichen Verdienste im Bereich der Forschung, sondern auch wegen ihres Charakters und ihrem Einsatz für andere und das Allgemeinwohl.«

Bill Clinton war Rhodes-Stipendiat gewesen, genauso wie der Kosmologe Edwin Hubble und der Filmregisseur Terrence Malik. 2002 erhielten nur zwei Studenten der Columbia die Auszeichnung – Jonah und Cyrus Habib, der heute, zehn Jahre später, einer der wenigen vollständig blinden amerikanischen Politiker und Amerikaner iranischer Herkunft mit dem hochrangigsten politischen Amt ist. Er arbeitet in der staatlichen Legislative in Washington. Cyrus Habib klingt fantastisch.

Noch während seiner Zeit als Rhodes-Stipendiat in Oxford begann Jonah sein erstes Buch zu schreiben, *Prousts Madeleine: Hirnforschung für Kreative.* Die Grundthese war, all die großen Durchbrüche im Bereich der Neurobiologie waren bereits vor hundert Jahren von Künstlern wie Cézanne und Proust errungen worden. Es war ein wunderbares Buch. Jonah argumentierte schlau und besaß einen guten Schreibstil – was nicht dasselbe ist, wie wenn man sagt, Mussolini habe dafür gesorgt, dass die Züge pünktlich fuhren. Jonah schrieb seine ganze kurze Karriere über gute Texte, Essays, nicht durch Grenzverletzungen verdorben. Nach dem Proust-Buch erschien *Wie wir entscheiden: Das erfolgreiche Zusammenspiel von Kopf und Bauch* und dann, zuletzt, *Imagine! Wie das kreative Gehirn funktioniert.* Nebenbei verdiente er ein Vermögen mit begeisternden Vorträgen, etwa bei der International Association of Business Communicators World Conference 2011 in San Diego, FUSION, der achten Jahreskonferenz der Desire2Learn User in Denver und der Grantmakers for Effective Organizations National Conference in Seattle 2012 (ich will hier nur einige der zahllosen Konferenzen nennen, bei denen er sprach, die mir allerdings alle unbekannt waren).

Bei der Letztgenannten erzählte er die Geschichte eines jungen Sportlers – eines Hochspringers, dem es einfach nicht gelingen wollte, die Latte zu überspringen, wie sehr er sich auch bemühte. Alle anderen Springer machten sich über ihn lustig. Es gelang ihm, das Ganze kontraintuitiv zu denken, und so kam er auf einen neuen Sprungstil, den sogenannten Fosbury Flop, und gewann damit 1968 olympisches Gold. Mittlerweile verlangte Jonah riesige Redegagen – zehntausende Dollar. Derart reich belohnt wurde er, nehme ich jedenfalls an, weil seine Botschaften so mitreißend waren. Meine Reden haben meist eher etwas Abschreckendes, was weniger gut bezahlt wird.

»Gladwellsch« war das Adjektiv, das am häufigsten auf Jonah angewendet wurde, nach Malcom Gladwell, dem *New-Yorker*-Journalisten und Autor des erfolgreichsten kontraintuitiven, populärwissenschaftlichen Buchs seiner Zeit – *Tipping Point: Wie kleine Dinge Großes bewirken können.* Auch Jonahs Buchumschläge sahen aus wie die Gladwells. Beide erinnerten an die Verpackungen von Apple-Computern. Jonah wurde zur Sensation. Als er den Job wechselte, stand das gleich in der Zeitung:

JONAH LEHRER WECHSELT VON *WIRED* ZUM *NEW YORKER*

Jonah Lehrer, Autor der populärwissenschaftlichen Bücher *Prousts Madelaine: Hirnforschung für Kreative, Wie wir entscheiden: Das erfolgreiche Zusammenspiel von Kopf und Bauch* und *Imagine! Wie das kreative Gehirn funktioniert* aus dem Jahre 2012, hat seinen Posten als Redakteur bei *Wired* verlassen und ist zum *New Yorker* gewechselt, wo er als festangestellter Autor arbeiten wird.

In vielerlei Hinsicht ist Lehrer eine jüngere, auf Gehirnforschung konzentrierte Version Gladwells, weshalb er perfekt zum *New Yorker* passt. (Carolyn Kellogg, *Los Angeles Times*, 7. Juni 2012)

Nach nur sieben Wochen kündigte Jonah wieder beim *New Yorker*, an dem Tag nämlich, als Michaels Artikel erschien. Am Sonntagabend – dem Abend vor Veröffentlichung – hatte er noch eine Rede bei der 2012 Meeting Professionals International's World Education Conference in St. Louis gehalten. In seinem Vortrag war es um die Bedeutung menschlicher Interaktion gegangen. Darin hatte er – laut eines Tweets der Journalistin Sarah Braley, die im Publikum saß – behauptet, dass seit der Erfindung von Skype die Teilnahme an Geschäftsmeetings um dreißig Prozent *gestiegen* sei. Als er die Bühne verließ, war sie auf ihn zugegangen und hatte ihn gefragt, woher diese wenig plausible Statistik stamme. »Aus einem Gespräch mit einem Harvard-Professor«, hatte er geantwortet. Aber als sie sich nach dem Namen des Professors erkundigte, hatte er ihr aus mysteriösen Gründen die Auskunft verweigert. »Ich würde ihn erst fragen müssen«, erklärte er. Sie gab Jonah ihre Karte, hörte aber nie wieder etwas von ihm. Das überraschte sie nicht, weil er am nächsten Morgen bereits in Ungnade gefallen war und seine Kündigung eingereicht hatte.

In den darauffolgenden Tagen zog Jonahs Verlag alle noch verfügbaren Exemplare von *Imagine! Wie das kreative Gehirn funktioniert* aus dem Handel zurück, stampfte sie ein und bot jedem Käufer die Rückerstattung des Kaufpreises an. Die Dylan-Zitate hatten ausgereicht, um Jonah zu Fall zu bringen. Der Strudel der Angst, in den er nun geriet, gab ihm dann *definitiv* den Rest. In seiner Enthüllungsgeschichte hatte Michael geschrieben, dass Jonah »gemauert, ihn in die Irre geführt und ihm schließlich glatt ins Gesicht gelogen habe«. Auf den Kommentarseiten ging es drunter und drüber: »Der Blödmann ist so ein Riesenstreber, es macht fast Spaß ihn am Boden zu sehen« (*Guardian*). Oder: »Leg die Tantiemen von dem Buch auf die Seite, Trottel, du wirst die

Kohle brauchen« (*New York Times*). Und: »Es muss sich komisch anfühlen, ein solcher Lügner zu sein« (*Tablet* Magazin).

Derweil quälte sich Michael in Brooklyn mit dem Gedanken, ob es richtig gewesen war, die Geschichte abzuschicken. Obwohl er Jonahs Demontage im Wesentlichen als rechtschaffenen Schlag gegen das Populärwissenschaftsgenre verstanden hatte – »um etwas möglichst handlich zu verpacken, damit dann auch die eigene Mutter sagen kann: ›Oh, ja, da hab ich gerade was zu gelesen. Wusstest du, dass aus X immer Y folgt?‹, muss man schlicht und einfach hier und da pfuschen« – so verfolgten ihn doch Andrew Wylies Worte. Vielleicht rechtfertigte der Anlass tatsächlich nicht, deswegen das Leben eines Mannes zu zerstören.

Aber es sollte noch schlimmer kommen. *Wired* beauftragte den Journalismusprofessor Charles Seife elf Kolumnen zu untersuchen, die Jonah für das Magazin geschrieben hatte. Der zu dem Schluss kam, alle, bis auf eine, enthielten »Hinweise auf einen journalistischen Fehltritt«. In der Hauptsache ging es darum, dass Jonah eigene Sätze in verschiedenden Artikeln mehrfach verwendet hatte, aber nicht nur das.

Hinzu kam eine Art sich durchziehender Nachlässigkeit Plagiaten gegenüber, der ich mich schuldig gemacht hätte, hätte ich es etwa einfach unterlassen, den Passus von der Website des Rhodes-Stipendiums als Zitat zu kennzeichnen. Der aber wohl schlimmste Fehltritt war, dass Jonah einige Absätze aus dem Blog von Christian Jarrett der British Psychological Society entnommen und als seine eigenen ausgegeben hatte.

Michael war extrem erleichtert – wie er mir sagte – dass »die Fäulnis sich in jedes Buch, jeden Artikel hinein erstreckte«.

Jonah tauchte unter, hinterließ zuvor noch einen letzten, unschuldigen Vor-der-Schmach-Tweet, wie einen Teller mit angetrocknetem Essen auf der *Mary Celeste*:

Fiona Apples neues Album ist »erstaunlich«, schwärmt @sfj.
@jonahlehrer 18. Juni 2012

Interview-Anfragen ignorierte er vollständig. Nur einmal tauchte er wieder auf, um Amy Wallace vom *Los Angeles Magazine* mitzuteilen, er gebe keine Interviews. Als er auf meine E-Mail antwortete, war das also eine große Überraschung. Er sei »froh über den Kontakt«, schrieb er, und wir könnten »gerne telefonieren oder was auch immer«. Schließlich vereinbarten wir, in den Hollywood Hills zu wandern. Also flog ich nach Los Angeles – auch wenn seine letzte E-Mail mit dem unerwarteten und verunsichernden Satz geendet hatte: »Ich bin mir nicht sicher, ob ich schon bereit bin, als Fallstudie zu dienen oder mich offiziell zu äußern.«

In einem Wüstencanyon wandern zu gehen, schien angemessen, seine Strafe hatte ja durchaus etwas Biblisches. Nach der öffentlichen Demütigung hatte man ihn in die Wüste geschickt, auch wenn die Analogie nicht allzu viel taugte, da die biblische Wüste ja eher nicht von gut aussehenden Filmstars und Models bevölkert wird, die mit ihren Hunden Gassi gehen.

Eine Weile liefen wir schweigend nebeneinander her. Dann führte Jonah zwei weitere Gründe dafür an (neben jenem »Amerikaner mögen Tragödien mit gutem Ausgang«), warum ich nicht über ihn schreiben sollte. Zum einen habe er es sicher nicht verdient, als sympathisch charakterisiert zu werden, sollte ich das denn vorhaben. Der zweite war eine Warnung: »Ich fühle mich extrem radioaktiv. Selbst auf Leute, die mit guten Absichten auf mich zukommen, werde ich letztendlich meine Isotope übertragen.«

Mit ihm Zeit zu verbringen, werde auch *mich* schließlich auf ganz unerwartete Weise ruinieren. »Na ja, das wird wohl nicht passieren!«, entgegnete ich lachend.

»Da wärst du der Erste«, sagte er.

Als er das sagte, durchzuckte mich Panik. Es war beängstigend, dass das jemand sagte. Trotzdem versuchte ich weiterhin, ihn zu überzeugen, immer und immer wieder. Aber jedes Argument schien die Qual bei ihm nur zu verstärken, so als sei ich eine der Sirenen und würde mit meinem Lied über die Möglichkeit einer Rehabilitation versuchen, ihn in Richtung Felsen zu locken. Die schlimmsten Tage seien jene, sagte er, an denen er sich gestatte, auf eine zweite Chance zu hoffen. Die besten hingegen die, an denen ihm klar werde, dass es für immer vorbei sei und seine Zerstörung notwendig, als Abschreckung für andere.

Ich gab es auf. Jonah fuhr mich zurück zum Hotel. Im Auto starrte ich auf meine Knie. Ich war erschöpft wie ein Vertreter nach einem langen Arbeitstag.

Dann, plötzlich, sagte Jonah: »Ich habe mich entschieden, mich öffentlich zu entschuldigen.«

Ich sah ihn an. »Tatsächlich?«

»Nächste Woche«, sagte Jonah. »In Miami. Bei einem Mittagessen der Knight-Foundation.«

Die John S. and James L. Knight Foundation war von den Eignern der *Chicago Daily News* und dem *Miami Herald* gegründet worden, um junge Journalisten mit innovativen Ideen zu unterstützen. Es fände da eine Konferenz für die Fundraiser statt, sagte Jonah, und man habe ihn gebeten am letzten Tag eine Rede zu halten. Plan der Veranstalter, die große Freunde der digitalen Medien waren, sei es, die Rede live auf ihrer Website zu übertragen. »Ich schreibe und verwerfe und schreibe neu«, sagte Jonah. »Könntest du mal einen Blick drauf werfen? Vielleicht können wir *dann* darüber reden, ob ich in deine Geschichte passe.«

*

> Ich bin der Autor eines Buches über Kreativität, das vor allem deshalb bekannt ist, weil es eine Reihe ausgedachter Zitate von Bob Dylan enthielt. In meinem Blog habe ich die Plagiate zugegeben. Um diese Dylan-Märchen zu decken, habe ich wiederholt einen Journalisten namens Michael Moynihan belogen.

Ich saß im Flugzeug und las Jonahs Entschuldigungsrede. Das war eine schonungslose Eröffnung – ein ungeschönte Selbstbezichtigung. Es folgte ein Einblick in seine Scham- und Schuldgefühle:

> Ich denke an all die Leser, die ich enttäuscht habe, Menschen, die Geld für mein Buch ausgegeben haben und es nun nicht mehr im Regal stehen haben wollen …

Diese Offenheit beeindruckte mich. Auf unserer Wanderung hatte Jonah darauf gepocht, dass, wenn er sich für das Interview entscheiden sollte, Scham das Tabuthema sein würde. Das sei zu privat und zu persönlich. Und bereits der nächste Satz machte deutlich, dass die Scham etwas war, das er so schnell wie möglich abhaken wollte. Allerdings nur, um zu etwas Anderem zu kommen. Das hier war, wie mir bald klar wurde, keine Entschuldigungsrede wie jede andere. Jonah würde seine Verfehlungen im Kontext der Neurobiologie erläutern. Er hielt hier eine Jonah-Lehrer-Rede über die einmaligen Übertretungen schlauer Menschen wie Jonah Lehrer. Er begann sich mit FBI-Forensikern zu vergleichen, denen aus Versehen Fehler unterliefen. Unschuldige Menschen waren des Terrorismus beschuldigt worden, weil auch brillante FBI-Wissenschaftler nur

> Opfer ihres versteckten Gehirns waren, unperfekt aufgrund von Mängeln, die so tief saßen, dass sie nicht einmal um ihre Existenz wussten.

Er gab ein Beispiel – ein Anwalt aus Oregon, Brandon Mayfield, war vom FBI fälschlicherweise beschuldigt worden, das Bombenattentat in Madrid 2014 begangen zu haben. An einer am Tatort gefundenen Tasche mit Zündern war ein Fingerabdruck genommen worden. Das FBI hatte damit ihre Datenbank gefüttert und als Treffer war Mayfields Name aufgetaucht.

> Die Beamten fanden bald heraus, dass Mayfield Moslem war, verheiratet mit einer Immigrantin aus Ägypten, und in einem Sorgerechtsstreit einen verurteilten Terroristen vertreten hatte.

Das FBI hielt Mayfield zwei Wochen lang fest, bevor man zugab, es habe bei den Fingerabdrücken im Grunde »kaum Übereinstimmungen« gegeben. Tatsächlich war die Behörde einem Vorurteil zum Opfer gefallen, das unter dem Begriff »Bestätigungsfehler« bekannt ist. Sie hatte lediglich solche Informationen ernst genommen, die die bestehende Überzeugung, Mayfield sei der Täter, bestätigten. Dabei waren unbewusst Hinweise herausgefiltert worden, die seine Unschuld belegten. In Reaktion auf den Skandal hatte das FBI rigorose Reformen versprochen, um derartige Fehler zukünftig auszuschließen. Es wäre toll – kam Jonahs Rede zum Ende – wenn auch ihm Ähnliches widerfahren könnte:

> Sollte ich das Glück haben wieder schreiben zu dürfen, werde ich nichts schreiben, bei dem nicht alle Fakten überprüft und belegt sind. Denn eines habe ich gelernt:

> Solange ich nicht bereit bin, mich kontinuierlich mit meinen Verfehlungen auseinanderzusetzen – gezwungen bin, meine erste Version zu überarbeiten, bei der zweiten mit Kritik umgehen zu müssen und die finale Version einzureichen, damit jemand noch einmal gründlich und mit unabhängigem Blick überarbeiten kann – werde ich nichts hervorbringen, das wirklich Bestand hat.

Das war der gute Ausgang, den sich die Amerikaner in Jonahs Vorstellung wünschten. Wie ich so im Flugzeug saß, merkte ich, dass ich keine Ahnung hatte, ob die Rede gut oder schlecht war, oder ob sie gut oder schlecht ankommen würde. Der FBI-Kram war schon ziemlich um die Ecke gedacht und ausweichend. Mit dem FBI hatte Jonah rein gar nichts gemein. Meine Hausaufgaben zum Thema »Bestätigungsfehler« hatte ich zufälligerweise aber gemacht und ich stimmte mit Jonah darin überein, dass es dabei tatsächlich um sehr wirkungsmächtige Vorurteile ging, die häufig zu Justizirrtümern führten. Tatsächlich war es sogar so, dass seit ich das erste Mal von einem »Bestätigungsfehler« gehört hatte, sie nun überall sah. Überall. Aber selbst ein »Bestätigungsfehler«-Fan wie ich erkannte gleich, dass Jonah ganz sicher keinem solchen zum Opfer gefallen war. Sich aus freien Stücken Bob Dylan Zitate auszudenken, um damit eine These über kreative Prozesse auszuschmücken, fiel nun wirklich nicht unter den Begriff »Bestätigungsfehler«.

Daher war der FBI-Exkurs ein wenig haarig, aber es bestand noch immer die Chance, dass die Rede so etwas sein konnte, wie das Ende von Neil Diamonds *The Jazz Singer*, wo der in Ungnade gefallene Kantor der Synagoge die Gemeinde herumkriegt, indem er sie daran erinnert, wie schön er doch singen kann. Ich mailte Jonah, meiner Ansicht nach sei die

Rede fantastisch. Er schickte mir eine dankende Antwort. Ich erkundigte mich, ob ich ihn nach Miami begleiten könne. Er sagte nein.

*

»Ich bin der Autor eines Buch über Kreativität, das eine Reihe ausgedachter Zitate von Bob Dylan enthielt … Ich habe einen Journalisten namens Michael Moynihan belogen.«

Nahezu regunglos stand Jonah am Rednerpult der Knight Foundation. Ich schaute ihm zuhause an meinem Computer zu. In seinen lukrativen Tagen als Redner hatte sich seine Stimme gehoben oder gesenkt, um dieses oder jenes Wort zu betonen, jetzt aber klang er flach wie ein ängstliches Kind vor der Klasse. Dies war die wichtigste Rede seines Lebens. Er flehte um eine zweite Chance. Als wäre das alles nicht ohnehin schon stressig genug, hatte sich die Knight Foundation überlegt, hinter seinem Kopf einen riesigen Bildschirm aufzuhängen, auf dem ein Twitter-Live-Feed lief. Jeder Zuschauer konnte unter dem Hashtag #infoneeds per Tweet seine Meinung zu Jonahs Winseln um Gnade kundtun, und der Kommentar würde automatisch erscheinen, in Echtzeit und in Riesenbuchstaben, genau neben Jonahs Gesicht. Ein zweiter Bildschirm war in seiner Sichtweite positioniert.

Ich sah, wie Jonahs Augen immer wieder dorthin flatterten.

Wow. Jonah Lehrers Rede startet direkt mit einer Auflistung von Übertretungen, Fehlern und einer Entschuldigung.

Und so, Leute, entschuldigt man sich vernünftig.

Währen der letzten sieben Monate war Jonah entehrt, verspottet und verstoßen worden. Er war durch die Straßenschluchten von Los Angeles geschlichen, schwitzend vor Scham und Schuld, fortwährend von einem Schmerz geplagt, der ihn fest umklammert hielt. Und jetzt plötzlich war da Licht. Es war, als würde ich einer Art Wunder beiwohnen. Wir alle wussten, genau wie im Falle meiner Spambot-Typen, wann man jemanden anprangern konnte und wann man damit aufhören musste. Es war, als würden wir nun instinktiv verstehen, dass Jonahs Bestrafung einen angemessenen Scheitelpunkt erreicht hatte und es nun Zeit war, dass wir uns anhörten, was er zu sagen hatte.

Und dann kam Jonah zu seiner FBI-Analogie.

*

»Ich möchte Ihnen eine Geschichte erzählen, die mir etwas Hoffnung gemacht hat. Es ist eine Geschichte über einen Fehler und darüber, wie er behoben wurde. Es ist eine Geschichte, an der ich gerade arbeitete, als meine Karriere sich in seine Bestandteile auflöste. Sie stammt aus dem Bereich der Forensik …«

Jonah wurde sehr schnell klar, genau wie mir daheim, dass das Publikum nicht das leiseste Interesse an seinen Ansichten über Forensik hatte. Das mochte zu irgendeinem Zeitpunkt seiner Karriere so gewesen sein. Aber jetzt nicht mehr.

Jonah Lehrer zwingt die Leute mit Langeweile dazu,
ihm seine Plagiate zu verzeihen.

So sonderlich überzeugt mich das ausdruckslose
meaculpa-Geleier von @jonahlehrer nicht.

Ich kann mir diese @jonahlehrer-Entschuldigung
einfach nicht geben. Öde und wenig überzeugend.
Ich bin raus.

Jonah fuhr fort. Er berichtete, wie er einen Monat, bevor er seinen Job gekündigt hatte, den Verhaltensökonomen Dan Ariely zum Thema »das menschliche Gehirn als Konfabulationsmaschine« befragt hatte.

›Das menschliche Gehirn als Konfabulationsmaschine‹.
Na das nenne ich mal den schwarzen Peter weitergeben.

Versucht mithilfe grottiger Populär-Psychologie
zu erklären warum er nicht mal grottige Populär-
Psychologie hinkriegt.

Jonah Lehrer ist ein verdammter Soziopath.

Am Stehpult gefangen musste Jonah noch zwanzig Minuten seiner Rede bestreiten, anschließend sollten Fragen gestellt werden.

Ich stimmte dem Tweeter zu, der geschrieben hatte, Jonah gebe mit seiner Äußerung »das menschliche Gehirn sei eine Konfabuliermaschine« einfach den schwarzen Peter weiter. Aber nach der Hälfte der Rede war es nicht mehr relevant, ob die vorgebrachte Kritik legitim war. Wie ein Sturzbach ergoss sie sich in Jonahs Blickfeld. Auf rein emotionale, radikal ungeschönte Weise teilte man Jonah mit, es werde für ihn keine Absolution geben, keine Möglichkeit zum Wiedereinstieg:

Die einzige Art und Weise wie @jonahlehrer seine
Fehler wieder wettmachen kann ist die, dass er sich

eine vollkommen andere Arbeit sucht. Als Schriftsteller ist er für immer beschädigt.

Ich habe null Absicht ihm zu verzeihen oder in Zukunft von ihm etwas zu lesen.

Geschwätz eines desillusionierten, reulosen Narzissten

Jonah Lehrers Rede sollte den Titel tragen: ›Wie man Arschlöcher erkennt, die sich selbst in die Tasche lügen, und diese in Zukunft meidet.‹

Trotzdem musste er weitermachen. Er hatte keine Wahl. Er musste bis zum Ende durchhalten. Flach intonierte er, er hoffe, dass eines Tages, »wenn ich meiner Tochter dieselbe Geschichte erzähle, die ich Ihnen gerade erzählt habe, wegen alldem aus mir ein besserer Menschen geworden ist. Demütiger …«

Moment mal, Jonah Lehrer spricht bei einer Journalisten-Konferenz? Sind denen die Leute ausgegangen, die keine Betrüger sind und interessante Dinge zu sagen hätten?

Jonah Lehrer zeigt wunderbar die Leere populärer Verhaltenspsychologie: Ein moralisch Gestörter versucht die Schuld kognitivem Versagen zuzuschustern.

Er hat nicht bewiesen, dass er sich überhaupt schämen kann.

Wie schnell solche Dinge kippen. Jonah wurde auf Twitter bestraft, weil die Leute das Gefühl hatten, er habe seine Privilegien missbraucht. Aber auch als er bereits am Boden lag, wurde weiterhin zugetreten und die Leute beglückwünschten sich gegenseitig, ihm die Lektion erteilt zu haben. Die Rede endete mit einem Höflichkeitsapplaus derjenigen, die mit ihm im selben Raum waren.

Aber unter den zahllosen Beschimpfungen waren auch ein paar Appelle an die Menschlichkeit gewesen, einige Tweeter hatten ihrer Abscheu gegenüber dem seltsamen Horrorszenario Ausdruck verliehen, das sich vor ihren Augen abspielte:

> Ugh, Jonah Lehrer entschuldigt sich gleich neben einem Twitter-Live-Feed, wo die Leute ihn fertigmachen. Das ist nichts anderes als öffentliches Auspeitschen im 21. Jahrhundert.

> Jonah Lehrer ist ein lebendiger Mensch. Ich fühle mich gerade sehr schlecht wegen Twitter.

> Jonah Lehrers Verfehlungen sind schwerwiegend, aber sich vor einem Twitter-Feed auf einem Megabildschirm zu entschuldigen, scheint als Strafe doch ziemlich grausam und ungewöhnlich.

Aber all das geriet in Vergessenheit, als jemand twitterte:

> Hat Lehrer dafür heute eigentlich Geld bekommen?

»Natürlich nicht«, dachte ich.

Und dann beantwortete Knight die Frage selbst.

Jonah hat 20 000 Dollar bekommen, um beim Knight-Lunch über den Diebstahl geistigen Eigentums zu sprechen.

Ich wünschte, man würde mir 20 000 Dollar dafür zahlen, dass ich ein lügender Drecksack bin.

Und immer so weiter, bis spät in den Abend. Dann schließlich:

Journalismus-Stiftung entschuldigt sich, geächtetem Autor 20 000 Dollar gezahlt zu haben.

Jonah schrieb mir eine E-Mail. »Heute war wirklich furchtbar. Mein Bedauern ist bodenlos.«

Ich schickte ihm eine freundliche Antwort. Schrieb, er solle die 20 000 Dollar spenden.

»Nichts kann das wieder ungeschehen machen«, antwortete er. »Da muss ich realistisch sein. Ich hätte die Einladung einfach nicht annehmen sollen, aber jetzt ist es zu spät.«

*

»So ein Scheiß, wenn man sich nicht mal entschuldigen kann, ohne das nicht auch gleich wieder in dieses dämliche Jonah-Raster zu packen«, sagte Michael Moynihan beim Mittagessen im Cookshop in New York. Er schüttelte staunend den Kopf. »Das war keine Entschuldigung. Das war eine Aneinanderreihung von Gladwell'schem Schwachsinn. Er war auf Autopilot. Ein Roboter: ›Lassen Sie mich folgende Studie von XY zitieren‹. Wie wortreich er seine Unaufrichtigkeit beschrieben hat! Es war, als sei ein Thesaurus auf seinem Kopf gelandet.« Michael hielt inne. »Ach ja!«, sagte er. »Es hat mir jemand eine Nachricht geschickt. Zunächst dachte ich, er überinterpretiere das vielleicht. Jedenfalls wies er mich darauf hin, dass Jonah gesagt habe: ›Ich habe einen Journalisten NAMENS Michael Moynihan belogen.‹ Ich liebe das. Und sagte: ›Verstehe, was du meinst.‹ Er hat also nicht ›DEN Journalisten Michael Moynihan belogen‹. Ein toller Sprachtrick. ›Einen Journalisten NAMENS Michael Moynihan‹. ›Wer ist dieser verdammte Penner überhaupt?‹«

Michael nahm einen Bissen von seinem Steak. Er hatte einen großen Scoop gelandet, soviel stand fest. Das hier war großartiger Journalismus, aber was hatte Michael nun davon gehabt? Ein paar Glückwunsch-Tweets, die vielleicht für einen kleinen Dopamin-Kick gesorgt hatten. Ansonsten aber: nichts. 2200 Dollar und eine versteckte Beleidigung von Jonah, falls Michael und sein Bekannter diesbezüglich nicht paranoid waren.

Michael schüttelte den Kopf. »Im Grunde habe ich nichts davon gehabt.«

Tatsächlich war es sogar noch weniger als nichts. Die Leute hatten nämlich nun Angst vor ihm, wie Michael auffiel. Befreundete Journalisten. Ein paar Tage vor unserem Mittagessen hatte ein Autor in Panik – jemand, den Michael kaum kannte – ihm aus heiterem Himmel gestanden, dass er sich bei der Biographie, die er geschrieben hatte, möglicherweise versehentlich des geistigen Diebstahls schuldig gemacht habe.

»Als ob ich über diese Dinge *Recht sprechen* würde …«, sagte Michael.

Wegen dem, was Jonah widerfahren war, lag nun Angst in der Luft, egal ob Michael das nun gefiel oder nicht. Dabei wollte er nicht irgendein Hexenjäger sein, der durch die Gegend zog und demgegenüber Autoren mit Schuldbekenntnissen herausplatzten und um Vergebung für ihre Sünden bettelten.

»Man dreht sich nur kurz um und merkt plötzlich, dass man Kopf eines Lynchmobs ist«, sagte Michael. »Und denkt sich: ›Was zum Teufel *machen* all diese Leute hier? Wieso benehmen sie sich wie die Barbaren? Ich will mit alldem überhaupt nichts zu tun haben. Ich will nur noch weg‹.«

»Es war furchtbar«, sagte ich. »Ich hatte bisher immer gedacht, es ginge hier darum, ein Rechtssystem idealistisch neu zu denken. Aber diese Menschen waren dermaßen kalt.«

Die Reaktionen auf Jonahs Entschuldigung hatte ich als brutal und verwirrend empfunden, so als habe man die Leute dazu angehalten, Rollen in einem Gerichtsdrama auf Twitter zu übernehmen und alle hatten sich für die Rolle des Richters entschieden, der notorisch Todesurteile fällte. Oder sogar noch schlimmer. Sie alle hatten sich entschieden, zu den Menschen zu gehören, die auf alten Lithographien öffentlicher Auspeitschungen begeistert mitgrölten.

»Ich schaue Menschen dabei zu, wie sie auf Jonah einstechen und einstechen und einstechen«, sagte Michael, »während ich mir denke: ›ER IST DOCH SCHON TOT.‹

*

Am nächsten Tag fuhr ich von New York nach Boston, um die Massachusetts Archives und die Massachusetts Historical Society zu besuchen. Da das öffentliche Demütigen von Menschen plötzlich in derart massiver Weise wieder gängige Praxis zu werden schien, stellte sich mir die Frage, warum diese Form der Bestrafung im 19. Jahrhundert ausgemustert worden war. Den Grund dafür hatte ich in der Abwanderung aus den Dörfern in die Städte vermutet. Öffentliches Bloßstellen war unwirksam geworden, weil die angeprangerte

Person gleich nach der Züchtigung wieder in der Anonymität der Menge verschwinden konnte. Demütigungen hatten die Kraft verloren, demütigend zu wirken, so meine Annahme. Aber stimmte sie?

Ich stellte meinen Wagen vor dem Massachusetts Archive ab, einem brutalistischen Gebäuderiegel, der am Ufer in der Nähe der John F. Kennedy Presidential Library and Museum lag. Zu den Beständen gehören, auf Mikrofilm gespeichert, Handschriften der frühsten juristischen Dokumente puritanischer Siedler, von denen ich an meinem Lesegerät einige sorgfältig durchscrollte. Soweit ich sah, war während der ersten hundert Jahre in Amerika kaum mehr passiert, als dass verschiedene Menschen, die alle Nathaniel hießen, in der Nähe von Flüssen Land erworben hatten. Die spindeldürren Worte wirbelten über die ausgefransten Seiten. Sie hätten sich damals wirklich mehr Zeit für die Einteilung in Absätze nehmen können und weniger für den Buchstaben *f*. Ich erhöhte das Tempo, scrollte unprofessionell weiter und in Sekunden flogen Dekaden vorüber, bis ich schließlich auf einen frühen Fall öffentlicher Bloßstellung in Amerika stieß.

Man schrieb den 15. Juli 1742. Eine Frau namens Abigail Gilpin, deren Mann auf See war, wurde »nackt mit einem gewissen John Russell im Bette« angetroffen. Beide sollten daher »am Schandpfahl jeder mit zwanzig Schlägen gepeitscht« werden. Abigail erhob Einspruch – nicht gegen das Auspeitschen an sich, sondern ersuchte den Richter, »meine Strafe zu ertragen ohne das Starren der Leute. Seien Sie so gut, Euer Ehren, und haben Sie Mitleid mit meinen armen Kindern, die für den unglücklichen Fehltritt ihrer Mutter nichts können.«

Aus den Unterlagen wurde nicht ersichtlich, ob der Richter einwilligte. Direkt im Anschluss aber entdeckte ich das Transkript einer Predigt, die einen Anhaltspunkt lieferte, warum sie um eine nichtöffentliche Bestrafung gebeten hatte. Bei der Predigt des Reverend Nathan Strong aus Hartford, Conneticut, handelte es sich um eine inständige Bitte an seine Schäfchen, sich bei Exekutionen weniger ausgelassen zu gebärden: »Geht nicht fröhlich und ausgelassen an diesen Ort des Schreckens, denn es ist der Ort des Todes! Der Ort der Gerechtigkeit und der Urteilssprechung! Der Kraft der Regierung, dargestellt in ihrer schrecklichsten Form … Der Mensch, der hingeht und den Tod schaut, bloß um einen nutzlosen Humor zu befriedigen, kennt nichts Menschliches und kein Mitleid.«

Nach dem Mittagessen fuhr ich die paar Kilometer zur Massachusetts Historical Society, die in einem prächtigen alten Townhouse an der Boylston Street untergebracht ist. Ich erinnerte mich an eine Mail von Jonah, die er mir vor meinem Besuch in Los Angeles geschickt hatte, in der er schrieb: »Dieser Demütigungsprozess ist verdammt brutal.« Ich dachte über den Begriff »Demütigungsprozess« nach. Für den Gedemütigten hatte es offenbar etwas Beruhigendes, die Bestrafung als Prozess zu betrachten, statt einem Moment absoluter Anarchie entgegenblicken zu müssen. Wurde man zerstört, wollte man offenbar zumindest das Gefühl haben, dass die Leute, die einen in Stücke rissen, wussten, was sie da taten. Weniger empfindlichen Demütigungsopfern wäre es vielleicht egal gewesen, wie gesittet ihre Bestrafung ablief. Jonah aber schien jemand zu sein, für den Struktur wichtig war und der ja im Grunde immer nur versucht hatte, die Leute zu beeindrucken und irgendwie dazuzugehören.

Es stellte sich heraus, dass das öffentliche Demütigen auch früher schon prozesshaften Charakter gehabt hatte. Ein Buch mit Gesetzestexten aus Delaware, das ich in der Massachusetts Historical Society entdeckte, machte deutlich, dass, wäre Jonah um 1800 herum der »Lüge oder der Verbreitung falscher Neuigkeiten« für schuldig befunden worden, er »mit einer Geldstrafe belegt, für einen Zeitraum von nicht mehr als vier Stunden an den Pranger gestellt oder öffentlich mit nicht mehr als vierzig Schlägen« bestraft worden wäre. Hätte der Richter sich für das Auspeitschen entschieden, hätten die lokalen Zeitungen detaillert darüber berichtet, wie sehr sich das Opfer vor Schmerzen gewunden hatte. »Rash und Hayden wanden sich gehörig vor Schmerzen, während der Prozedur und ihre Rücken waren von Striemen übersät«, schrieb *The Delawarean* über ein Auspeitschen im Jahre 1876. Wäre der Eindruck entstanden, Jonahs Peitschenschwinger hätten sich nicht genug ins Zeug gelegt, wäre die Kritik verheerend ausgefallen: »Hinter vorgehaltener Hand kommentierten viele das Geschehen. Häufig war zu hören, man halte die Bestrafung für eine Farce. Im Anschluss kam es immer wieder zu Schlägereien unter Alkoholeinfluss und zu Handgemengen«, berichtete der *Wilmington Daily Commercial* aus Delaware über ein wohl enttäuschendes Auspeitschen im Jahre 1873.

Allgemein wird angenommen, dass die öffentlichen Demütigungen in den neuen großen Metropolen deshalb ausstarben, weil man sie als nutzlos erachtete. Alle waren mit der eigenen Arbeit zu beschäftigt, um auch noch irgendwelche Sünder durch die Menschenmassen der Stadt zu treiben. In den Archiven allerdings fanden sich keine Belege dafür, dass öffentliches Bestrafen in Folge fortschreitender Anonymisierung aus der Mode gekommen war. Was ich aber fand, waren jede Menge frühe Zeugnisse von Menschen, die sich über die übertriebene Grausamkeit beklagten und anmahnten, dass auch die, die es gut meinten, es in Anwesenheit vieler Menschen häufig schlicht zu weit trieben.

Im März 1787 stand die Bewegung gegen öffentliche Demütigungen bereits in voller Blüte, als Benjamin Rush, einer der Gründerväter der Vereinigten Staaten, ein Papier verfasste, in dem er verlangte, das alles zu verbieten: Die Pranger, die öffentliche Zurschaustellung, das Auspeitschen:

> … da doch die Schande ohnehin allgemein als wesentlich schlimmere Strafe als der Tod selbst betrachtet wird. Sie je als mildere Züchtigung als den Tod erachtet zu haben, erscheint merkwürdig, wüssten wir nicht, dass der Verstand des Menschen, in welcher Sache auch immer, selten unmittelbar zur Wahrheit vordringt, sondern sich erst größten Irrtümern hingibt.

Sollte man denken, Rush sei ein Liberaler mit zu weichem Herz gewesen, lohnt der Hinweis, dass sein Vorschlag bezüglich Alternativen unter anderem vorsah, den Sträfling in einen abgeschlossenen Raum zu verbringen – aus dem Blick der Öffentlichkeit – und ihm *dort* »körperliche Schmerzen« zuzufügen.

> Um Art, Maß und Dauer der körperlichen Schmerzen festlegen zu können, bedarf es allerdings einiger grundlegender Kenntnisse über die Empfindungen und Reaktionsweisen des Nervensystems. (Benjamin Rush: »An Enquiry into the Effects of Public Punishments Upon Criminals and Upon Society«, 9. März 1787)

In den fünfzig Jahren nach Rushs Papier wurden öffentliche Bestrafungen nach und nach vollständig abgeschafft, wobei nur Delaware eigentümlicherweise bis 1952 durchhielt (weshalb wohl auch die Auspeitschungs-Kritiken, die ich oben zitiere, in den 1870er Jahren dort erschienen).

Die *New York Times*, verblüfft von Delawares Hartnäckigkeit, versuchte in einem Leitartikel aus dem Jahre 1867 einen Umschwung anzuregen:

Sollte in der Brust des Verurteilten zuvor auch nur ein Fünkchen Selbstachtung existiert haben, so wird sie durch diese Form der öffentlichen Beschämung vollständig erlöschen. Ohne den Grundsatz *Der Mensch hofft, solange er lebt*, ohne den Wunsch, sich zu bessern, ein guter Bürger zu werden, und das Gefühl, dies sei auch möglich, wird kein Krimineller je auf den Pfad der Tugend zurückkehren. Ein Junge von achtzehn Jahren, der in New Castle [einem Pranger in Delaware] wegen Diebstahls ausgepeitscht wird, ist in neun von zehn Fällen zerstört. Zerstört man auf diese Weise seine Selbstachtung und stigmatisiert ihn mittels Hänselei und Spott als Schande der Gemeinschaft, wird er sich vollkommen allein und von seinen Mitmenschen verlassen fühlen. (Zitiert nach Robert Graham Caldwell: *Red Hannah: Delaware's Whipping Post*, Philadelphia, University of Pennsylvania Press, 1947)

Als Jonah Lehrer am 12. Februar vor dem Twitter-Feed auf dem Riesenbildschirm stand, erlebte er also etwas, das im 18. Jahrhundert in weiten Kreisen als schockierend gegolten hätte.

Ich verließ die Massachusetts Historical Society, holte mein Telefon hervor und fragte auf Twitter: »Ist Twitter zu einem Scheingericht geworden?«

»Kein Scheingericht«, antwortete jemand kurz und bündig. »Twitter kann noch immer keine richtigen Urteile sprechen. Bloß kommentieren. Bloß werden wir, anders als du, Jon, nicht dafür bezahlt.«

Hatte er Recht? Diese Frage musste tatsächlich dringend beantwortet werden. Denn offenbar kam es niemandem von uns in den Sinn, sich zu fragen, ob es der Person, die wir gerade gedemütigt hatten, gut ging, oder ob sie am Boden zerstört war. Wenn Demütigungen wie fernab ausgeführte Drohnenangriffe daherkommen, ist niemand gezwungen, darüber nachzudenken, wie verheerend sich unsere gebündelten Kräfte auswirken können. Die Schneeflocke muss sich ja auch nie für die ganze Lawine verantwortlich fühlen.

*

> Lehrer hatte sich öffentlich in die Mangel nehmen lassen, um der Welt zu zeigen, dass er bereit ist, in den Journalismus zurückzukehren, dass wir ihm trauen können, weil er weiß, dass er sich besser selbst nicht mehr trauen sollte. Aber alles, was er damit unter Beweis gestellt hat, ist, dass er da auch nicht anders tickt als wir. Würde er rauskriegen, woran das liegt, wäre das mal eine Neurobiologie-Story, die man veröffentlichen sollte. (Jeff Bercovici, *Forbes* Magazin, 12. Februar 2013)

> Ich habe die Trommel für Lehrer gerührt, um seine Kritiker zum Schweigen zu bringen, und ihm geraten, etwas guten Willen zu zeigen und die 20 000 Dollar zu spenden … Diesen Nachmittag ist es mir nun endlich gelungen, ihn telefonisch zu erreichen. ›Ich bin nicht daran interessiert, etwas zu kommentieren‹, meinte er. Ob er mir nicht wenigstens sagen könne, ob er vorhabe, das Geld zu behalten? ›Ich habe Ihren Artikel gelesen. Ich habe Ihnen nichts zu sagen‹, sagte er und legte auf. (Jeff Bercovici, *Forbes* Magazin, 13. Februar 2013)

»Ich bin mir noch immer nicht so ganz sicher, was ich beizusteuern bereit bin …« Jonahs Stimme verklang. Er saß zuhause in Los Angeles am Telefon.

»Die 20 000 Dollar …«, sagte ich.

»Das war ein absoluter Fehler. Ich hatte nicht darum gebeten. Sie wurden mir angeboten. Sie gaben sie mir einfach. Ich meine, was will man mehr? Ich …« Jonah hielt inne. »Sieh mal, ich muss meine Rechnungen bezahlen. Ich habe die letzten sieben Monate über keinen Penny verdient. Ich habe hoch gepokert, ich habe eine Menge Geld verdient. Und plötzlich verdient man überhaupt nichts mehr …«

Jonah hatte sich mittlerweile zu einem längeren Interview bereit erklärt. Er klang erschöpft, so als komme er aus einer von Aliens entworfenen Schleuderapparatur, mit der die Auswirkung von Stress auf das menschliche Wesen getestet wurde. Aus Sicht eines schlauen Kerls, der er ja eigentlich war, erschien alles, was er von dem Moment an unternommen hatte, als Michael ihm die erste Mail schickte, als ein einziger Riesenfehler. Er hatte sich wie ein angestochener Ballon verhalten, der in alle Richtungen flog, hatte Michael wie wild belogen, bevor er, die Luft war nun vollständig raus, mitten in einer der schlimmsten öffentlichen Demütigungen der Neuzeit gelandet war.

»Ein Freund hat mir einen Blog-Post von Jerry Coyne von der Universität of Chicago weitergeleitet«, sagte Jonah, »ein wichtiger Typ, hab ihn mal interviewt. Er hat mich in einem Blog-Post als Soziopathen bezeichnet.«

> Ich habe das Gefühl, Lehrer hat etwas von einem Soziopathen. Klar, das Zurschaustellen von Reue hat oft etwas Aufgesetztes und soll eine leichtgläubige Öffentlichkeit (wie im Fall von Armstrong) überzeugen, dass jetzt wieder alles in Ordnung ist. Aber Lehrer hat noch nicht einmal Lust so zu tun, als bedeute seine Entschuldigung irgendetwas. Nennt mich unbarmherzig, aber wäre ich Magazinherausgeber, ich würde ihn niemals

engagieren. (Jerry Coyne, zitiert nach richardbowker.com, 18. Februar 2013)

»Da habe ich an dich gedacht«, sagte Jonah. »Ich dachte, das ist eine interessante Frage für Jon. Jon hat Zeit mir mir verbracht. Vielleicht *bin* ich ein Soziopath.«

Die Frage überraschte mich nicht. Seit ich ein Buch über Psychopathen veröffentlicht hatte, fragten mich die Leute, ob sie auch einer seien (oder, wenn nicht sie, ihr Boss oder Ex-Freund oder Lance Armstrong). Vielleicht war Jonah tatsächlich von der Möglichkeit fasziniert, aber ich denke nicht. Ich glaube, er wusste, dass er keiner war und einen anderen Grund dafür hatte, mit mir dieses Gespräch zu führen. Außerdem sollten Akademiker Leute aus der Ferne nicht als Soziopathen diagnostizieren. Das war dumm von Jerry Coyne gewesen. Ich glaube, Jonah wollte, dass wir einen Moment lang über diese Dummheit herzogen. Das würde es ihm ermöglichen seine Selbstachtung wieder etwas herzustellen – indem man selbst jemanden ein bisschen demütigte. Jonah war ganz unten angekommen, ich ließ mich also darauf ein. Ich erklärte ihm, mir komme er jedenfalls nicht vor wie jemand ohne Gewissen.

»Wer zum Teufel weiß schon, was ein Gewissen ist«, antwortete er. »Wenn Gewissen bedeutet, in einer Welt zu leben, die von Bedauern definiert ist, dann, ja, habe ich ein Gewissen. Ich denke jeden Morgen als Erstes daran, was ich falsch gemacht habe. Das hört sich selbstbemitleidend an und ich würde dich bitten, das nicht zu zitieren, aber anders kann ich es nicht beschreiben.«

»Wenn es mir wirklich wichtig vorkäme, das doch zu zitieren, dürfte ich?«, fragte ich ihn.

Jonah seufzte. »Kommt darauf an, wo, aber mir wäre es lieber, du würdest es nicht schreiben.«

Ich verwendete das Zitat, weil es mir wichtig erschien, gerade weil so viele Leute der Meinung waren, Jonah leide an irgendeinem neurologischen Mangel an Gewissen.

»Das Maß an Reue, das ich empfinde, lässt keinen Raum für anderes«, fuhr Jonah fort. »Ich denke darüber nach, was ich den Menschen angetan habe, die ich liebe. Was ich meiner Frau zugemutet habe. Meinem Bruder. Meinen Eltern. Das verfolgt mich. Auch lange nachdem ich meinen Statusverlust verwunden habe, den Verlust meiner Karriere, die mir Spaß gemacht hat, werde ich doch niemals …«

Jonah verstummte. »Das Leben ist kurz. Und ich haben den Menschen, die ich liebe, ungeheueren Kummer bereitet. Ich habe keine Ahnung, wie man dieses Gefühl nennt. Reue klingt irgendwie richtig. Es gibt da eine Riesenreue. Und während die Zeit vergeht, vergeht die Reue nicht. Es ist ein schlimmes Gefühl und es verfolgt mich.«

Ich hörte Jonahs kleine Tochter im Hintergrund weinen. Wir sprachen über den »Dammbruch«, der dann schließlich zu den erfundenen Dylan-Zitaten geführt hatte. Begonnen hatte es mit Selbstplagiaten – damit, dass Jonah manche Absätze in verschiedenen Artikeln verwendet hatte. Ich ließ ihn wissen, dass das für mich nicht gerade das Vergehen des Jahrhunderts war. »Frank Sinatra hat ›My Way‹ auch nicht nur einmal gesungen«, sagte ich.

»Die Selbstplagiate hätten eigentlich ein Alarmsignal sein müssen«, sagte Jonah. »Sie hätten mir zeigen müssen, dass ich bereits am Anschlag war. Ich streckte mein eigenes Material, warum musste ich diesen Blog-Post dann überhaupt schreiben? Sicher, wir könnten jetzt lange über den Ethos all dessen sprechen. Und ich habe die Debatten darüber auch hinlänglich verfolgt. Aber zu dem Zeitpunkt habe ich nicht geglaubt, einen Fehler zu machen. Hätte ich, hätte ich mir doch zumindest die Mühe gemacht, meine Spuren zu verwischen.« Er machte eine Pause. »Es hätte ein großes blinkendes Neonschild geben müssen, das mir sagte: ›Du wirst unvorsichtig‹. Du nimmst Abkürzungen und merkst es nicht, und das wird zur Gewohnheit und du entschuldigst es damit, du hättest zuviel zu tun. Ich wollte halt nichts ablehnen.«

»Was wäre daran falsch gewesen, etwas abzulehnen?«, fragte ich.

»Es war eine toxische Mischung aus Unsicherheit und Ambition«, sagte Jonah. »Ich bin mir immer wie eine Eintagsfliege vorgekommen. Ich war der Meinung, ich würde einen Augenblick lang angesagt sein und dann wieder verschwinden. Also musste ich handeln, solange ich konnte. Und es gab da einen tiefsitzenden ... ich klinge, als läge ich bei meinem Seelenklempner auf der Couch ... einen sehr gefährlichen und rücksichtslosen Ehrgeiz. Kombiniert man Unsicherheit und Ehrgeiz, kommt dabei eine Unfähigkeit zum Nein-Sagen heraus. Und dann bekommst du eines Tages eine E-Mail, in der steht, es gebe da diese vier (sechs) Dylan-Zitate, deren Herkunft sich nicht klären lasse und dann fällt dir ein, du hast sie dir vor drei Jahren für das Exposé deines Buches ausgedacht und warst dann einfach zu faul, zu bescheuert, sie jemals zu überprüfen. Ich wünschte einfach und das von Herzen, dass ich die Kühnheit, den Mut besessen hätte, alle Fakten meines letzten Buchs einer Prüfung zu unterziehen. Aber wie jeder weiß, der mal Fakten überprüft hat, ist das nicht gerade der spaßige Teil der Arbeit. Außerdem verliert deine Geschichte womöglich etwas. Man ist dabei gezwungen, sich mit all seinen Fehlern auseinanderzusetzen, bewussten und unbewussten ...«

»Du hattest also *vergessen*, dass die ausgedachten Zitate im Buch standen?«.

»Mit *vergessen* würde ich mich zu einfach aus der Affäre ziehen«, antwortete er. »Ich wollte mich nicht daran erinnern. Also tat ich auch nichts dafür. Mein Schreibstil war gut. Wieso also überprüfen?«

»Es war also reine Nachlässigkeit?«

»Es war nicht allein Nachlässigkeit«, sagte er. »Es war Nachlässigkeit und Betrug. Nachlässigkeit und Lügen. Ich log, um die Nachlässigkeit zu kaschieren.«

Nachdem ich Jonah mitgeteilt hatte, seine Rede sei fantastisch, war mir der Gedanke gekommen, dass das womöglich ein Fehler gewesen war. In Wahrheit hatte ich sie drei- oder viermal lesen müssen, weil mir die Worte ein ums andere Mal vor den Augen verschwammen und ich nicht wusste, ob das an meiner fehlenden Aufmerksamkeit oder an Jonahs abstrusen Formulierungen lag. Aber wie alle Journalisten liebe ich nichts so sehr wie einen Scoop – auch wenn ein Scoop dafür sorgt, dass man die Alarmsignale des Scheiterns gar nicht erst wahrnimmt – und ich war der Meinung, wenn ich lobte, stünden meine Chance besser, das Interview zu bekommen.

»Ich habe richtig hart daran gearbeitet«, sagte Jonah. »Währenddessen sah ich den Twitter-Stream und die Dinge, die die Leute schrieben … Einige betrachteten die FBI-Analogie als das Allerschlimmste der Welt. Aber das war kein Trick, der in die Irre führen sollte. Ich erschließe mir die die Welt so. Ich denke so. Aber ganz offensichtlich war es ein Fehler. Aber …« Er verstummte.

»Der Twitter-Stream!«, sagte ich.

»Ich versuchte mich zu entschuldigen und die Reaktionen darauf in Echtzeit zu verfolgen … Ich wusste nicht, ob ich das durchstehen würde. Ich musste in mir irgendeinen Gefühlsknopf ausstellen. Ich musste mich irgendwie verschließen.«

»An welche Tweets erinnerst du dich am genausten?«

»Das waren nicht die völlig abgedreht-fiesen, weil die sich so leicht entkräften lassen«, sagte er. »Das waren eher die, die einem das Messer mit einer gewissen Zartheit in die Rippen bohrten.«

»Wie welcher etwa?«

»Ich möchte nicht ...«

Es falle ihm schwer, so Jonah, wirklich einzuschätzen, warum die Leute über seine Entschuldigung »derart wütend wurden«. Ich sagte, meiner Meinung nach deswegen, weil sie sich viel zu sehr nach einer Jonah-Lehrer-Rede der alten Zeiten angehört habe. Die Leute hätten sehen wollen, dass er sich irgendwie verändert habe. Nicht vollständig eingeschüchtert gewirkt zu haben, habe dem Publikum die Erlaubnis gegeben, ihn grotesk zu überzeichnen, als Monster wahrzunehmen, das gegenüber Schamgefühlen immun war.

»Sie wollten nicht, dass du da so analytisch rangehst. Du solltest ergriffen sein. Wärst du ergriffener gewesen, hätten sie sich mehr darauf eingelassen.«

Jonah seufzte. »Das wäre vielleicht die bessere Strategie gewesen. Allerdings eine, die ich nicht auf der Bühne hätte ausprobieren wollen. Ich wollte das nicht mit dem ganzen Universum teilen, mit allen bei Twitter. Ich wollte nicht darüber reden, wie mich die Sache ruiniert hat. Ich muss damit zurechtkommen und dabei helfen mir die Menschen, die mir wichtig sind. Aber ich wollte nicht auf der großen Bühne Internet darüber reden.«

»Warum nicht?«, fragte ich.

»Ach, verdammt, keine Ahnung«, sagte Jonah. »Könntest du das?«

»Ja«, sagte ich. »Ich glaube, das könnte ich. Und es würde bedeuten, dass ich dann auch damit besser zurechtkäme als du.«

»Wie also würde sich so eine Entschuldigungsrede von Jon Ronson anhören? Was würdest du sagen?«

»Okay«, sagte ich. »Ich würde sagen ... also ... ich ... Hallo.

Mein Name ist Jon Ronson und ich möchte mich dafür entschuldigen, dass …« ich brach ab. Was *würde* ich tatsächlich sagen? Ich räusperte mich. »Mir ist wichtig, dass Sie wissen, wie nah mir das alles geht …«

Jonah hörte geduldig zu, bis mir nichts mehr einfiel. Auch wenn ich nur geschauspielert hatte, fühlte ich mich völlig fertig. Dabei war ich bei meinem Versuch ja nicht einmal sonderlich weit gekommen.

»Was dir passiert ist, ist mein schlimmster Alptraum«, sagte ich.

»Ja«, sagte Jonah. »Es war auch mein schlimmster.«

*

Weitere vier Monate vergingen. Der Winter wich einem Frühsommer. Dann, vollkommen unerwartet, begann Andrew Wylie bei den New Yorker Verlagen das Exposé eines neuen Jonah-Lehrer-Buches herumzuschicken. *A Book About Love.* Das Exposé wurde gleich der *New York Times* zugespielt. Darin beschrieb Jonah den Moment, als eine Voicemail bei ihm »für Gänsehaut gesorgt« hatte.

> Ich bin erwischt worden. Ich erbreche mich in eine Wertstofftonne. Dann fange ich an zu weinen. Wieso weinte ich? Ich war bei einer Lüge ertappt worden, bei dem verzweifelten Versuch, meine Fehler zu verstecken. Und jetzt war klar, dass innerhalb der nächsten vierundzwanzig Stunden mein Absturz folgen würde. Ich würde meinen Job verlieren und meinen Ruf. Und meine private Scham würde öffentlich werden.

Jonah verließ St. Louis und kehrte nach Los Angeles zurück, Anzug und Hemd »mit Schweiß und Erbrochenem besudelt«:

Ich öffne die Haustür, ziehe das dreckige Hemd aus und weine an der Schulter meiner Frau. Sie ist liebevoll, aber auch verwirrt: Wie zum Teufel hatte ich bloß so unvorsichtig sein können? Ich habe keine gute Antwort darauf. (Exposé zu Jonah Lehrers Buch in der der *New York Times* zugespielten Fassung, 6. Juni 2013)

Die New Yorker Medien verhielten sich Jonahs Leiden gegenüber radikal indifferent. »›Wertstofftonne‹ ist schon eine aberwitzige Wortwahl für einen zwanghaften Plagiator«, schrieb Tom Scocca vom *Gawker.* »Und, Ehrensache: Nenn uns zwei Zeugen, die dich dann und dort erbrechen sahen, wann und wo du angeblich erbrochen hast. Ansonsten: vergiss es.«

Und dann verkündete Daniel Engber vom *Slate* Magazin zu meinem Erstaunen, er habe einen Tag lang Jonahs Exposé durchgearbeitet und sei überzeugt, darin Plagiate entdeckt zu haben.

Jonah war doch ganz sicher nicht derart hirnverbrannt nachlässig gewesen, oder doch?

Bei genauerer Lektüre von Engbers Artikel schien die Sache allerdings längst nicht so eindeutig zu sein. »Ein Kapitel über das Geheimnis einer glücklichen Ehe«, schreibt Engber, »klingt fast wie die Kopie eines jüngst erschienen Essays von Adam Gopnik, Lehrers ehemaligem Kollegen beim *New Yorker,* zum selben Thema.

Gopnik: 1838, als Darwin das erste Mal über die Ehe nachdachte, legte er eine stichhaltige Sammlung von Notizen zum Thema an – eine fast wissenschaftlich anmutende Für-und-Wider-Liste der Ehe … Zugunsten der Ehe führte er unter anderem den Gewinn eines »ständigen Gefährten und Freundes im Alter« an, um dann, unvergesslich und sehr überzeugend, zu dem Schluss zu kommen, dass eine Ehefrau »auch so einfach besser als ein Hund sei«.

Lehrer: Im Juli 1838 machte sich Charles Darwin in seinem wissenschaftlichen Notizbuch Gedanken zur Ehe. Schnell nahmen seine Überlegungen die Form einer Pro-und-Kontra-Liste an, mit Gründen zu »heiraten« oder »nicht zu heiraten«. Die Vorteile der Eheschließung lagen klar auf der Hand: Darwin führte den möglichen Kindersegen an (»sollte es denn Gott gefallen«), die gesundheitlichen Vorteile der Bindung, und die Freude über die Anwesenheit »eines ständigen Gefährten (& Freundes im Alter)«. Eine Frau, so schrieb er, sei vielleicht aber »auch so einfach besser als ein Hund«.

Gopnik: Und die Darwins setzten fort, was man wohl als nahezu perfekte Ehe bezeichnen muss.

Lehrer: Es mag einem dies als schlechter Beginn einer Beziehung erscheinen, die Darwins aber setzten ihre nahezu perfekte Ehe fort.

Und so geht das noch einige Absätze weiter. Engber war sich nicht ganz sicher, ob das bereits als Diebstahl geistigen Eigentums gelten konnte, »oder ob er seine Worte so modifiziert hatte, um dem gerade so zu entgehen.« Vielleicht aber hätten sich beide ja aber nur derselben Quelle bedient: »In den Fußnoten führt Lehrer Seite 661 der Darwin-Biographie von Desmond und Moore an. Jeder, der davon ein Exemplar besitzt, ist eingeladen die Formulierungen zu überprüfen.«

Aber selbst wenn es sich nicht um Plagiate handelte, war Engber doch »überzeugt, dass Lehrer sich in keiner Weise geändert hat. Er hat seine Marschroute klar abgesteckt. Er wird recyceln und Dinge wiederholen und sich dann wieder schonungslos auskotzen.«

Egal welcher Übertritte Jonah sich schuldig gemacht hatte oder auch nicht, er konnte es schlicht niemandem mehr recht machen. Aber sein *A Book About Love* wird bei Simon & Schuster erscheinen, ungefähr zur selben Zeit wie dieses Buch, und so werden wir alle direkt mitverfolgen können, ob es ihm etwas Erlösung bringt.

4

GOTT, DAS WAR DER HAMMER

Während der darauffolgenden Monate wurde es dann zur Routine. Fast jeden Tag wurden Leute, einige davon noch Kinder, dafür fertiggemacht, irgendeinen schlecht formulierten Witz an ihre vielleicht Hundert Follower getweetet zu haben. Ich traf sie in Restaurants und Flughafen-Cafés – geisterhafte Gestalten, die wie Untote in den Arbeitsoutfits ihrer früheren Leben durch die Welt schlichen. Es passierte in derartiger Regelmäßigkeit, dass es nicht einmal wie ein Zufall wirkte, als eine von ihnen, Justine Sacco, die bis vor drei Wochen noch in demselben Bürokomplex wie Michael Moynihan gearbeitet hatte, auf ihrem Weg durch den Flughafen Heathrow, einen Tweet verfasste, der ziemlich schlecht ankam.

Es war der 20. Dezember 2013. Die letzten beiden Tage hatte sie ihren 170 Followern bissige Witze zu ihrer Urlaubsreise getweetet. Sie war eine Art Sally Bowles der sozialen Netzwerke, vorlaut, gedankenlos und sich zum Glück nicht bewusst, dass da etwas sehr Ernstes auf sie zukam. Da war etwa der Gag über den Deutschen auf dem Flug von New York: »Komischer deutscher Typ: Du sitzt in der 1. Klasse. Wir haben 2014. Besorg dir mal ein Deo. – Innerer Monolog während ich ihn rieche. Ich danke Gott für die Pharmaindustrie.« Dann während des Aufenthalts in Heathrow: »Chili-Gurkensandwiches – ekligen Geschmack im Mund. Willkommen in London!« Und vor der letzten Etappe: »Ab nach

Afrika. Hoffe, ich hol mir kein AIDS. Nur ein Scherz. Bin ja weiß!«

Sie gluckste in sich hinein, drückte auf Senden und schlenderte eine halbe Stunde lang durch den Flughafen, überprüfte dabei hin und wieder ihren Twitter-Account.

»Es kam nicht eine Antwort zurück«, erzählte sie mir.

Ich stellte mir vor, dass sie sich deswegen ein bisschen unsicher fühlte – diesem traurigen Gefühl, wenn einem niemand dazu gratulierte, wie witzig man doch war, dieser schwarzen Stille, wenn das Internet einem nicht antwortet. Sie stieg in den Flieger. Es war ein elfstündiger Flug. Sie schlief. Als sie landete, schaltete sie ihr Telefon wieder ein. Als Erstes ging eine Nachricht von jemandem ein, mit dem sie seit der Highschool nicht mehr gesprochen hatte: »Tut mir leid zu sehen, was da abgeht.«

Verblüfft starrte sie darauf.

»Und dann explodierte mein Telefon«, sagte sie.

Wir hatten dieses Gespräch drei Wochen später im Cookshop Restaurant in New York – was ihre Wahl gewesen war – geführt. Es war ausgerechnet das Restaurant, in dem Michael mir die Geschichte von Jonahs Zerstörung erzählt hatte. So langsam wurde es für mich zum Restaurant verbrannter Existenzen. Aber es war nur zur Hälfte eine Koinzidenz. Es lag einfach in der Nähe des Gebäudes, in dem beide arbeiteten. Michael war in Folge seines großartigen Jonah-Scoops ein Job bei *Daily Beast* angeboten worden und Justine hatte in einer der oberen Etagen ein Büro, wo sie die PR-Abteilung des Zeitschriftenverlags IAC leitete – dem außerdem Vimeo, OkCupid und Match.com gehörte. Der Grund, warum sie sich dort mit mir treffen wollte und warum sie ihre teuer aussehende Business-Kluft trug, war, dass sie dort um sechs ihren Schreibtisch räumen musste.

Während sie noch auf der Landebahn des Cape Town Airport standen, poppte eine zweite Nachricht auf: »Du musst mich sofort anrufen.« Sie kam von ihrer besten Freundin, Hannah. »Du bist gerade der Nr.1 Worldwide Trend bei Twitter.«

»Angesichts von @JustineSaccos ekelhaft rassistischem Tweet, spende ich für @care today«. Und: »Wie ist @JustineSacco bloß an einen PR-Job gekommen?! Ihr Maß an rassistischer Ignoranz passt besser zu Fox News. #AIDS kann jeden treffen!« Und: »Sprachlos angesichts dieses furchtbar ekelhaften, scheißrassistischen Tweets von JustineSacco. Ich bin mehr als geschockt« Und: »Ich arbeite bei IAC und ich will nicht dass @JustineSacco je wieder in unserem Namen PR macht. Nie wieder«. Und: »Los Leute, meldet die Mistkuh @JustineSacco«. Und von ihrem Arbeitgeber IAC selbst: »Dies ist ein unerhörter, unverschämter Kommentar. Fragliche Mitarbeiterin derzeit auf intl. Flug und nicht zu erreichen«. Und: »Fasziniert von @JustineSaccos Vollkatastrophe. Ist um die Welt bloß sie ist offenbar *noch immer im Flieger*« Und: »Alles, was ich zu Weihnachten will ist @JustineSaccos Gesicht sehen, wenn ihr Flieger landet und sie ihr/ePostfach/Voice-Mail checkt«. Und: »Oh, Mann, @JustineSacco wird den wohl schlimmsten Telefonanschalt-Moment aller Zeiten haben, wenn ihr Flieger landet«. Speziell ein Hashtag wurde global zum Trending Topic: #hasjustinelandedyet. »Echt jetzt. Ich will eigentlich nur nach Hause und ins Bett, aber alle in der Bar sind SO angefixt von #HasJustineLandedYet. Kann nicht wegschauen, nicht gehen«. Und: »Ziemlich krass zu sehen, wie jmd sich selbst zerstört ohne es zu checken. #HasJustineLandedYet.« Und: »Was Geileres als #HasJustineLandedYet kann an einem Freitagabend kaum passieren«. Jemand fand heraus, in welcher Maschine sie saß und verlinkte zu einer Flugstatus-Website, damit jeder den Verlauf in Echtzeit verfolgen konnte. »Sieht so aus als würde @JustineSacco in ca. 9 Min. landen, sollte spannend werden« Und: »Gleich werden wir sehen wie die @JustineSacco Schlampe gefeuert wird. In ECHTzeit. Bevor sie überhaupt WEISS, dass sie gefeuert wird«. Und: »Aber echt mal jetzt. Fährt denn aus Cape Town niemand zum Flughafen um ihre Ankunft zu tweeten? Komm schon, Twitter! Hätt so gern Bilder #HasJustineLandedYet«. Und dann, nachdem sie hektisch ihren Tweet gelöscht hatte: »Sorry @JustineSacco – aber dein Tweet wird ewig leben«. Und immer so weiter in insgesamt einhunderttausend Tweets, laut den Berechnungen der Website Buzzfeed, bis es dann Wochen später hieß: »Mann, erinnert ihr euch noch an Justine Sacco? #HasJustineLandedYet. Gott, das war der Hammer. Wie MILLIONEN Menschen darauf warteten, dass sie landet.«

Ich habe mal das Opfer eines Autounfalls danach gefragt, wie es sich anfühle, in eine solche Kollision zu geraten. Das Unheimlichste daran, hatte sie entgegnet, sei der Gedanke gewesen, dass das andere Auto ihr Freund sei, für *sie* arbeite, dass seine Konturen entworfen worden seien, um sich perfekt ihrem Körper anzupassen, und wie es sich dann nur einen Augenblick später in ein zerklüftetes Folterwerkzeug verwandelt hatte – und sie sich wie im Innern einer Eisernen Jungfrau gefühlt habe. Der Freund war zum schlimmsten Feind geworden.

Im Laufe der Jahre habe ich einer Menge Leute gegenübergesessen, deren Leben zerstört worden war. Für gewöhnlich handelte es sich bei den Verantwortlichen um eine Regierung, das Militär, oder Großkonzerne. Oder aber, man tat es selbst, wie anfangs Jonah Lehrer (als Jonah versuchte, sich zu entschuldigen, hatten wir dann übernommen). Justine Sacco kam mir wie die erste Person vor, die ich je interviewt hatte, die von *uns* zerstört worden war.

*

Google bietet einen Dienst an – Google AdWords – der einem sagt, wie häufig im Laufe irgendeines Monats nach dem eigenen Namen gesucht worden ist. Im Oktober 2013 war dreißig Mal nach Justine gegoogelt worden. Und auch im November 2013 hatte man dreißigmal nach ihr gesucht. Während der elf Tage zwischen dem 20. und dem 31. Dezember war ihr Name bei Google 1 220 000-mal eingegeben worden.

Am Cape Town Airport hatte ein Mann auf sie gewartet. Es war der Twitter-User @Zac_R. Er fotografierte sie und stellte

Justine Sacco (mit Sonnenbrille) am Flughafen von Cape Town

das Bild online. »Jap«, schrieb er dazu, @JustineSacco IST tatsächlich auf dem Cape Town International gelandet. Um unentdeckt zu bleiben, hat sie sich eine Sonnenbrille aufgesetzt.«

Nun waren drei Wochen vergangen, seit sie bei dem Tweet auf Senden gedrückt hatte. Die *New York Post* war ihr bis zum Fitnessstudio gefolgt. Die Zeitungen durchstöberten ihren Twitter-Feed nach weiteren Horrornachrichten.

> Und der Preis für den niveauvollsten Tweet aller Zeiten geht an … »letzte Nacht hatte ich einen Sextraum mit einem autistischen Jungen.« (4. Februar 2012)
> (»16 Tweets Justine Sacco Regrets«, *Buzzfeed*, 20. Dezember 2013)

Dies würde das einzige Mal sein, dass Justine überhaupt mit einem Journalisten darüber sprach, was ihr passiert war. Es sei einfach zu qualvoll, sagte sie. Und auch nicht sonderlich ratsam: »Als Publizistin«, schrieb sie mir in einer E-Mail, »wüsste ich nicht, ob ich einem Kunden jemals dazu raten würde, Teil Deines Buches zu werden. Mich macht das sehr nervös. Ich habe große Angst davor, vor neuen Angriffen, wenn ich mich öffne. Aber ich glaube, es ist nötig. Ich will, dass jemand einfach mal zeigt, wie verrückt meine Situation eigentlich ist.«

Verrückt vor allem deswegen, weil »ja bloß eine *hirnverbrannte* Person denken kann, Weiße könnten kein AIDS bekommen«. Das war ungefähr das Erste, was sie sagte, nachdem sie sich gesetzt hatte. »Für mich war das ein so abwegiger Kommentar, von einer Amerikanerin zudem, dass ich nicht gedacht hätte, irgendjemand könne das für auch nur irgendwie ernst gemeint halten. Ich weiß, es gibt hasserfüllte Menschen da draußen, die andere nicht mögen und grundsätzlich böse sind. Aber ich gehöre nicht dazu.«

Justine war ungefähr drei Stunden in der Luft – schlief womöglich irgendwo über Spanien oder Algerien – als die Retweets ihres Tweets meinen eigenen Twitter-Feed zu dominieren begannen. Nach einem kleinen belustigten »Oh, wow, da ist jemand *am Arsch*« zu Beginn, hatte ich zunehmend den Eindruck gewonnen, dass diejenigen, die sie da demütigten, von einer Art Gruppenwahnsinn ergriffen worden waren. Es schien offensichtlich, dass ihr Tweet, auch wenn es kein besonders guter Witz war, nicht rassistisch, sondern als selbstreflexiver Kommentar zu unseren Privilegien als Weiße gemeint war – zu unserer Neigung, uns naiverweise gegenüber den Abgründen des Lebens als immun zu begreifen. Oder etwa nicht?

»Es war ein Witz über eine reale Situation«, schrieb mir Justine. »Es war ein Witz über eine schreckliche Situation im Südafrika nach Ende der Apartheid, um die wir uns aber nicht kümmern. Es war ein komplett haarsträubender Kommentar zu den disproportionalen AIDS-Statistiken. Leider bin ich keine Figur bei South Park oder ein Comedian, so stand es mir nicht zu, mich auf solch politisch unkorrekte Weise auf einer öffentlichen Plattform zu der Epidemie zu äußern. Weder war es mein Ziel, das Bewusstsein für AIDS zu verbessern, noch die ganze Welt auf die Palme zu bringen, geschweige denn mein Leben zu ruinieren. Wenn es darum geht, was eigentlich in der Dritten Welt los ist, leben wir hier in Amerika in einer Art Blase. Und über diese Blase wollte ich mich lustig machen.«

Zufälligerweise hatte ich selbst einmal einen ähnlichen – obgleich lustigeren – Witz in einer Kolumne im *Guardian* gerissen. Es ging darum, dass ich einmal in die Vereinigten Staaten eingereist war und zu einem »zweiten Sicherheitscheck« gebeten worden war (zu der Zeit war ein Killer der Mafia flüchtig, dessen Name offenbar ziemlich ähnlich klang wie Jon Ronson). Man hatte mich in einen vollbesetzten Warteraum gebracht und gebeten zu warten.

Überall hängen Schilder, auf denen steht: »Der Gebrauch von Mobiltelefonen ist strengstens untersagt.«

Sicher haben sie nichts dagegen, wenn *ich* mal kurz meine Nachrichten checke, denke ich. Ich meine, ich *bin* ja schließlich weiß.

Mein Witz war lustiger als Justines. Und besser geschrieben. Außerdem war er nicht so unangenehm, weil ich keine AIDS-Opfer eingebaut hatte. Also: meiner war lustiger, besser geschrieben und nicht so unangenehm. Aber plötzlich hatte er etwas von der Russisch-Roulette-Szene in *Die durch die Hölle gehen*, in der Christopher Walken sich den Revolver an den Kopf hält, laut schreit und den Abzug betätigt, die Waffe aber nicht losgeht. Und so war es auch zu weiten Teilen Justines Schuld, dass so viele Leute dachten, sie sei eine Rassistin. Sie hatte ihren selbstreflexiven Sarkasmus schlecht formuliert und ihre Twitter-Persona war ziemlich schrill rübergekommen. Trotzdem hatte ich über ihren Tweet nicht länger als ein paar Sekunden nachdenken müssen, bevor mir klar war, was sie auszudrücken versuchte. Unter denjenigen, die sie demütigten, muss es eine Menge Leute gegeben haben, die sich aus irgendwelchen Gründen dazu entschieden, sie willentlich misszuverstehen.

»Das wahre Ausmaß des Missverständnisses, das ja weltweit besteht, erschließt sich mir nicht«, sagte Justine. »Sie haben meinen Namen genommen und mein Bild und diese Justine Sacco erschaffen, die aber nicht ich bin, und sie als Rassistin abgestempelt. Ich habe Angst, dass das meine neue

Realität wäre, wenn ich morgen einen Unfall haben, mein Gedächtnis verlieren und dann zurückkehren und mich googeln würde.«

Plötzlich erinnerte ich mich daran, wie eigenartig beschmutzt ich mich gefühlt hatte, als die Spambot-Typen ihren gefakten Jon Ronson erschaffen hatten, indem sie meine Charaktereigenschaften komplett verdreht und mich in irgendeinen furchtbar schwatzhaften Foodie verwandelt hatten und Fremde geglaubt hatten, das sei ich, und wie ich daran nichts hatte ändern können. Genau das passierte Justine, obwohl sie statt eines Foodies Rassistin war und es statt fünfzig Leuten 1 220 000 waren.

Von Journalisten wird erwartet, furchtlos zu sein. Wir sollen Ungerechtigkeiten selbstbewusst entgegentreten und keine Angst vor aufgepeitschten Menschenmassen haben. Aber darin, wie über ihren Fall berichtet wurde, konnten Justine und ich nicht sonderlich viel Furchtlosigkeit erkennen. »Selbst Artikel, in denen es darum ging, dass ›wir uns alle im Handumdrehen in einer Justine-Sacco-Situation wiederfinden könnten‹, enthielten im Grunde alle ein und dieselbe Botschaft, nämlich: ›ich verteidige damit aber in KEINSTER WEISE, was sie gesagt hat‹«, erklärte sie mir.

> … so niederträchtig das zum Ausdruck gebrachte Gefühl auch war, so gibt es hier möglicherweise doch mildernde Umstände, die zwar nicht ihr Verhalten entschuldigen, aber das Vergehen möglicherweise weniger schlimm erscheinen lassen. Auch wenn ihr Witz abstoßend war, besteht dennoch ein Unterschied zwischen reiner Hetze und selbst dem unintelligentesten Versuch witzig sein zu wollen … (Andrew Wallenstein: »Sympathy For This Twitter Devil«, *Variety*, 22. Dezember 2013)

Andrew Wallenstein war mutiger als die meisten. Und doch las sich das, als hätten die alten Medien zu den sozialen Netzwerken gesagt: »Tut uns nicht weh.«

Justine veröffentlichte eine Entschuldigung. Sie kürzte ihren Familienurlaub in Südafrika ab, »aus Bedenken um meine Sicherheit. Hotelangestellte drohten mit Streik, sollte ich dort auftauchen. Niemand könne für meine Sicherheit garantieren, wurde mir gesagt.« Im Internet verbreitete sich die Nachricht, ihr Vater sei der südafrikanische Bergbau-Tycoon Desmond Sacco und sie die Erbin eines Vermögens von 4,8 Millionen Dollar. Ich nahm an, dass das der Wahrheit entsprach, bis ich sie beim Mittagessen auf ihre Millionen ansprach und sie mich ansah, als hätte ich den Verstand verloren.

»Ich bin in Long Island aufgewachsen«, sagte sie.

»Nicht auf einem Anwesen à la Jay Gatsby?«, fragte ich.

»Nicht auf einem Anwesen à la Jay Gatsby«, sagte Justine. »Meine Mutter war mein ganzes Leben lang single. Sie war Flugbegleiterin. Mein Vater hat Teppiche verkauft.«

(Später schrieb sie mir per E-Mail: »Meine Mutter war alleinerziehend, arbeitete als Flugbegleiterin und hatte noch einen Zweitjob. Als ich einunzwanzig oder zweiundzwanzig war, heiratete sie meinen Stiefvater, der ziemlich reich ist. Es gab da wohl ein Foto auf Instagram vom Auto meiner Mutter, wodurch der Eindruck entstand, ich stamme aus einer wohlhabenden Familie. Das ist vielleicht ein weiterer Grund dafür, warum die Leute denken, ich sei ein verzogenes Gör. Keine Ahnung. Aber ich war der Meinung, es wäre wichtig, dir das zu sagen.«

Vor Jahren befragte ich einmal ein paar *white supremacists* der Aryan Nation in Idaho nach ihrer Überzeugung, es handele sich bei der Bilderberg Group – einem geheimen Jahrestreffen von Politikern und Wirtschaftsbossen – um eine jüdische Verschwörung.

»Wie können Sie es als jüdische Verschwörung bezeichnen, wenn praktisch keine Juden dorthin gehen?«, wollte ich wissen.

»Es mögen vielleicht nicht wirklich Juden sein«, antwortete einer, »aber sie sind …« Er machte eine Pause. »… jüd-*isch*.«

Da hatte man es: bei der Aryan Nation brauchte es nichts Jüdisches, um Jude zu sein. Und bei Twitter galt dasselbe für die Rassistin aus gutem Hause, Justine Sacco, die weder aus besonders gutem Hause kam, noch Rassistin war. Spielte alles keine Rolle. Es reichte, dass es irgendwie den Eindruck machte, dem sei so.

Ihre Familie unterstützte den ANC. Das Erste, was ihre Tante zu ihr sagte, als Justine am Familienwohnsitz eintraf, war: »Das ist nicht, wofür deine Familie steht. Du hast damit beinahe unseren Ruf zerstört.«

An dieser Stelle fing sie an zu weinen. Ich saß einen Moment lang einfach da und schaute sie an. Dann versuchte ich etwas Hoffnungsvolles zu sagen, um die Stimmung aufzuheitern.

»Manchmal muss etwas vielleicht erst einen brutalen Tiefstpunkt erreichen, bevor die Menschen den Sinn darin sehen«, sagte ich. »Und vielleicht bist du unser aller brutaler Tiefstpunkt.«

»Wow«, sagte Justine. Sie trocknete sich die Augen. »Von all den Dingen, die ich im Kollektivbewusstsein der Gesellschaft hätte sein können – einmal als brutaler Tiefstpunkt enden zu können, damit hätte ich sicher nicht gerechnet.«

Eine Frau kam zu uns an den Tisch – die Managerin des Restaurants. Sie setzte sich neben Justine, schaute sie mitfühlend an und sagte dann so leise etwas, dass ich es nicht verstehen konnte.

»Oh, du meinst, ich werde einmal *dankbar* dafür sein?«, antwortete Justine.

»Ja, das wirst du«, sagte die Frau. »Jeder Schritt bereitet dich auf den nächsten vor, besonders dann, wenn du nicht daran glaubst. Ich weiß, du kannst das jetzt nicht sehen. Das ist in Ordnung. Verstehe ich. Aber jetzt mal wirklich. War das denn wirklich dein *Traumjob*?«

Justine sah sie an. »Ja, ich glaube, das war er«.

*

Ich bekam eine E-Mail von dem *Gawker*-Journalisten Sam Biddle – dem Mann, der die Attacke auf Justine womöglich ins Rollen gebracht hatte. Einer von Justines 170 Followern hatte ihm den Tweet geschickt. Er wiederum schickte sie seinen eigenen 15000 Followern. Und so mochte das alles begonnen haben.

»Die Tatsache, dass sie PR-Chefin war, war natürlich allzu köstlich«, schrieb er mir. »Es ist toll sagen zu können: ›Gut, sorgen wir dafür, dass der rassistische Tweet einer gestandenen IAC-Mitarbeiterin diesmal Folgen hat‹. Und das hatte er. Ich würde das wieder tun.«

Ihre Zerstörung sei gerechtfertigt, erklärte mir Biddle, weil Justine Rassistin sei und weil sie anzugreifen bedeute, die bestehenden Machtstrukturen zu attackieren. Indem sie ein Mitglied der Medienelite absägten, führten sie die Tradition der Bürgerrechtsbewegung fort, die mit Rosa Parks begonnen habe und der es darum ging, dass bislang zum Schweigen verdammte Underdogs die an der Macht befindlichen Rassisten durch Demütigung zur Unterwerfung zwangen. Ich war nicht der Meinung, dass davon irgendetwas zutraf.

Der Angriff auf Justine war kein Kampf auf Augenhöhe gewesen – sie war eine unbekannte PR-Frau mit 170 Followern bei Twitter. Außerdem hatte sich die Attacke erst dann richtig verstärkt, als sie bereits zu Boden ging. Und auch der Angriff auf Jonah war kein Kampf auf Augenhöhe gewesen – nicht, wenn da einer vor einem Twitter-Feed auf einem Riesenbildschirm um Vergebung flehen musste.

Ein Leben war zerstört worden. Und wozu? Nur für ein bisschen Aufregung in den sozialen Netzwerken? Ich glaube, unsere normale Disposition als Menschen ist, einfach vor uns hinzustapfen, bis wir alt werden und damit wieder aufhören. Mit den sozialen Netzwerken aber haben wir uns eine Bühne fortwährender, künstlicher Hysterie geschaffen. Jeden Tag erscheint darauf jemand Neues, entweder ein fantastischer Held oder ein entsetzlicher Bösewicht. Das alles bleibt vollkommen holzschnittartig und hat auch mit dem, was uns als Menschen ansonsten ausmacht, herzlich wenig zu tun. Was also fährt in solchen Momenten in uns? Welchen Nutzen haben wir davon?

Es war spürbar, Sam Biddle war ebenfalls alarmiert – so wie wenn man eine Waffe abfeuert und der Rückschlag dafür sorgt, dass man gewaltsam nach hinten gerissen wird. Er sei »überrascht« gewesen zu sehen, wie schnell Justine zerstört worden war: »Ich wache morgens nicht auf und hoffe, heute jemanden feuern zu können – und ganz sicher nicht, jemandes Leben zu zerstören.« Dennoch, so endete seine E-Mail, habe er das Gefühl, dass sie »damit klarkommen wird, wenn sie es nicht bereits tut. Die Aufmerksamkeitsspanne der Leute ist kurz. Schon heute werden sie sich über jemand anderen aufregen.«

*

Als Justine sich an diesem Abend von mir verabschiedete, um ihren Schreibtisch zu räumen, kam sie nur bis zur Lobby des Büroturms, bevor sie weinend zusammenbrach. Später sprachen wir erneut miteinander. Ich erzählte ihr, was Sam Biddle gesagt hatte – dass sie wahrscheinlich damit klarkommen werde. Ich war mir sicher, er war nicht absichtlich heuchlerisch gewesen. Er war einfach wie alle anderen, die sich im Netz an einer Massenzerstörung beteiligt hatten. Wer wollte schon genau wissen, warum? Was es mit dieser angenehmen Woge – kollektiven Wahnsinns oder was auch immer es war – auf sich hatte, die uns dabei überflutete. Niemand wollte sie dadurch zerstören, indem er der Tatsache ins Auge blickte, dass sie ihren Preis hatte.

»Nun, ich komme damit *nicht* klar«, sagte Justine. »Ich leide sogar massiv darunter. Ich hatte eine tolle Karriere, habe meine Arbeit geliebt und man hat sie mir weggenommen und das wurde allseits bejubelt. Alle außer mir schienen sich darüber richtig *gefreut* zu haben. In den ersten vierundzwanzig Stunden habe ich bloß Rotz und Wasser geheult. Es war unfassbar traumatisch. Du schläfst nicht. Du wachst mitten in der Nacht auf und weißt nicht, wo du bist. Plötzlich weißt du nicht mehr, was du eigentlich machen sollst. Du hast keinen Plan mehr. Du hast kein …«, sie machte eine Pause, »… Ziel mehr. Ich bin dreißig. Ich hatte eine tolle Karriere. Wenn ich keinen Plan habe, wenn ich nicht anfange, Schritte zu gehen, um meine Identität wiederzufinden und mich jeden Tag daran zu erinnern, wer ich bin, dann laufe ich Gefahr, mich zu verlieren. Ich bin Single. Ich kann also auch nicht einfach so Leute daten, weil wir ja jeden erst googeln, den wir treffen. Das ist mir auch genommen worden. Wie soll ich neue Leute kennenlernen? Was werden sie von mir denken?«

Sie wollte wissen, wer sonst noch in meinem Buch über öffentlich gedemütigte Menschen vorkommen würde.

»Na ja, bis jetzt Jonah Lehrer«, sagte ich.

»Wie geht es ihm?«

»Ziemlich mies, würde ich sagen«.

»Mies in welcher Hinsicht?« Sie schien besorgt – ich denke eher mit Blick auf das, was das unter Umständen für ihre eigene Zukunft zu bedeuten hatte.

»Ich glaube, er ist richtig am Boden«, sagte ich.

»Was meinst du damit, er sei richtig am Boden?«

»Ich denke, er ist richtig am Boden zerstört, was die Leute aber fälscherlicherweise für Schamlosigkeit halten.«

Den Leuten schien es tatsächlich ein Anliegen zu sein, sich Jonah als schamlos vorzustellen, als jemanden, dem diese Fähigkeit schlicht abging, als sei er gar kein richtiger Mensch, sondern irgendetwas, das bloß menschliche Gestalt angenommen hatte. Es überrascht kaum, dass wir das Bedürfnis haben, die Menschen zu entmenschlichen, denen wir wehtun – vor, während oder nachdem wir ihnen die Verletzungen zufügen. In der Psychologie nennt man das kognitive Dissonanz. Hierbei geht es darum, dass es für uns nervenaufreibend und schmerzhaft ist, zur gleichen Zeit zwei sich widersprechenden Vorstellungen zu folgen (etwa einerseits der, dass wir eigentlich nett sind, andererseits aber jener, gerade jemanden zerstört zu haben). Um diesen Schmerz zu lindern, suchen wir nach trügerischen Wegen, unser widersprüchliches Handeln zu legitimieren. So wie ich immer darauf gehofft hatte, als ich noch rauchte, der Tabakhändler möge mir ein Päckchen mit der Aufschrift ›Rauchen lässt Ihre Haut schneller altern‹ reichen, statt eines auf dem ›Rauchen tötet‹ stand. Etwa weil die Haut schneller altert? *Das* war mir doch egal.

Justine und ich vereinbarten, uns wiederzutreffen, auf ihren Wunsch hin aber erst in fünf Monaten. »Ich bin dazu gezwungen, mich darum zu kümmern, dass das nicht das Ende der Geschichte ist«, schrieb sie mir. »Ich kann nicht bloß zu Hause sitzen und jeden Tag Filme gucken und heulen und mich selbst bemitleiden. Ich werde wieder aufstehen.« Sie sei nicht wie Jonah. »Jonah hat wieder und wieder gelogen. Er war ein Betrüger. Ich habe keine Ahnung, wie man da wieder aufstehen soll, wenn man seinen Charakter geopfert und Millionen Leute belogen hat. Ich muss einfach daran glauben, dass da ein Riesenunterschied zu mir mit meinem geschmacklosen Witz besteht. Ich habe etwas Dummes getan, aber ich habe nicht meine Glaubwürdigkeit weggeworfen.«

Ihre Aufgabe sei es jetzt, nicht in »Depression und Selbsthass abzugleiten. Die nächsten fünf Monate werden für mich richtig beschissen grausam, dann sehen wir weiter.«
Den Gedanken, als Negativbeispiel in meinem Buch zu landen, könne sie nicht ertragen. Sie sei fest entschlossen den Leuten, die sie kaputt gemacht hatten, zu zeigen, dass sie wieder aufstehen konnte.

»Wie soll ich meine Geschichte jetzt schon erzählen«, sagte sie, »wenn sie doch eigentlich gerade erst beginnt?«

*

Am Tag nach dem Mittagessen mit Justine stieg ich in den Zug nach Washington, D. C., um dort jemanden zu treffen, den ich vorschnell als beängstigenden Mann eingeordnet hatte, als furchterregenden amerikanischen Narzissten – Richter Ted Poe. Während seiner zwanzig Jahre in Houston, Texas, war es Poes über alle Staatsgrenzen hinweg bekanntes Markenzeichen gewesen, Beschuldigte öffentlich auf die großspurigste Art und Weise zu demütigen, die er sich nur ausdenken konnte, und »in seinem persönlichen Theater des Absurden benutzte er Bürger als virtuelle Requisiten«, wie der Gerichtsreporter Jonathan Turley es einmal formuliert hatte.

Angesichts der in der Gesellschaft offenbar wachsenden Begierde danach, Menschen öffentlich zu demütigen, wollte ich mich mit jemanden unterhalten, der das jahrelang professionell betrieben hatte. Was würden wohl diejenigen, die heutzutage Bürger demütigten, von Ted Poe halten – seiner Persönlichkeit und seiner Motivation – wo sie doch im Begriff waren, zu einer Version von ihm zu werden? Welchen Einfluss hatte sein Demütigungsfuror auf die Welt um ihn herum gehabt – auf die Missetäter, die Zuschauer und ihn selbst?

Ted Poes Strafen waren teilweise verrückt ausgefallen – er hatte zum Beispiel Kleinkriminelle zum Mistschaufeln verdonnert – manchmal aber auch so raffiniert wie ein Gemälde von Goya. Wie die, die er gegen einen Teenager aus Houston verhängt hatte, Mike Hubacek. Hubacek war 1996 betrunken und ohne Licht mit mehr als 160 Sachen unterwegs gewesen. Er war gegen einen Van geprallt, in dem ein Ehepaar und ihr Kindermädchen saßen. Der Ehemann und das Kindermädchen waren getötet worden. Poe verurteilte Hubacek zu 110 Tagen Erziehungscamp und dazu, sich zehn Jahre lang einmal monatlich mit einem Schild vor Highschools und Bars zu stellen, auf dem stand: ICH BIN BETRUNKEN AUTO GEFAHREN UND HABE ZWEI MENSCHEN UMGEBRACHT. Außerdem musste er ein Kreuz und einen Davidstern an der Unfallstelle aufstellen und beides pflegen, zehn Jahre lang Bilder der Opfer in seiner Brieftasche mit sich führen und genauso lang jede Woche zehn Dollar an eine Gedenkstiftung für die Opfer überweisen – und schließlich bei der Autopsie einer Person anwesend sein, die bei einem alkoholbedingten Unfall getötet worden war.

Für andere hatten sich Strafen dieser Art als seelisch zu belastend erwiesen. Ein 17-jähriger Junge namens Kevin Tunell hatte 1982 in alkoholisiertem Zustand nahe Washington das Mädchen Susan Herzog getötet. Ihre Eltern hatten ihn verklagt und es waren ihnen 1,5 Millionen Dollar Schmerzensgeld zugesprochen worden. Sie aber boten dem Jungen einen Deal an. Sie würden die Geldstrafe auf lediglich 936 Dollar reduzieren, wenn er ihnen 18 Jahre lang jeden Freitag einen Scheck über einen Dollar schicken würde, ausgestellt auf Susans Namen. Dankbar nahm er das Angebot an.

Jahre später begann der Junge Zahlungen zu vergessen und als ihn Susans Eltern vor Gericht zitierten, brach er zusammen. Jedes Mal, wenn er ihren Namen eingetragen hatte, hatten ihn die Schuldgefühle zerrissen: »Es tut einfach zu weh«, sagte er. Er versuchte den Herzogs zwei Kisten mit bereits ausgefüllten Schecks zu übergeben, einen für jede Woche bis zum Ende des Jahres 2001, ein Jahr länger als ursprünglich vereinbart. Aber sie verweigerten die Annahme.

Richter Ted Poes Kritiker – etwa die Bürgerrechtsgruppe ACLU – wiesen ihn auf Risiken dieser betont ostentativen Strafen hin, speziell jener, die sich im öffentlichen Raum abspielten. Sie argumentierten, es sei kein Wunder, dass öffentliche Demütigungen im China Maos und in Hitler-Deutschland auf der Tagesordnung gestanden und beim Ku-Klux-Klan in den USA neuerliche Blüten erlebt hätten: Sie zerstören Seelen, führen bei den Beteiligten und Zuschauern zu Verrohung und entmenschlichen diese genauso wie die gedemütigte Person. Wie also könne Poe jemanden, der derart wenig Selbstbewusstsein habe, dass er etwa einen Laden ausraubt, hernehmen und ihn offiziell sanktionierter Häme aussetzen?

Poe aber wies die Kritik zurück. Kriminelle hätten nicht *wenig* Selbstbewusstsein. Sondern ganz im Gegenteil. »Die Leute, mit denen ich zu tun hatte, hatten *zuviel* Selbstbewusstsein«, erklärte er 1997 gegenüber dem *Bosten Globe*.

»Manche Leute sagen, jeder sollte ein starkes Selbstbewusstsein haben, manchmal allerdings *sollten* die Menschen sich auch schlecht fühlen.«

Poes Methoden der Demütigung wurden in Houston derart geschätzt, dass er schließlich als Repräsentant des zweiten Wahlbezirks von Texas in den Kongress gewählt wurde. Laut der *Los Angeles Times* ist er derzeit »Topredner im Kongress«, hat zwischen 2009 und 2011 431 Reden gegen Abtreibung, illegale Einwanderer, staatliche Krankenversorgung usw. gehalten. Die er in jedem Fall mit seinem Slogan beendete: »Und so ist das nun einmal!«

»Es war nicht das ›Theater des Absurden‹«. Ted Poe saß mir in seinem Büro im Rayburn House Office Building in Washington, D. C., gegenüber. Ich hatte gerade die Zeile seines Kritikers Jonathan Turley zitiert – »verwendete dabei Bürger als virtuelle Requisiten in seinem persönlichen Theater des Absurden« – und er war stinkwütend. Zu seinem Anzug trug er Cowboystiefel – ein weiteres Markenzeichen neben dem Slogan und den Demütigungen. In Aussehen und Art erinnerte er einen stark an seinen Freund George W. Bush. »Es war das Theater *des anderen Wegs*«, sagte er.

Das Rayburn ist das Gebäude, in dem alle Kongress-Abgeordneten ihre Büros haben. Jede Bürotür ist mit der Staatsfahne des jeweiligen Abgeordneten dekoriert, der dahinter sitzt: den Weißkopfseeadlern von Illinois und North Dakota, dem kalifornischen Bären, dem Pferdekopf von New Jersey oder dem seltsam blutenden Pelikan von Louisiana. In Poes Büro arbeiten gutaussehende, ernst dreinblickende Texaner und toughe, hübsche Texanerinnen, die alle wahnsinnig nett zu mir waren, meine nachfolgenden E-Mail-Anfragen betreffs Detailklärungen und Folgeinterviews allerdings samt und sonders ignorierten. Auch wenn Poe unser Gespräch mit einem herzlichen Handschlag beendete, vermute ich doch, dass er in der Sekunde, als ich zur Tür hinaus war, seiner Mannschaft mitteilte: »Der Typ war ein Idiot. Alle weiteren E-Mail-Anfragen ignorieren.«

Er erzählte mir von einigen seiner Lieblingsdemütigungen: »Da war etwa dieser junge Mann, der die Gefahr beim Klauen so liebte. Ich hätte ihn einbuchten können. Aber ich entschied, er solle sieben Tage lang ein Schild tragen: ICH HABE IN DIESEM LADEN GESTOHLEN. KLAUT NICHT, SONST KÖNNTET IHR HIER STEHEN. Er wurde überwacht. Wir hatten uns um alle Sicherheitsfragen gekümmert. Ich habe daraus fast eine Kunst gemacht, für alle, die sich wegen der Sicherheit Sorgen machten. Am Ende der Woche rief mich der Geschäftsführer an: ›Die ganze Woche über ist hier im Laden nichts gestohlen worden!‹ Die Geschäftsführer waren begeistert.«

»Aber verwandelt man das Strafrechtssystem so nicht in reine Unterhaltung?«, sagte ich.

»Fragen Sie den Typen da draußen«, antwortete Ted Poe. »Er denkt nicht, er würde jemanden unterhalten.«

»Ich meine nicht ihn«, sagte ich. »Ich meine den Effekt, den das auf die Zuschauer hat.«

»Der Öffentlichkeit gefiel es.« Poe nickte. »Die Leute blieben stehen und redeten mit ihm über seine Tat. Eine Dame wollte ihn am Sonntag mit zur Kirche nehmen und ihn retten! Und sie *tat* es!« Er ließ ein lautes, hohes Texas-Lachen hören. »Sie meinte: ›Komm mit mir, du armer Kerl!‹ Am Ende der Woche stand er wieder vor Gericht. Er sagte, es wäre das Peinlichste gewesen, was ihm jemals passiert sei. Hat sein Verhalten vollständig verändert. Irgendwann hat er dann seinen Bachelor gemacht. Ihm gehört jetzt irgendeine Firma in Houston.« Poe machte eine Pause. »Ich hab auch genügend Leute in den Bau gebracht. 66 Prozent davon landen später wieder im Gefängnis. 85 Prozent der Leute, die wir öffentlich gedemütigt haben, haben wir nie wieder gesehen. Bereits das erste Mal ist einfach zu peinlich. Es war kein *Theater des Absurden*. Es war das Theater der *Effektivität*. Weil es funktionierte.«

Poe hatte etwas nervtötend Überzeugendes an sich, auch wenn das Argument mit der Rückfallquote irreführend war. Denn bei ihm war es ja bei weitem wahrscheinlicher, dass er einen Ersttäter mit einer Demütigung bestrafte – jemanden, der ohnehin schon Angst hatte, Reue empfand und sich unbedingt ändern wollte. Aber nichtsdestoweniger lernte ich auch etwas über öffentliche Demütigung heutzutage, das ich so nicht vorausgeahnt hatte.

Angedeutet hatte sich das bereits am Morgen in meinem Hotelzimmer, als ich Mike Hubacek anrief, den Jugendlichen, der 1996 im alkoholisierten Zustand zwei Menschen getötet hatte. Ich hatte ihn gebeten, mir zu beschreiben, wie es sich anfühlte, dazu gezwungen zu werden, die Straße auf und ab zu laufen und ein Plakat mit der Aufschrift ICH BIN BETRUNKEN AUTO GEFAHREN UND HABE ZWEI MENSCHEN GETÖTET hochzuhalten. Zunächst aber unterhielten wir uns über den Unfall. Er erzählte mir, er habe die ersten sechs Monate damit verbracht, in seiner Gefängniszelle zu liegen und es sich immer und immer wieder vorzustellen.

»Welche Bilder kamen dir immer wieder in den Kopf?«, fragte ich ihn.

»Keine«, antwortete er. »Ich hatte währenddessen ein vollständiges Blackout und erinnere mich an nichts. Trotzdem habe ich täglich daran gedacht. Tue ich noch immer. Es ist ein Teil von mir. Ich habe schwer am Überlebensschuld-Syndrom gelitten. Damals war ich beinahe davon überzeugt, ich wäre bereits zu Lebzeiten in der Hölle gelandet. Dass ich lebte, nur um zu leiden. Mehr als anderthalb Jahre konnte ich nicht in den Spiegel schauen. Man lernt beim Rasieren die Hand als Orientierungshilfe zu nutzen.«

Innerlich ohnehin bereits in der Hölle, sagte er, habe er sich auf ein Leben im Gefängnis eingestellt. Dann aber habe Ted Poe ihn unerwarteterweise dort rausgeholt. Und er habe sich plötzlich mit dem Plakat in der Hand auf der Straße wiedergefunden.

Und dort am Straßenrand habe er begriffen, dass es eine Aufgabe für ihn gab. Er konnte gleichsam selbst zu einem lebenden Plakat werden, das die Menschen warnte, unter Alkoholeinfluss Auto zu fahren. Und deshalb kläre er heute in Schulen über die Gefahren auf. Und führe ein Übergangswohnheim für Alkoholiker – Sober Living Houston. Und das alles sei das Verdienst von Richter Ted Poe.

»Ich werde ihm für immer dankbar sein«.

Meine Reise nach Washington, D. C., gestaltete sich ganz anders, als ich eigentlich gehofft hatte. Ich war davon ausgegangen, Richter Ted Poe würde sich als derart furchtbarer Mensch und negatives Vorbild erweisen, dass diejenigen, die nun in den sozialen Netzwerken Menschen demütigten, mit Schrecken realisieren würden, dass sie selbst so wurden und schwören würden, sich zu ändern. Mike Hubacek aber war nun der Meinung, seine Demütigung sei das Beste gewesen, das ihm jemals widerfahren war. Ganz besonders deswegen, erklärte er mir, weil die Zuschauer so nett zu ihm gewesen seien. Er hatte Gewalt und Spott befürchtet. Aber nichts dergleichen sei passiert: »In 90 Prozent der Fälle lauteten die Kommentare ›Gott schütze dich‹ und ›Das wird schon alles werden‹«. Diese Freundlichkeit habe ihm alles bedeutet. Sie habe es wiedergutgemacht. Sie habe ihn dazu gebracht, aufzubrechen, ihn gerettet.

»Demütigungen in den sozialen Netzwerken sind *schlimmer* als Ihre Form der Demütigung«, sagte ich unvermittelt zu Ted Poe.

Er sah mich verblüfft an. »Die *sind* schlimmer«, antwortet er. »Denn sie sind anonym«.

»Und wenn sie nicht anonym sind, kommen sie derart geballt daher, dass sie es genauso gut sein könnten«, sagte ich.

»Sie sind *brutal*«, sagt er.

Mir fiel plötzlich auf, dass ich während unseres Gesprächs die ganze Zeit das Wort »sie« verwendet hatte. Und jedes Mal war ich mir dabei irgendwie feige vorgekommen. Der Punkt war doch, nicht *sie* waren brutal. *Wir* waren es.

In den Anfangstagen von Twitter hatte es keine Demütigungen gegeben. Wir waren wie Eva im Garten Eden gewesen. Ohne jeden Hintergedanken hatten wir munter vor uns hin geplaudert. Wie hatte das damals jemand so schön beschrieben: »Bei Facebook belügt man seine Freunde, bei Twitter sagt man Fremden die Wahrheit«. Die lustigen und ernsthaften Unterhaltungen mit Gleichgesinnten, die ich nicht kannte, hatten mir durch harte Zeiten im Privaten geholfen. Dann kamen die Demütigungen von Jan Moir und LA Fitness – Demütigungen, auf die man stolz sein konnte – und ich erinnerte mich daran, wie aufregend es war, als bis dahin unnahbare Milliardäre wie Rupert Murdoch und Donald Trump sich eigene Twitter-Accounts einrichteten. Zum ersten Mal in der Geschichte hatten wir irgendwie direkten Zugang zu den Oligarchen in ihren Elfenbeintürmen. Und wir wurden extrem wachsam gegenüber Regelverstößen.

Nach einer Weile waren es dann nicht mehr nur Regelverstöße, auf die wir genau achteten. Hinzu kamen nun Versprecher. Sich darüber aufzuregen, wie furchtbar andere Leute waren, wurde zu etwas, worauf wir enorme Energie verschwendeten. Und zwischen der omnipräsenten Wut und den Belanglosigkeiten, die die Celebrities absonderten, verlor sich jede Verhältnismäßigkeit. Es ging um etwas anderes als bei der Satire, im Journalismus oder in der Kritik. Es ging um Strafe. Und tatsächlich fühlte es sich dann irgendwann sogar irgendwie komisch und leer an, wenn es gerade niemanden gab, auf den man wütend sein konnte. An Tagen zwischen öffentlichen Demütigungen kaute man bloß an den Fingernägeln, trat irgendwie auf der Stelle.

Mich hatte die Grausamkeit der Menschen bestürzt, die Jonah während seines Entschuldigungsversuchs auseinandergenommen hatten. Aber nicht *sie* waren die Meute. *Wir* waren die Meute. Ein Jahr oder mehr hatte ich munter genau dasselbe getan. Ich war in einen neuen Daseinszustand hinübergeglitten. Wer waren die Opfer meiner Demütigungen gewesen? Ich konnte mich kaum erinnern. Nur ganz vage entsann ich mich, auf wenn ich eingedroschen und was sie Fürchterliches getan hatten, um das zu verdienen.

Das liegt zum einen daran, dass mein Gedächtnis in den letzten paar Jahren schwer nachgelassen hat. Vor Kurzem besuchte ich ein Spa – meine Frau hatte es als spezielle Überraschung gebucht, was zeigt, dass sie mich nicht wirklich kennt, weil ich nicht gerne angefasst werde – und während ich so auf der Massageliege lag, kam das Gespräch darauf, wie schlecht es tatsächlich ist.

»Ich kann mich kaum an etwas aus meiner Kindheit erinnern!«, erklärte ich der Masseuse. »Es ist alles weg!«

»Bei einer Menge Leute, die sich nicht an ihre Kindheit erinnern können«, antwortete sie, während sie mir die Schultern massierte, »stellt sich dann heraus, sie sind sexuell missbraucht worden. Von ihren Eltern.«

»Na, daran würde ich mich aber erinnern«, sagte ich.

Dabei lag es gar nicht allein an meinem mickrigen Gedächtnis. Es war die schiere Masse an Übeltätern, die ich gemaßregelt hatte. Wie sollte ich mir so viele Menschen merken? Nun, da waren zum einen die Spambot-Typen. Eine Sekunde lang entsann ich mich in Poes Büro zärtlich des Moments, als jemand vorgeschlagen hatte, wir sollten die Arschlöcher doch einfach vergasen. Das hatte mir ein so gutes Gefühl gegeben, viel zu schade, um es zu hinterfragen – sich genauer anzuschauen, warum es mich derart verzaubert hatte.

»Das Rechtssystem des Westens hat eine Menge Probleme«, sagte Poe, »aber zumindest gibt es Regeln. Als Beschuldigter hast du bestimmte Grundrechte. Du bekommst deinen Verhandlungstag. Wenn man im Internet angeklagt wird, hat man keinerlei Rechte. Und die Konsequenzen sind weit gravierender. Alles ist gleich weltweit und für immer.«

Es tat gut zu sehen, wie sich die Balance der Macht verlagerte, dass also jemand wie er nun Angst vor Menschen wie uns hatte. Er aber hätte niemanden dazu verurteilt, wegen etwas ein Plakat hochzuhalten, dessen derjenige nicht überführt worden war. Er hätte niemanden dafür verurteilt, einen Witz erzählt zu haben, der schlecht formuliert gewesen war. Die Menschen, die wir zerstörten, waren nicht mehr einfach Leute wie Jonah: Figuren des öffentlichen Lebens, die tatsächliche Grenzverletzungen begangen hatten. Es waren private Individuen, die im Grunde gar nicht so furchtbar viel falsch gemacht hatten. Durchschnittliche Menschen sahen sich gezwungen, sich wie Großkonzerne, denen PR-Katastrophen unterlaufen waren, in Schadensbegrenzung firm zu machen. Das war alles sehr anstrengend.

»Wir sind *beängstigender als Sie*«, sagte ich zu Poe und war ganz beeindruckt.

Poe lehnte sich auf seinem Stuhl zurück, befriedigt. »Ihr seid viel beängstigender«, sagte er. »Viel beängstigender.«

Wir waren viel beängstigender als Richter Ted Poe! Die mächtigen, verrückten und grausamen Menschen, über die ich sonst schrieb, lebten meist an sehr abgelegenen Orten. Jetzt waren wir die mächtigen, verrückten und grausamen Menschen.

Es war, als seien wir Soldaten in einem Krieg gegen die Verfehlungen anderer Menschen, und mit einmal waren die Kampfhandlungen eskaliert.

5

… STEIGT DER MENSCH ALSO MEHRERE STUFEN VON DER LEITER DER KULTUR HERAB.

Massenhysterie. Lag hier die Erklärung für unseren Demütigungswahn, unseren eskalierenden Krieg gegen kleinste Fehltritte? Das Konzept wird ja von den Sozialwissenschaften immer dann ins Spiel gebracht, wenn Menschenmengen bedrohlich werden. Etwa während der Ausschreitungen in London 2011. Zu Gewalttätigkeiten war es gekommen, nachdem die Polizei den Tottenham-Fan Mark Duggan erschossen hatte. Der darauffolgende Protest weitete sich zu fünftägigen Unruhen samt Plünderungen aus. Die Randalierer befanden sich in Camden Town, knapp zwei Kilometer von meinem Haus entfernt, wo sie Kebabläden und Filialen von JB Sports, Dixons und Vodafone zertrümmerten. Dann zogen sie nach Kentish Town, einen knappen Kilometer den Hügel runter. Verzweifelt verrammelten wir unsere Türen und verfolgten entsetzt die Fernsehnachrichten. Die Menge sei »kontaminiert«, so Dr. Gary Slutkin von der WHO, der im *Observer* zitiert wurde – mit »einem Virus, der das Gehirn befällt und zu kollektiver, aus reinem Gruppendenken heraus motivierter Gewalt führt.« Das klang nach Zombiefilm. Im *Guardian* bezeichnete Jack Levin – Professor für Soziologie und Kriminologie an der Northeastern University in Boston – die Aufstände als die »gewalttätige Version der La-Ola-

Welle … die Menschen sind von einem emotionalen Virus befallen. Das ist ein Merkmal jedes Aufstandes … Menschen schließen sich zu einer Gruppe zusammen und begehen Gewaltakte, die jeder für sich nie auch nur im Traum begehen würde.«

Glücklicherweise verliefen sich die Unruhen in dieser Nacht am Fuße unseres Hügels. Die, jetzt wo ich darüber nachdenke, so rein gar nichts von einer Gewalt-Version der La-Ola-Welle gehabt hatten. Hätten die Randalierer tatsächlich ihren Verstand an einen entsetzlichen Virus verloren, dann hätten sie ihn sicher auch den Hügel hinaufgetragen. Unser Hügel, Highgate West Hill, ist sehr steil – einer der steilsten in London. Ich denke, die Randalierer trafen eine sehr hellsichtige Entscheidung, indem sie ihn nicht erklommen.

Ich fand dann heraus, dass das Konzept der Massenhysterie auf einen französischen Doktor des 19. Jahrhunderts namens Gustave Le Bon zurückgeht. Seiner Vorstellung nach, verloren Menschen innerhalb der Masse vollständig die Kontrolle über ihr Handeln. Der freie Wille löse sich in Luft auf, an dessen Stelle ein übertragbarer Wahnsinn rücke, der in vollständigem Beherrschungsverlust zum Ausdruck komme. Man sei dann nicht mehr man selbst. Also randaliere man oder zerstöre begeistert Justine Sacco.

Etwas über Gustave Le Bon herauszufinden, erwies sich als nicht ganz einfach. Auch als Begründer einer Theorie, die sich hartnäckig hielt, war dennoch kaum etwas über ihn geschrieben worden. Nur ein Mann hatte bisher versucht, seine Lebensgeschichte zusammenzusetzen – Bob Nye, Professor für europäische Ideengeschichte an der Oregon State University.

»Le Bon stammte aus einer Provinzstadt im Westen Frankreichs«, erzählte er mir am Telefon. »Aber er wollte nach Paris, um dort Medizin zu studieren …«

Zu jener Zeit herrschte den Massen gegenüber ein derartiges Misstrauen, dass 1853 Napoleon III. – Le Bon war damals zwölf – den Stadtplaner Georges-Eugène Haussmann beauftragte, Paris' verwinkelte mittelalterliche Straßen aufzureißen und stattdessen lange, breite Boulevards anzulegen – Kontrolle der Massen mittels Stadtplanung. Aber der Plan ging nicht auf. 1871 ging die Pariser Arbeiterschaft auf die Straße, um gegen ihre Lebensbedingungen zu demonstrieren. Sie nahm Geiseln – lokale Bürokraten und Polizeibeamte – die allesamt vor Gericht gestellt und exekutiert wurden. Die Regierung floh nach Versailles.

Le Bon war ein großer Bewunderer der Pariser Oberschicht (auch wenn sich die Pariser Oberschicht nicht im Mindesten für ihn zu interessieren schien – zu dieser Zeit verdiente er sein Geld als Fahrer eines Rettungswagens), weshalb er unheimlich erleichtert war, als zwei Monate nach Beginn der Revolution die Armee die Kommune stürmte und rund 25 000 Aufständische tötete.

Die Aufstände hatten auf Le Bon traumatisch gewirkt. Er begab sich deshalb im Anschluss daran auf eine intellektuelle Spurensuche. Würde er wissenschaftlich belegen können, dass revolutionäre Massenbewegungen schlichtweg Wahnsinn waren? Und würde er Wege finden, sollte dem so sein, wie die Oberschicht davon profitieren könnte, wenn sie lernte, den Irrsinn zu kontrollieren. Das könnte seine Eintrittskarte in die oberen Kreise der Pariser Gesellschaft sein, weil dies just die Dinge waren, die eine Oberschicht gern hörte.

Seine Odyssee begann er in der Riesensammlung menschlicher Schädel der anthropologischen Gesellschaft von Paris, wo er ein paar Jahre zubrachte. Er wollte zeigen, dass Aristokraten und Geschäftsleute größere Gehirne besaßen als andere und deshalb für eine Massenhysterie weniger anfällig waren.

»Er nahm sich einen Schädel vor und füllte ihn mit Schrot«, erklärte Bob Nye. »Dann zählte er die Anzahl der Schrotkörner, um so das Volumen zu bestimmen.«

Nachdem er 287 Schädel ausgemessen hatte, verkündete Le Bon in seinem Aufsatz »Recherches anatomiques et mathématiques sur les lois des variations du volume du cerveau et sur leurs relations avec l'intelligence« aus dem Jahre 1879, dass Aristrokaten und Geschäftsleute tatsächlich über die größten Gehirne verfügten. Lesern, die sich eventuell Sorgen machten, weil »der Körper des Negers größer als der ihre sei«, versicherte er, dass deren »Gehirne dafür weniger schwer seien«. Auch die Gehirne von Frauen hätten geringeres Gewicht: »Bei den intelligentesten Rassen, wie bei den Parisern, gibt es eine große Anzahl Frauen, deren Gehirn der Größe nach den Gorillas näher steht als den höchstentwickelten männlichen Hirnen. Diese Unterlegenheit ist so offensichtlich, dass niemand sie auch nur einen Augenblick lang bestreiten kann; nur ihr Ausmaß lohnt der Erörterung. Alle Psychologen, die die Intelligenz von Frauen studiert haben, erkennen heute ebenso wie Dichter und Romanschriftsteller, dass sie eine der minderwertigsten Formen der Menschheitsentwicklung darstellen und Kindern und Wilden näher sind als dem erwachsenen zivilisierten Mann. Sie zeichnen sich durch Launenhaftigkeit, Sprunghaftigkeit, Gedankenarmut, Mangel an Logik und durch die Unfähigkeit zu denken aus.«

Zwar gebe es »einige hervorragende Frauen«, diese aber seien »so außergewöhnlich wie die Geburt einer Monstrosität (...); daher können wir sie völlig außer Acht lassen.«

Und darum dürfe man das gesellschaftliche Erstarken der Frau in keinem Fall zulassen: »Der Wunsch, ihnen dieselbe

Bildung zu gewähren und folglich auch dieselben Ziele für sie zu setzen, ist eine tückische Schimäre. Am Tag, wo die Frauen in Verkennung der niederen Tätigkeiten, die die Natur ihnen zugewiesen hat, das Haus verlassen und sich an unseren Schlachten beteiligen; an diesem Tag wird eine soziale Revolution einsetzen, und alles wird untergehen, was die heiligen Bande der Familie bewahrt.«

»Als ich an meiner Biographie über Le Bon schrieb«, erzählte Bob Nye mir, »kam es mir vor, als hätte ich es hier mit dem größten Arschloch der Schöpfung zu tun.«

Le Bons Aufsatz von 1879 erwies sich als Disaster. Statt ihn in ihre Ränge aufzunehmen, verhöhnten ihn die führenden Mitglieder der anthropologischen Gesellschaft und nannten ihn einen Frauenfeind, der zudem wissenschaftlich schlampig arbeite. »Für Le Bon ist die Frau offensichtlich ein verfluchtes Wesen und er sagt abscheuliches Laster und Verheerung voraus, sollte sie den häuslichen Bereich verlassen«, verkündete der Generalsekretär der Gesellschaft, Charles Letourneau, in einer Rede. »Selbstverständlich haben wir verschiedenste Vorbehalte gegenüber dieser Schlussfolgerung.«

Tief getroffen verließ Le Bon Paris. Er reiste nach Arabien. Beim französischen Ministerium für Volksbildung ersuchte er um Finanzierung seiner Reise und schlug vor, eine Studie der rassischen Merkmale der Araber zu erarbeiten, die hilfreich sein könnte, sollten sie jemals »unter französische Kolonialherrschaft fallen«. Seine Anfrage aber wurde abgewiesen, also kam er selbst dafür auf.

Während der folgenden zehn Jahre verfasste und veröffentlichte er in Eigenregie einige Bücher über die neurologische Minderwertigkeit von Arabern, Kriminellen und Verfechtern von Multikulturalität. Er feilte an seiner Kunst. Wie Bob Nye es in seiner Biographie von Le Bon – *The Origins of*

Crowd Psychology – engagiert formulierte, »bemühte er sich um Knappheit, nutzte keine Quellen oder Notizen und schrieb in einem einfachen und ansprechenden Stil.« Was Nye meinte, war, dass es nun keine mit Schrot gefüllten Schädel mehr gab, kein Sammeln von »Beweismaterial«, nur noch Gewissheiten. Und genau in dem Stil war auch das Buch gehalten, das er 1895 veröffentlichte und das ihn schließlich berühmt machte: *Psychologie der Massen*.

*

Es begann mit Le Bons stolzer Mitteilung, zu keiner der renommierten wissenschaftlichen Schulen zu gehören: »Zu einer Schule gehören heißt: deren Vorurteile und Standpunkte teilen müssen.« Und auf den folgenden dreihundert Seiten erläuterte er dann, warum die Masse schlichtweg wahnsinnig sei. »Allein durch die Tatsache, Glied einer Masse zu sein, steigt der Mensch also mehrere Stufen von der Leiter der Kultur hinab. Als einzelner war er vielleicht ein gebildetes Individuum, in der Masse ist er ein Triebwesen, also ein Barbar [...] In der Masse ist jedes Gefühl, jede Handlung übertragbar.«

Jede von Le Bons Metaphern hat die Funktion, die Gedankenlosigkeit des Individuums innerhalb der Masse zu illustrieren. In der Masse seien wir »Mikroben« und würden alle um uns herum anstecken, oder »ein Sandkorn, in einem Haufen anderer Sandkörner, dass der Wind nach Belieben emporwirbelt.« Wir seien triebhaft, reizbar und unfähig, logisch zu denken, bestimmt also durch Eigenschaften, die eigentlich typisch seien für »Wesen einer niedrigen Entwicklungsstufe, wie bei Frauen, Wilden und Kindern ebenfalls zu beobachten.«

Kein Wunder, dass Le Bon bei Frauen, ethnischen Gruppen und Kindern einen universellen Hang zur Reizbarkeit erkannt haben wollte, wo er doch so von ihnen sprach.

Aber *Psychologie der Massen* war mehr als eine Polemik. Wie Jonah Lehrer, war sich auch Le Bon bewusst, dass ein populärwissenschaftliches Buch, um wirklich erfolgreich zu sein, auch Ratschläge zur eigenen Selbstvervollkommnung brauchte. Er hatte zwei. Der erste war, dass wir uns darüber, ob es für revolutionäre Massenbewegungen wie den Kommunismus oder Feminismus jeweils moralische Existenzberechtigungen gab, keine Gedanken machen müssten. Die gebe es nicht. Weil: beide seien nichts als blanker Wahnsinn. Wir sollten deshalb einfach aufhören, uns zu sorgen. Und der zweite Ratschlag war, dass ein schlauer Redner, kannte er denn die Tricks, sich die Masse mit Hypnose je nach Wunsch gefügsam machen oder aufpeitschen könne. Er listete die Tricks auf: »Da die Masse nur durch übermäßiges Empfindungen erregt wird, muss der Redner, der sie hinreißen will, starke Ausdrücke gebrauchen. Zu den gewöhnlichen Beweismitteln der Redner in Volksversammlungen gehört Schreien, Beteuern, Wiederholen und niemals darf er den Versuch machen, einen Beweis zu erbringen.«

Psychologie der Massen war direkt nach Erscheinen bereits ein Riesenerfolg. Es wurde in sechsundzwanzig Sprachen übersetzt und verhalf Le Bon zu dem, was er sich immer gewünscht hatte – einem Platz im Herzen der Pariser Gesellschaft. Den er allerdings umgehend auf eigentümliche Weise missbrauchte. Er richtete eine Reihe von Mittagsessen für Politiker und Größen der Gesellschaft aus – *Les Dejeuners de Gustave Le Bon* –, bei denen er am Kopfende des Tisches saß, an seiner Seite eine Glocke. Äußerte einer seiner Gäste etwas, mit dem er nicht einverstanden war, klingelte er so lange mit der Glocke, bis die Person endlich verstummte.

Weltweit begannen sich berühmte Menschen zu Le-Bon-Fans zu erklären. Unter ihnen Mussolini: »Ich habe alles von Gustave Le Bon gelesen und ich weiß nicht, wie oft ich *Psychologie der Masse* wiedergelesen habe. Es ist ein kapitales Werk, auf das ich mich bis heute häufig beziehe.« Oder Goebbels: »Goebbels ist der Meinung, dass seit dem Franzosen Le Bon niemand die Logik der Massen so gut verstanden hat wie er«, schrieb der Goebbels-Vertraute Rudolf Semmler in seinem Kriegstagebuch.

Vor diesem Hintergrund mag man denken, der Einfluss von Le Bons Werk habe womöglich irgendwann nachgelassen. Das aber ist niemals eingetreten. Ein Grund für seinen andauernden Erfolg liegt darin, nehme ich jedenfalls an, dass wir nichts lieber tun als andere Leute zu Verrückten zu erklären. Und es gibt eine weitere Erklärung. Vor allem ein psychologisches Experiment hat dafür gesorgt, seine Idee am Leben zu erhalten. Und zwar jenes, das sich der Psychologe Philip Zimbardo 1971 im Keller der Stanford University ausgedacht hatte.

Zimbardo war ein Junge aus der New Yorker Arbeiterklasse, Sohn sizilianischer Immigranten. Nach seinem Abschluss am Brooklyn College 1954 lehrte er Psychologie in Yale, an der NYU und der Columbia, bevor er 1971 nach Stanford kam. Die Psychologie der Masse – bzw. »Deindividuation«, worunter man es damals fasste – beschäftigte Zimbardo so sehr, dass er ihr 1969 eine Art Prosagedicht widmete:

»Unsere ewige Kraftquelle, den Kreislauf der Natur, Blutsbande, Stammeszusammenhänge, das weibliche Prinzip, das Irrationale, das Impulsive, den anonymen Chor, die wütenden Furien – Deindividuation ruft, mythisch gefasst, all das auf.«

Jetzt, in Stanford, ausgestattet mit Geldern des Office of

Navel Research, machte er sich daran, auf dramatische Weise unter Beweis zu stellen, dass die Individuation überhaupt existierte.

Zunächst schaltete er in der Lokalzeitung eine kleine Anzeige: »Männliche Studenten für psychologische Studie des Gefängnislebens gesucht. Fünfzehn Dollar pro Tag für ein bis zwei Wochen, ab dem 14. August«.

Nachdem er 24 Bewerber ausgewählt hatte, verwandelte er den fensterlosen Keller der Psychologischen Fakultät in ein Scheingefängnis, mit »Zellen« und einem »Einzelhaftraum« (der Wandschrank eines Hausmeisters). Dann teilte er die Studenten in zwei Gruppen auf. Neun würden »Gefangene« sein, neun »Wärter« und die verbleibenden sechs sich bis auf weiteres bereithalten. Den Wärtern gab er Schlagstöcke und verspiegelte Sonnenbrillen, damit ihre Augen nicht zu sehen waren. Er selbst schlüpfte in die Rolle des »Superintendenten«. Die Gefangenen wurden entkleidet und in Kittel gesteckt. Ihre Füße in Ketten gelegt. Dann wurden sie in ihre »Zellen« geführt. Dann begann es.

Nur sechs Tage später wurde das Experiment abgebrochen. Es war – wie Zimbardo später bei einer Anhörung vor dem Kongress berichtete – zu einer gewalttätigen Eskalation gekommen und außer Kontrolle geraten. Zimbardos Verlobte, Christina Maslach, hatte den Keller besucht und war von dem schockiert gewesen, was sie gesehen hatte. Die Wärter seien sadistisch umherstolziert und hätten die Gefangenen angebrüllt »den Boden zu ficken« und so weiter. Die Gefangenen hätten in ihren Zellen gelegen und geschrien: »Ich verbrenne innerlich, merkt ihr das nicht? Ich bin innen drin total im Arsch!«

Wütend ging Maslach ihren Verlobten an: »Was tust du diesen Jungen an? Du bist ein Fremder für mich. Die Macht der Situation hat aus dem Menschen, den ich zu kennen glaubte, einen Unbekannten gemacht.«

In diesem Moment hatte Zimbardo das Gefühl, als sei er mit einer Ohrfeige geweckt worden. Sie hatte Recht. Das Experiment war zu etwas Bösem geworden. »Ich muss es beenden«, sagte er zu ihr.

»Was wir sahen, war beängstigend«, erklärte Zimbardo zwei Monate später bei der Kongressanhörung. »In weniger als einer Woche waren alle menschlichen Werte außer Kraft gesetzt und die abscheulichste, niedrigste, pathologische Seite der menschlichen Natur an die Oberfläche gekommen. Wir waren entsetzt zu sehen, wie Jungen andere Jungen behandelten, als seien es verachtenswerte Tiere, und ihnen die Grausamkeiten auch noch Spaß machten.«

Zimbardo veröffentlichte eine Auswahl an Ausschnitten aus dem Material, das er während des Experiments heimlich gedreht hatte. Darin war zu sehen, wie die Wächter die Gefangenen anbrüllten: »Was wenn ich dir befehlen würde, runter auf den Boden zu gehen und den Boden zu ficken?« Oder: »Du lächelst ja [Gefangener] 2093, runter auf den Boden und zehn Liegestützen.« Und: »Du bist Frankenstein. Und du bist Mrs. Frankenstein. Lauf wie Frankenstein. Umarm sie. Sag ihr, dass du sie liebst.« Und so weiter. Aus diesem Grund ist Zimbardos Keller für Studenten der Sozialpsychologie – und das gilt bis heute – eine Art Brutstätte der Le Bon'schen Masse – ein Ort der Ansteckung, wo aus guten Menschen böse werden. Zimbardo formulierte es gegenüber der BBC so: »Wir haben gute Menschen an einen bösen Ort gebracht und haben gesehen, wer gewonnen hat.«

Und dennoch konnte ich mich des Eindrucks nicht erwehren, dass die bösen Taten, die auf Zimbardos heimlich gefilmtem Material zu sehen waren, eigenartig übertrieben wirkten. Dazu kam noch, dass ich, obwohl ich nur zu gut wusste, wie sehr die eigenen Nerven unter Schlafentzug litten (ich habe ein zahnendes und an Koliken laborierendes Baby großgezogen) und darunter, in einen fensterlosen Raum gesperrt zu sein (ich habe unklugerweise einmal eine Woche in der Innenkabine des Mittelmeerkreuzschiffes *The Westerdam* verbracht und bin mir sicher, auch ich hätte ohne die Möglichkeit, jederzeit ins Explorations Café und in die Vista Lounge gehen zu können, immer wieder »Ich bin innen drin total im Arsch, merkt ihr das denn nicht!« gebrüllt), ich mich zu keinem Zeitpunkt, selbst in den allerschlimmsten Nächten in jemanden aus dem Stanford Prison Experiment verwandelt hatte. Was also war in dem Keller tatsächlich geschehen?

*

John Mark arbeitet heute als Kodierfachkraft für die Krankenversicherung Kaiser Permanente. Damals, 1971, war er sechs Tage lang einer von Zimbardos »Wärtern« gewesen. Die Teilnehmer aufzustöbern hatte sich als schwierige Aufgabe erwiesen – Zimbardo hatte nie alle Namen veröffentlicht – John Mark aber hatte im Alumni-Magazin von Stanford Briefe veröffentlicht, in denen es um seine Erinnerungen an das Experiment ging und so hatte ich ihn gefunden.

»Was geschieht, wenn Sie Leuten erzählen, Sie seien Wärter im Stanford Prison Experiment gewesen?«, fragte ich ihn am Telefon.

»Jeder nimmt an, ich wäre brutal gewesen«, antwortete er und seufzte. »Man hört das ständig. Schaltet man den Fernseher ein und es geht da um irgendetwas, das mit Gewalt zu tun hat, wird mit Sicherheit einer einwerfen: ›wie ja auch das Stanford Prison Experiment gezeigt hat …‹. Sie haben es sogar in der Highschool meiner Tochter durchgenommen. Das regt mich wirklich auf.«

»Wieso?«

»Weil es nicht *stimmt*«, sagte er. »Meine Tage als Wärter waren ziemlich langweilig. Ich saß meistens herum. Ich hatte die Tagesschicht. Ich weckte die Gefangenen, brachte ihnen das Essen. Die meiste Zeit allersdings hing man bloß herum.« Er machte eine Pause. »Wäre Zimbardos Schlussfolgerung richtig gewesen, hätte sie dann nicht auf *alle* Wärter zutreffen müssen?«

Dann sagte er, dass wenn ich mir Zimbardos Ausschnitte einmal genau ansähe – er wünschte, Zimbardo würde eines Tages das vollständige Material veröffentlichen – mir auffallen würde, dass »der einzige Wärter, der wirklich durchzudrehen schien, Dave Eshelman war«.

»Dave Eshelman?«, sagte ich.

Er hatte Recht: denkt man an die bösen Wärter in Zimbardos Keller, hat man tatsächlich nur einen Mann vor Augen – Dave Eshelman. Er war derjenige, der »Fick den Boden!« und »Du bist Frankenstein!« usw. gebrüllt hatte. Sozialwissenschaftler haben Aufsätze geschrieben, in denen sie jede Bewegung Eshelmans analysieren, einschließlich des eigentümlichen Details, dass je brutaler er agierte, sein Südstaatenakzent umso stärker zum Vorschein kam. Mir ist zumindest eine Analyse des Experiments untergekommen, in der der Autor es offenbar absolut plausibel fand, dass wenn eine Person von gewalttätigem Wahnsinn übermannt wird, sie plötzlich zu sprechen beginnt, als käme sie aus Louisiana.

Dave Eshelman leitet heute eine Bausparkasse in Saragota, Kalifornien. Ich rief ihn an, um zu fragen, wie es denn so sei, das Böse zu personifizieren, das ja in uns allen stecke.

»Ich denke, dass ich eine verdammt gute Schauspielleistung hingelegt habe«, antwortete er.

»Was meinen Sie damit?«, sagte ich.

»Es war ja nicht so, dass da ein ansonsten normaler, ausgeglichener und vernünftiger Mensch einfach in eine schlechte Situation gebracht und dann mit einem Mal selbst schlecht wurde«, sagte er. »Ich hab das alles bloß gespielt.«

Er holte aus. Die erste Nacht sei langweilig gewesen. Alle hätten einfach herumgesessen. »Ich dachte: ›Jemand gibt eine Menge Geld dafür aus, um das hier zu inszenieren, bekommt aber keinerlei Resulutate‹. Also überlegte ich mir, mal etwas Action reinzubringen.«

Gerade kurz zuvor habe er den Gefängnisfilm *Der Unbeugsame* mit Paul Newman gesehen, in dem ein sadistischer Südstaaten-Wärter, gespielt von Strother Martin, die Häftlinge schikaniert. Dave hatte sich also von ihm inspirieren lassen. Sein plötzlicher Südstaatenakzent war demnach keine unkontrollierbare physische Transformation wie die von Natalie Portman gewesen, der in *Black Swan* Federn wachsen. Er hatte ganz bewusst Strother Martin nachgeeifert.

»Sie haben also so getan als ob, damit Zimbardos Studie aussagekräftiger wurde?«, frage ich.

»Ich habe das sehr bewusst gemacht«, antwortete er. »Es geplant. Es genau festgelegt. Und ausgeführt. Und ich habe das alles aus einem Grund gemacht. Ich dachte damals nämlich, ich würde etwas Gutes tun.«

Nachdem ich aufgelegt hatte, fragte ich mich, ob Dave mir gerade eben nicht etwas vollkommen Erstaunliches erzählt hatte – etwas, das womöglich die Art und Weise, wie die Psychologie des Bösen gelehrt wurde, grundlegend verändern würde. Womöglich hatte er gerade mal eben das berühmte Stanford Prison Experiment widerlegt. Also schickte ich ein Transkript des Gesprächs an die Massenpsychologen Steve Reicher und Alex Haslam. Beide sind Professoren der Sozialpsychologie an der University of Queensland. Und sie haben ihre Karrieren damit verbracht, Zimbardos Arbeit zu analysieren.

Die beiden antworteten mir jeweils per E-Mail, klangen hinsichtlich des Teils, den ich für potentiell sensationell gehalten hatte, vollkommen unbeeindruckt. »Die ›nur gespielt‹-Zeile ist ein Täuschungsmanöver«, schrieb Haslam, denn für denjenigen, dem die Brutalität gilt, ist es unerheblich, ob die Person bloß geschauspielert hat oder nicht.«

»Spielen ist nichts ›Unernstes‹, fügte Reicher hinzu. »Selbst wenn wir nur so tun als ob, stellt sich die Frage: ›warum haben wir in dieser speziellen Weise gehandelt‹?«

Dennoch, so schrieben beide, sei das Gespräch mit Dave Eshelman tatsächlich »faszinierend und wichtig«, so formulierte es Reicher, allerdings aus einem anderen Grund als von mir angenommen. Einen eindeutigen Hinweis darauf hatte ich offenbar übersehen.

»Die eigentlich interessante Zeile«, schrieb Haslam, »ist doch: ›Damals dachte ich, ich würde etwas Gutes tun‹. Die Wendung *etwas Gutes tun*, halte ich für ziemlich bedenkenswert.«

*

Etwas Gutes tun. Das war ja nun das Gegenteil von Le Bons und Zimbardos Schlussfolgerungen. Ein böses Umfeld hatte Dave nicht auch böse gemacht. Und auch die 100 000 Leute, die sich auf Justine Sacco gestürzt hatten, waren nicht vom Bösen infiziert gewesen. »Die Ironie bei jenen, die Ansteckung als Erklärung heranziehen«, schrieb mir Steve Reicher, »besteht darin, dass sie zwar die Fernsehbilder der Londoner

Krawalle gesehen haben, nicht aber auf die Straße gegangen sind und ebenfalls randaliert haben. In keinem Fall entspricht es der Wahrheit, dass alle sich einfach hilflos einer Gruppe anschließen. Bei Krawallen schließt sich die Polizei ja auch nicht den Randalierern an. Ansteckung ist offenkundig eher für andere ein Problem.«

Dann erzählte mir Reicher eine Geschichte über das einzige Mal, an dem er je bei einem Tennismatch gewesen war. »In Wimbledon war ›Tag der offenen Tür‹ und man hatte das gemeine Volk auf die Ränge der Turnierplätze gelassen. Wir waren auf dem Centercourt. Auf drei Seiten saßen normale Bürger, auf der vierten die Clubmitglieder. Das Spiel, das wir anschauten, war ziemlich langweilig. Also fingen Leute im Publikum an, eine La-Ola-Welle zu machen. Sie machte die Runde durch die drei ›Volks‹-Seiten des Platzes, die feine Gesellschaft aber weigerte sich aufzustehen. Ansteckung Fehlanzeige! Der Rest des Publikums wartete also einfach genauso lange wie die Welle gebraucht hätte, um durch die vierte Seite zu laufen. Wieder und wieder ging das so, wobei die Masse jedes Mal – halb im Scherz – die Clubmitglieder zum Aufstehen aufforderte. Was sie irgendwann auch taten, wenn auch etwas betreten. Der Jubel, der daraufhin ausbrach, war weithin zu hören. Rein oberflächlich gesehen, könnte man hier jetzt von Ansteckung sprechen. Aber viel interessanter ist doch im Grunde, sich die Grenzen des Einflusses anzusehen, die mit den Grenzen zwischen Gruppen zusammenfallen, mit Klasse und Macht zu tun haben … Etwas, das Ansteckung eher verdeckt als hervorhebt. Selbst die gewalttätigsten Massen explodieren nicht einfach unkontrolliert. Es gibt immer Muster und diese Muster spiegeln stets übergeordnete Regime von Überzeugungen wider. Die Frage, die wir also stellen müssen – und die mit ›Ansteckung‹ eben nicht beantwortet ist – lautet, was passiert, wenn Menschen zusammenkommen, oftmals spontan, oftmals ohne Führung, und dann gemeinsam in ideologisch nachvollziehbarer Art und Weise handeln. Wenn man die Antwort darauf wüsste, wäre das hilfreich dabei, menschliches Miteinander überhaupt zu verstehen. Genau deshalb sind Massen, nimmt man sie nicht bloß als Anomalie wahr, ja ein so wichtiger Schlüssel und so faszinierend.«

*

Philip Zimbardos Assistentin schrieb mir. »Aus Termingründen lehnt er derzeit alle weiteren Interviewanfragen bis zum Herbstsemester ab.« Es war Februar. Ich fragte sie, ob er an irgendwelchen Deindividuations-Projekten arbeiten werde. Das könne sie mir nicht sagen, schrieb sie. »Ich bekomme täglich viele, viele, viele Anfragen dieser Art und schaffe es daher einfach nicht, daran zu denken, mich bei Einzelnen zu melden.« Ich hätte mit Dave Eshelman gesprochen, erklärte ich ihr, und erkundigte mich, ob ich mit Dr. Zimbardo nicht wenigstens einige Details klären könne. »Möglicherweise schafft er es, Mitte Mai ein paar kurze Fragen per E-Mail zu beantworten«, anwortete sie. Also schickte ich ihr im Mai Dave Eshelmans Zitate. »Bedeutet die Phrase ›etwas Gutes tun‹ nicht genau das Gegenteil von Dr. Zimbardos Schlussfolgerung?«, schrieb ich dazu. »Dave Eshelman wurde nicht von einer bösartigen Umgebung angesteckt. Er versuchte zu helfen.«

Sie leitete meine Nachricht an Dr. Zimbardo weiter und schrieb: »Einfach an mich zurück! Fürchte sonst wird er weiterhin mit Ihnen direkt korrespondieren!!« (Ich war aus Versehen cc gesetzt worden). Noch am selben Abend schrieb mir Zimbardo zurück: »Bitte lassen Sie Ihre Naivität einmal kurz außen vor. Eshelman hat in aufgezeichneten Interviews öffentlich bezeugt, er habe sich entschieden ›der denkbar grausamste und gewalttätigste Wärter‹ zu sein, die Gefangenen seien seine ›Puppen‹ gewesen und er habe so weit mit ihnen gehen wollen, bis sie aufbegehrten. Das taten sie nicht, trotzdem ließ er nicht locker. Tatsächlich eskalierten seine erniedrigenden Misshandlungen jede Nacht … Er versuchte zu helfen? Er schuf erst die bösartige Umgebung, die unschuldige Studenten und Häftlinge zerstörte!«

Hatte Zimbardo Recht – war ich vielleicht naiv? Spielte Dave seine Brutalität all die Jahre später herunter? Ich recherchierte weiter und fand heraus, dass ich nicht der Erste war, dem an dem Zimbardo-Experiment etwas künstlich vorkam. Der Psychologe Peter Gray vom Boston College – Verfasser der weithin gängigen Studieneinführung *Psychology* – hatte in *Psychology Today* einen Essay unter dem Titel »Warum Zimbardos Prison Experiment nicht in meinem Buch vorkommt« veröffentlicht:

> 22 Jungen (okay, junge Männer) [tatsächlich waren es 24] werden gebeten, miteinander Gefangene und Wärter zu spielen. Man schreibt das Jahr 1971. In letzter Zeit hat es viele Medienberichte über Gefängnisaufstände und die Brutalität der Wärter gegeben. Was also sollten die jungen Männer in diesem Spiel nun tun? Sollten sie zusammensitzen und gemütlich miteinander über Freundinnen, Filme und dergleichen plaudern? Nein, natürlich nicht. Dies ist eine Studie über Gefangene und Wärter, ihre Aufgabe ist also ganz eindeutig die, sich auch wie Gefangene und Wärter zu verhalten – oder vielmehr ihre stereotypen Vorstellungen davon auszuleben, was Gefangene und Wärter eben so tun. Ganz sicher wäre Professor Zimbardo, der sie ganz aus der Nähe beobach-

> tete (als Gefängnisdirektor) enttäuscht gewesen, wenn sie stattdessen einfach herumgesessen, gemütlich geplaudert und Tee getrunken hätten. Wie die Forschung hinreichend gezeigt hat, sind Teilnehmer an psychologischen Experimenten hochmotiviert, just das zu tun, wovon sie annehmen, dass es dem Willen der Forscher entspricht. (Peter Gray: »Why Zimbardo's Prison Experiment Isn't in My Textbook«, *Psychology Today,* 19. Oktober 2013)

Gray war der Meinung, Zimbardos zentraler Fehler habe darin bestanden, selbst in die Rolle des Gefängnisdirektors zu schlüpfen, statt außenstehender Beobachter zu bleiben. Und auch als Gefängniswärter habe er keine Distanz gehalten. Vor Beginn des Experiments hatte er seinen Wärtern sogar ein paar motivierende Worte mit auf den Weg gegeben, wie er später in seinem eigenen Buch, *Der Luzifer-Effekt*, berichtete:

> ›Wir dürfen sie nicht psychisch missbrauchen oder foltern‹, fuhr ich fort. ›Wir können Langeweile erzeugen. Wir können ein Gefühl der Frustration schaffen. Wir können ihnen Angst einjagen, innerhalb gewisser Grenzen. Wir können vermitteln, dass Willkür ihr Leben bestimmt, dass es völlig von uns beherrscht wird, durch das System, durch Sie, durch mich, durch [Wärter] Jaffe. Sie werden keine Privatsphäre haben, sie werden rund um die Uhr bewacht werden – nichts, was sie tun, wird unbemerkt bleiben. Sie werden keine Handlungsfreiheit haben. Wir werden ihnen auf verschiedene Weise ihre Individualität nehmen. Sie werden Uniformen tragen, und sie werden nie mit Namen angeredet werden; sie werden Nummern haben und nur als Nummern ange-

sprochen werden. Zusammengenommen sollte all das bei ihnen ein Gefühl der Machtlosigkeit entstehen lassen. Wir haben die totale Macht über die Situation – sie haben keine.‹

Für Gustave Le Bon war die Masse bloß eine einzige große ideologiefreie Explosion von Wahnsinn gewesen – ein einzelner greller Farbklecks ohne Variation. Ganz anders da Twitter. Twitter sprach nicht mit nur einer Stimme. Als die ganze Welt auf Justine Sacco eingedroschen hatte, waren darunter Frauenfeinde gewesen: »Jemand mit HIV+ sollte die Schlampe vergewaltigen, dann werden wir ja sehen ob ihre Hautfarbe sie vor AIDS schützt.« (Dafür belangt wurde die Person übrigens von niemandem. Alle waren derart damit beschäfigt, Justine zu vernichten – und unsere Gehirne im Demütigungsmodus sind derart einfältig –, dass wir nicht in der Lage waren, jemanden, der gerade Justine auf vollkommen unhaltbare Weise zerstörte, seinerseits zu zerstören.) Es waren Menschenfreunde darunter gewesen: »Wenn euch @JustineSaccos unglückliche Äußerung über AIDS aufregt, unterstützt so wie ich die Arbeit von @CARE in Afrika.« Es waren Firmen darunter gewesen, die Produkte beworben hatten, wie der Inflight-Wi-Fi-Anbieter Gogo: »Bevor du das nächste Mal vor Abflug etwas Dämliches tweetest, achte drauf, dass du in einem @Gogo-Flieger sitzt! CC: @JustineSacco.

All diese Menschen waren, genau wie Steve Reicher meinte, spontan zusammengekommen, ohne dass jemand sie angeführt hätte. Ich hatte nicht dazugehört. Aber ich hatte auf viele andere Leute wie Justine eingedroschen. Ich hatte mich von der neuen Technologie dazu verleiten lassen – wie ein Kleinkind, das auf einen Revolver zukrabbelt. Angetrieben hatte mich, genau wie Dave Eshelman, der Wunsch, etwas

Gutes zu tun. Was definitiv besser war, als von einem Gruppenwahn angetrieben zu sein. Aber mein Verlangen hatte eine Menge Köpfe rollen lassen – ich hatte eine Menge Leute kaputtgemacht, an die ich mich jetzt nicht einmal mehr erinnerte. Entsprungen war es irgendeiner dunklen Quelle, über die ich eigentlich so recht gar nicht nachdenken wollte. Weshalb ich umso dringender darüber nachdenken musste.

6
GUTES TUN

»Ich bin ein Niemand«, sagte Hank, »bloß ein Typ mit Familie und Job, ein totaler Durchschnittsamerikaner.«

Hank war nicht sein richtiger Name. Es war ihm gelungen, diesen Teil von sich nicht preiszugeben. Wir unterhielten uns über ein Google Hangout. Er saß in der Küche seines Hauses irgendwo an der amerikanischen Westküste, wo genau hatte ich versprochen nicht preiszugeben. Er sah zerbrechlich und nervös aus, so wie jemand, der lieber alleine an seinem Computer arbeitet, als darüber mit einem Fremden zu kommunizieren.

Am 17. März 2013 hatte Hank bei einer Konferenz für Technologieentwickler in Santa Clara im Publikum gesessen, als ihm ein blöder Witz in den Sinn gekommen war, den er dann seinem Freund Alex zugeraunt hatte.

»Wie ging denn der Witz?«, fragte ich ihn.

»Er war so schlecht, dass ich mich an den genauen Wortlaut gar nicht mehr erinnern kann«, erzählte er. »Es ging um ein frei erfundenes Hardwareteil mit Riesendongle – einem gigantischen Dongle. Darüber haben wir gekichert. Wir haben noch nicht mal normal laut gesprochen.«

Augenblicke zuvor hatten Hank und Alex über einen anderen beavis-und-butthead-mäßigen Insiderwitz für Tech-Freaks gekichert, darüber nämlich »jemandes Repro zu forken«. »Wir meinten, das könne doch so eine Art neues Kompliment sein«, erklärte Hank. »Es hatte jemand auf der

Bühne gestanden und sein neues Projekt präsentiert und Alex meinte: ›Die Repro von dem Typen würd ich auch gern mal forken‹.«

(Im Technik-Jargon ist mit »forken« das Kopieren der Software einer anderen Person gemeint, an der unabhängig weitergearbeitet werden kann. Ein anderes Wort für Software ist »Repository«. »Jemandes Repro zu worken« kann also als Kompliment gemeint sein, im Englischen kommt dann noch eine eindeutig sexuelle Konnotation dazu. Jetzt nur für den Fall, dass Sie das interessieren sollte. Ich denke, es hat schon was von Vorhölle, wenn man einem Journalisten irgendeinen fürchterlichen Wegwerfwitz, den man zehn Monate zuvor gerissen hat, erst lang und breit erklären muss und der dann trotzdem immer wieder sagt: ›Sorry. Verstehe ich immer noch nicht‹. Aber da musste Hank in seinem Google-Hangout-Chat mit mir nun einmal durch.)

Sekunden nachdem er den Dongle-Witz gerissen hatte, bekam Hank nur aus den Augenwinkeln mit, wie die Frau vor ihm aufstand, sich umdrehte und ein Foto von ihm machte. Er war der Meinung, sie würde das Publikum fotografieren. Also schaute er nach vorne und versuchte ihr nicht die Aufnahme zu vermiesen.

Es tut schon ein bisschen weh sich das Bild jetzt anzuschauen – wissend, was den beiden bevorstand. Dieses spitzbübische, dämliche Grinsen, das auf einen gemeinsam genossenen Dongle-Witz folgt, sollte Hanks und Alex' letztes Grinsen für lange Zeit sein.

Zehn Minuten, nachdem das Foto gemacht worden war, kam der Organisator der Konferenz den Gang hinunter und sagte zu Hank und Alex: »Würden Sie bitte mit mir kommen?«

Sie wurden in ein Büro geführt, wo man ihnen erklärte, es habe eine Beschwerde wegen sexueller Kommentare gege-

Hank sitzt links, Alex rechts.

ben. »Ich entschuldigte mich umgehend«, sagte Hank. »Ich wusste genau, wovon sie sprachen. Ich erzählte ihnen, was wir gesagt hatten und dass es nicht als sexueller Kommentar gemeint gewesen sei, und dass es uns leid tue, falls jemand zugehört habe und sich belästigt gefühlt habe. Und die meinten so: ›Alles klar. Wir verstehen, was passiert ist‹.«

Damit waren sie entlassen. Die Konferenz ging weiter. Aber Hank und Alex waren ganz schön von der Rolle – »Wir waren ziemliche Nerds und mit Konfrontation kommen wir nicht so gut klar. Wir sind so was einfach nicht gewöhnt« – und entschieden sich daher früher abzureisen.

Auf dem Weg zum Flughafen begannen sie sich zu fragen, *wie* genau die Frau vor ihnen ihre Beschwerde den Organisatoren gegenüber wohl zum Ausdruck gebracht hatte. Sie bekamen es plötzlich mit der Angst zu tun. Es bestand ja die Möglichkeit, ein Alptraum, dass sie in Form eines

öffentlichen Tweets kommuniziert worden war. Beklommen schauten sie nach.

Panik durchzuckte Hank. Schnell scannte er die Reaktionen, aber viele gab es nicht – bloß die eine oder andere Gratulation einer ihrer 9209 Follower bezüglich der »noblen« Art, wie sie die Männer hinter ihr »in die Schranken gewiesen« habe. Noch immer beklommen bemerkte er dann, dass die Frau – ihr Name war Adria Richards – einige Tage zuvor selbst einen dämlichen Peniswitz getweetet hatte. Sie hatte einem Freund geraten, sich doch Socken in die Hose zu stecken, um so das Sicherheitspersonal am Flughafen zu verwirren. Hank entspannte sich etwas. Am folgenden Tag legte Adria Richards mit einem Eintrag in ihren Blog dann allerdings nach.

> Gestern habe ich öffentlich eine paar Typen zur Rechenschaft gezogen, die sich bei der PyCon-Konferenz der Gemeinschaft gegenüber respektlos gezeigt hatten.

Sie erklärte den Kontext – dass sie »mit Hingabe als Entwicklerin in einem erfolgreichen Start-up arbeite« und dass, während die Männer über Riesen-Dongles gekichert hätten, der Redner auf der Bühne über Initiativen gesprochen habe, wie man in der Branche mehr Arbeitsplätze für Frauen schaffen könne. Er habe sogar just in dem Moment das Foto eines kleinen Mädchen bei einem Technikworkshop auf die Leinwand projiziert.

> Hier Rechenschaft zu verlangen war wichtig. Die Typen hinter mir fühlten sich in der Masse sicher. Das wurde mir klar und ich begriff, dass gerade die Anonymität ihr Verhalten befeuerte. Das nennt man Deindividuation. Die Theorien der Deindividuation besagen, es handele sich dabei um einen psychologischen Zustand verminderter Selbstwahrnehmung, der zu antinormativem und enthemmtem Verhalten führt. Diese Theorien versuchen Erklärungen für antinormatives Kollektiv-Verhalten zu liefern, wie es in gewaltbereiten Menschenmengen, Lychnmobs usw. anzutreffen ist …

Deindividuation. Hier erwachten Gustave Le Bon und Philip Zimbardo plötzlich wieder zum Leben, diesmal in Adrias Blog.

> … ich stand langsam auf, drehte mich um und schoss drei scharfe Bilder.
>
> Den Traum eines kleinen Kindes zu zerstören, machte mich so richtig wütend.
>
> Eigentlich fallen mir dazu nur vier Worte ein: »Das ist nicht cool.«
>
> Gestern stand die Zukunft des Programmierens auf dem Spiel und ich habe mir Gehör verschafft. (Adria Richards, *But You're A Girl Blog*, 18. März 2013)

Zu diesem Zeitpunkt war Hank bereits ins Büro seines Chefs zitiert und gefeuert worden.

*

»Ich packte mein Zeug in eine Kiste«, sagte Hank, »dann ging ich raus, um meine Frau anzurufen. Ich bin niemand, der leicht weint, aber …« Hank hielt inne. »Als ich bei meiner Frau in den Wagen stieg, konnte ich einfach … ich habe drei Kinder. Gefeuert zu werden war furchtbar.«

An diesem Abend gab Hank seinen einzigen öffentlichten Kommentar ab (genau wie Justine und Jonah hatte er, bevor er mit mir sprach, nie einem Journalisten davon erzählt, was ihm passiert war). Er veröffentlichte eine kurze Nachricht im Diskussionsforum von *Hacker News*:

> Hi, ich bin der Typ, der den Kommentar über Riesendongles gemacht hat. Zunächst einmal möchte ich mich entschuldigen. Ich wollte wirklich niemandem zu nahe treten, ich bedauere sehr, den Kommentar gemacht und damit Adria verletzt zu haben. Sie hatte das Recht dazu, mich den Veranstaltern zu melden, und ich bin inhaltlich auf ihrer Seite. Allerdings habe ich wegen ihres Fotos heute meinen Job verloren. Was wirklich beschissen ist, weil ich drei Kinder habe und mir die Arbeit wirklich Spaß gemacht hat.
>
> Sie hat mich nicht vorgewarnt und sogar gelächelt, als sie das Foto schoss und mein Schicksal besiegelte.

»Am nächsten Tag«, erzählte Hank, »rief Adria Richards die Leute in meiner Firma an, um mich zu bitten, den Teil der Entschuldigung zu entfernen, in dem es darum ging, dass ich wegen ihres Tweets meinen Job verloren hatte.«

Ich schickte Adria eine Interviewanfrage. »In Ordnung, mail mir, worum's genau gehen soll und falls relevant, werde ich antworten«, schrieb sie zurück. Was ich tat. Mit Erfolg. Wir fanden einen Termin zwei Wochen später. »Aus Sicherheitsgründen werden wir uns an einem öffentlichen Ort treffen«, schrieb Adria. »Und denk daran, deinen Ausweis mitzubringen.«

Treffpunkt war der Check-in-Schalter für Auslandsflüge im San Francisco Airport. Ich hatte sie mir resoluter vorgestellt. Aber wie sie mir so durch das Terminal hindurch zuwinkte, kam sie mir überhaupt nicht resolut vor. Eher introvertiert und zerbrechlich, genau so, wie Hank mir während unseres Google Hangouts vorgekommen war. Wir fanden ein Café und sie erzählte mir von dem Augenblick, in dem für sie alles begonnen hatte – dem Moment, als sie den Kommentar über den Riesendongle mitgehört hatte.

»Hast du dich in der Highschool mal so richtig heftig gestritten und gemerkt, wie sich deine Nackenhaare aufstellen?«, fragte sie.

»Du hattest Angst?«, fragte ich.

»Ich habe Gefahr gespürt«, sagte sie. »Mein Körper teilte mir ganz eindeutig mit: ›Du bist hier nicht sicher‹.«

Weshalb sie, so erzählte sie, »langsam aufstand, mich umdrehte und drei Bilder machte.« Sie tweetete eines davon, »zusammen mit einer kurzen Zusammenfassung dessen, was sie gesagt hatten. Dann schickte ich einen weiteren Tweet, um lokalisierbar zu sein. Verstehst du? Der dritte war der Verhaltenskodex [der Konferenz].«

»Du hast von Gefahr gesprochen«, sagte ich. »Was hast du dir vorgestellt, könnte möglicherweise …?«

»Hast du je davon gehört, dass Männer Angst haben, Frauen könnten über sie lachen, während Frauen Angst haben, Männer könnten sie umbringen?«, sagte sie.

Ich erwiderte, dieser Gedanke könnte einigen Leute an dieser Stelle etwas übertrieben erscheinen. Immerhin hatte sie auf einer Technologie-Konferenz inmitten 800 Anderer gesessen.

»Klar«, antwortete Adria. »Aber diese Leute waren vorwiegend weiß und vorwiegend männlich.«

Ich fand das eine schwache Eröffnung. Auch Männer konnten ja durchaus mal Recht haben. Der lateinische Begriff für diese Art falscher Logik lautet *argumentum ad hominem*. Weiß jemand sich der Kritik an seiner Person nicht zu erwehren, wechselt er das Thema und greift den Kritiker an.

»Gefeuert zu werden ist schon ziemlich heftig«, sagte ich. »Ich weiß, du hast seine Kündigung nicht *gefordert*. Aber du musst dich da doch ziemlich schlecht gefühlt haben.«

»Eigentlich nicht«, sagte sie. Sie dachte kurz nach und schüttelte dann energisch den Kopf. »Er ist weiß und ein Mann. Ich bin eine schwarze Jüdin. Er hat Dinge geäußert, bei denen man davon ausgehen konnte, dass ich sie als anstößig empfinden würde, wo ich ja vor ihm saß. Ich fühle mit ihm, aber das hat Grenzen. Würde er am Downsyndrom leiden und hätte aus Versehen jemanden aus der Subway gestoßen wäre das anders … Aber ich hab schon öfter Dinge gesehen, wo die Leute später meinten: ›Als Adria das getweetet hat, wusste sie gar nicht, was sie da anrichtet‹. Und ob ich das wusste.«

*

An dem Abend als Hank sein Statement bei *Hacker News* gepostet hatte, begannen sich Außenstehende in seine und Adrias Geschichte einzumischen. Hank bekam Zuspruch von Bloggern, denen es um Männerrechte ging. Er antwortete auf keine der Nachrichten. Später schrieb dann ein Blogger bei *Gucci Little Piggy*, Hanks Nachricht auf *Hacker News* habe gezeigt, dass er ein Mann »ohne jedes Rückgrat« sei. »Entschuldigt man sich, sagt man damit nur: ›Ich bin ein schwacher Gegner – macht mit mir, was ihr wollt‹. [Indem sie Hank öffentlich gedemütigt hat, hat Adria] auch die totale Kontrolle über seine Kinder übernommen. Und das pisst den Typen nicht an?«

Zur selben Zeit, als Hank zunächst von den Männerrechte-Bloggern gefeiert und dann beleidigt wurde, entdeckte Adria, dass sie Diskussionsgegenstand bei einem berühmten Treffpunkt für Trolle war: 4chan/b/.

> Ein Vater dreier Kinder ist seinen Job los, weil jemand mit mehr Macht als Verstand zufällig den blöden Witz mitkriegt, den er seinem Freund erzählt. Lasst uns die Schlampe kreuzigen.
>
> Killt sie.
>
> Schneidet ihr die Gebärmutter mit dem Präzisionscutter heraus.

Jemand schickte Adria das Bild einer enthaupteten Frau, deren Mund mit Klebeband verbunden war. Adrias Gesicht wurde auf die Körper von Pornodarstellern montiert. Websites entstanden, wo man lernen konnte, wie man bei der Montage sichtbare Anschlussstellen vermied – durch Anpassung der Körperfarben. Auf Facebook schrieb jemand: »Ich hoffe, ich finde Adria, dann kidnappe ich sie, ziehe ihr einen Sack über den Kopf und schieße ihr eine Ladung .22-Supersonic-Kugeln direkt in ihren beschissenen Schädel. Scheiß auf die Schlampe – sie soll dafür büßen«. (Dies kam, was zu verifizieren mir allerdings nicht gelang, von einem Studenten des New York City College of Technology.)

»Todesdrohungen und Vergewaltigungsdrohungen helfen ihrer Sache doch nur«, schrieb dann irgendwann jemand auf 4chan/b/. »Das heißt nicht, hört auf aktiv zu sein. Denkt bloß erst nach. Macht was Produktives.«

Kurz darauf ging die Website von Adrias Arbeitgeber, SendGrid, offline. Jemand hatte eine bösartige Attacke auf den Server verübt. (Bekannt unter dem Begriff DDoS-Angriff. Hierbei handelt es sich um die automatisierte Version einer Person, die am Rechner sitzt und unermütlich auf Aktualisieren drückt, bis die angeforderte Website überlastet ist und zusammenbricht.)

Wenige Stunden später wurde auch Adria gefeuert.

*

Einige Tage, bevor ich nach San Francisco zum meinem Treffen mit Adria flog, postete ich bei 4chan/b/, ob mich wohl irgendjemand der an ihrer Zerstörung Beteiligten kontaktieren könne. Weniger als eine Minute später war die Nachricht gelöscht. Ich postete eine weitere Anfrage, die bereits nach ein paar Sekunden verschwand. Irgendjemand bei 4chan ließ mich bei jeder Kontaktaufnahme stillschweigend von der Bildfläche verschwinden. Allerdings fielen meine Anfragen zeitlich mit der Verhaftung einiger Hardcore-4chan-Trolle, DDoSern und Aktivisten zusammen, weshalb plötzlich auch Klarnamen im Umlauf waren. Was mir aber zu der Möglichkeit verhalf, einen 4chan-Stammgast, die 21-jährige Mercedes Haefer, persönlich kennenzulernen.

Auf ihrem Profilbild bei Facebook trägt Mercedes einen lustigen Schnurrbart und Hasenohren. Jetzt saßen wir einander in einem riesigen, opulenten Loft-Apartment über einem alten Gemüseladen an der Lower East Side in Manhattan gegenüber. Es gehörte ihrem Anwalt, Stanley Cohen. Seine Karriere hatte er damit verbracht, Anarchisten, Kommunisten, Hausbesetzer und die Hamas zu vertreten, jetzt vertrat er Mercedes.

Das Verbrechen, dessen sie beschuldigt wurde (und dessen sie sich später auch schuldig bekannte; während ich das schreibe, erwartet sie das Urteil) war ein DDoS-Angriff, den sie im November 2010 gemeinsam mit dreizehn weiteren 4chan-Usern gegen PayPal ausgeführt hatte, als Rache dafür, keine Spenden für WikiLeaks anzunehmen. Man konnte dem Ku-Klux-Klan per PayPal Geld zukommen lassen, nicht aber WikiLeaks.

Eines Morgens war das FBI vor ihrem Apartment in Las Vegas aufgetaucht: »Ich öffnete die Tür und sie sagten: ›Mercedes, würde es Ihnen etwas ausmachen, sich eine Hose anzuziehen?‹ Ehrlich gesagt, macht es richtig Laune, festgenommen zu werden. Man kann das FBI trollen, darf schicke Handschellen tragen, kann sich die Musik im Auto wünschen. Aber die Anklageerhebung war langweilig. Währenddessen hab ich geschlafen.«

Ich verbrachte ein paar Stunden mit Mercedes. Nach außen gab sie sich ziemlich trollmäßig – als jemand, den nichts mehr begeisterte als der Triumph, online so richtig Chaos angerichtet zu haben. Sie berichtete mir von ihrem Lieblings-Thread auf 4chan. Losgetreten hatte ihn »ein Typ, der tatsächlich der Meinung war, seine Hündin zu lieben. Als sie läufig wurde, zog er los, nahm Proben, injizierte sie sich in den Penis und vögelte die Hündin, die schwanger wurde und Junge bekam.« Mercedes lachte. »Das ist der Thread, von dem ich dem FBI erzählte, als sie mich wegen 4chan befragten. Einige der Beamten sind tatsächlich aufgestanden und rausgegangen.«

Aber in den folgenden Monaten lernte ich Mercedes besser

kennen und mochte sie irgendwann richtig – wir schrieben uns eine Menge E-Mails – und eigentlich war sie gar kein richtiger Troll. Ihre Motive waren freundlicher. Auch sie war jemand, dessen Demütigungsrage von dem Verlangen motiviert war, etwas Gutes zu tun. Sie berichtete mir von dem Fall, als 4chan einen Jungen aufgestöbert hatte, der auf YouTube Videos von sich postete, in denen er seine Katze misshandelte »und die Leute herausforderte ihn zu stoppen«. 4chan-Nutzer fanden ihn und »posaunten in der ganzen Stadt herum, er sei ein Soziopath. Haha! Und die Katze nahm man ihm auch weg und gab sie zur Adoption frei.«

(Der Junge mochte natürlich ein Soziopath gewesen sein. Aber Mercedes und die anderen Leute bei 4chan hatten dafür natürlich keine Beweise – wer wusste schon, was sich womöglich bei ihm zuhause abgespielt oder auch nicht abgespielt hatte, dass er so geworden war.)

Ich fragte Mercedes, welche Sorte Menschen sich bei 4chan trafen.

»Viele von ihnen sind gelangweilte, unterforderte, massiv schikanierte Kids ohne jeden Einfluss«, antwortete sie. »Sie sind sich ihrer beschränkten Möglichkeiten nur allzu bewusst. Deshalb gehen sie ins Internet. Im Internet haben wir Macht in Situationen, in denen wir ansonsten machtlos wären.«

Zu der Zeit wurden gerade anhaltend drakonische Strafen verhängt – ein Versuch der Behörden, Leute wie Mercedes zur Unterwerfung zu zwingen. Aber als ich sie fragte, ob sie glaube, dass die Strafverfolgung das Ende ihre DDoS-Aktivitäten und Troll-Kampagnen bedeuten würde, war ihre Antwort scharf und pointiert.

»Die Polizei versucht Besitzansprüche auf diesen Raum zu erheben«, sagte sie. Mit »Raum« meinte sie das Internet. »Genau wie in den Städten. Sie gentrifizieren die Innenstadt, stecken die Armen in Ghettos und beginnen dann, die Ghettos zu trollen, halten illegaler Weise jeden an und durchsuchen ihn …«

Der Zufall wollte es, dass, kurz bevor ich Mercedes kennenlernte, die New Yorker Polizei Zahlen dazu veröffentlicht hatte, wie häufig im vergangenen Jahr die sogenannte »Stop and Frisk«-Maßnahme angewendet worden war. Insgesamt 684330-mal. Jeden Tag waren also 1800 Leute überprüft und durchsucht worden. Von diesen 1800 – so die New York Civil Liberties Union – »hätten sich annähernd neun von zehn als vollkommen unschuldig erwiesen«. Und von den betroffenen Personen waren 87 Prozent Schwarze oder Latinos gewesen.

Im Juli 2012 interviewte der Bürgerrechtsanwalt Nahal Zamani Opfer der Praxis für einen Forschungsaufsatz – »Stop and Frisk: The Human Impact«.

> Mehrere gaben an, Opfer eines Stop-and-Frisk-Einsatzes zu sein, gäbe einem »das Gefühl erniedrigt und gedemütigt« zu werden. Einer führte dies aus: »Es ist erniedrigend auf der Straße angehalten zu werden und alle schauen zu. Die Leute bekommen ein falsches Bild. von dir. Es färbt darauf ab, was die Leute von dir denken. Sie denken womöglich, du wärst in irgendetwas Illegales verwickelt, auch wenn das nicht stimmt. Nur weil die Polizei dich anhält – nach dem Zufallsprinzip. Schon allein das ist demütigend.« Ein anderer gab an: »Ich fühlte mich verletzt, gedemütigt, schikaniert, beschämt und natürlich hatte ich große Angst.« (»Stop and Frisk: The Human Impact«, Center for Constitutional Rights, Juli 2012)

Eigenartigerweise – wie der Zufall manchmal so spielt – war es Jonah Lehrers *New-Yorker*-Kollege Malcom Gladwell gewesen, der die Stop-and-Frisk-Maßnahme bekannt gemacht hatte. Als sie in den 1990ern zum ersten Mal angewendet worden war – Grundlage war die damals populäre »Broken Windows«-Theorie gewesen – hatte Gladwell dazu im *New Yorker* einen bahnbrechenden Essay veröffentlicht, »The Tipping Point«. Er selbst hatte sie als »Wunder« bezeichnet.

Es gebe da, so seine These, einen Zusammenhang zwischen dem harten Vorgehen gegen Kleinkriminalität wie Graffiti-Sprühen und Schwarzfahren und dem plötzlichen Abfallen der Mordrate in der Stadt.

Eine »eigenartige und unvorhergesehene Transformation« vollziehe sich in ganz New York City, schrieb er. Einst hätte man in Kugelhagel geraten können. Nun spazierten »normale Menschen in der Dämmerung durch die Straßen, Kinder fahren auf ihren Rädern, es sitzen alte Menschen auf Bänken und Leute kommen allein aus den Subwayschächten hinauf. Manchmal können die kleinsten Veränderungen eine enorme Wirkung haben.«

Gladwells Artikel war eine Sensation – er gehörte zu den einflussreichsten Artikeln in der Geschichte des Magazins. Verkaufte er doch nachdenklichen, liberalen New Yorkern eine aggressive Polizeitaktik – jenen Leuten, die normalerweise eine solch drakonische Idee sicher nicht unterstützen würden. Gladwell erteilte hiermit einer Generation Liberaler die Erlaubnis, sich konservativ zu gebahren. Und machte sich zum Sprachroher der Broken-Windows-Theorie. Sein Buch *The Tipping Point: Wie kleine Dinge Großes bewirken können* verkaufte sich zwei Millionen Mal und war der Startschuss seiner Karriere und der zahlloser anderer populärwissenschaftlicher Autoren, die ihm nachfolgen sollten, so wie Jonah Lehrer.

Aber Gladwells Essay hatte mit der Realität nichts zu tun. Spätere Datenerhebungen zeigten, dass die Rate für Kapitalverbrechen bereits fünf Jahre vor Einführung von Broken Windows gesunken war. Und sie war in gleichem Maß in den gesamten Vereinigten Staaten gefallen. Einschließlich Orten – wie Chicago und Washington, D. C. –, wo Sprayern und Schwarzfahrern nicht der Krieg erklärt worden war. Als ich Gladwell 2013 für ein anderes Projekt interviewte – die *Culture Show* des BBC – brachte ich im Gespräch das Thema »Stop and Frisk« und die Broken-Windows-Theorie auf. Ein gequälter, bedauernder Ausdruck legte sich auf sein Gesicht. »Ich war zu sehr verliebt in die Broken-Windows-Idee«, sagte er. »Ich war von der metaphorischen Einfachheit so begeistert, dass ich ihre Bedeutung völlig überschätzte.«

Auch während der beiden ersten Jahrzehnte der 2000er-Jahre, wurde die Stop-and-Frisk-Praxis weitergeführt und eine Folge war, dass wiederholt schikanierte junge Menschen mit den Mitteln des Online-Aktivismus Rache übten – etwa indem sie bei 4chan aktiv wurden. Das hatte mir nicht nur Mercedes erzählt. Bald nach unserer Begegnung, hatte ich ein Nacht-und-Nebel-Treffen mit einem ihrer 4chan-Freunde vor einer Subway-Station in Queens. Ein ramponierter Wagen fuhr vor. Der Fahrer war jung, weiß, spanischer Herkunft und trug ein großes Kreuz um den Hals. Seinen richtigen Namen kenne ich noch immer nicht. Er meinte, ich solle ihn bei seinem Internetnamen nennen: Troy.

Er nahm mich mit in ein Café, wo er sich darüber beklagte, dass nichts mehr so wie früher sei, von den guten alten Zeiten schwärmte, als man sein Mobiltelefon hier in der Gegend nicht einfach auf einem Café-Tisch liegen lassen konnte. Ich erwiderte, dass sich diese guten alten Zeiten ziemlich furchtbar anhörten, er aber erklärte mir, welche Kollateralschäden die Gentrifizierung fordere – nämlich alle jungen Leute, die nicht wie adrette Hipster aussähen, würden permanent angehalten und durchsucht: »Wenn du einkaufen gehst, aus der Schule kommst, es macht dir den ganzen Tag kaputt. Es ist ekelhaft. Richtig gefährlich hier den Gehsteig langzugehen.« Diese Ungerechtigkeit seitens der Polizei hatte Troy bewogen, sich bei 4chan zu engagieren.

»Die Polizei vermittelt einem: ›Schaut, was wir mit dir in deinem eigenen Revier machen können‹«, fuhr Mercedes fort. ›Das ist nicht dein Bereich. Es ist unser Bereich und wir gestatten dir hier bloß zu existieren‹. Die Leute befreunden sich auf Facebook, denn wo kann man in New York denn noch hingehen, um einfach herumzuhängen? Das Internet ist unser Ort und sie versuchen ihn uns wegzunehmen, aber das wird nicht passieren, weil es das Internet ist.«

»Und weißt du mehr darüber, wie es funktioniert als sie?«, fragte ich.

»Scheiß auf die«, sagte sie. »Das sind Idioten. Es gab Zeiten, da war man in Massachusetts eine Hexe und wurde verbrannt, nur weil man etwas von Medizin verstand. Es gibt nicht viele Leute heute, die über Facebook hinauskommen. Sagst du, du wüsstest, wie ein Router funktioniert, bist du gleich ein Zauberer für die. Ein dunkler Hexenmeister: ›Sperren wir sie für immer weg, denn wir sollen wir sie sonst bloß aufhalten?!‹. All diese Kids sind zu Internetexperten geworden, weil sie ansonsten überhaupt keine Macht hätten. Lehrberufe werden immer weniger. Darum sind sie dorthin abgewandert. Und dann, heilige Scheiße, ging das Ganze durch die Decke.«

Ich fragte Mercedes nach den Angriffen auf Justine. »Sacco?«, fragte sie. »Die, die dafür gesorgt hat, dass diese Typen wegen ihrer Dongle-Witze gefeuert wurden?«

»Das war Adria Richards«, sagte ich. »Justine Sacco war die Frau mit dem AIDS-Tweet.«

»Tja, das war auf Twitter«, sagte sie. »Twitter ist ein anderes Monster als 4chan. Die Moral- und Wertevorstellungen dort sind normaler als bei 4chan. Adria Richards wurde angegriffen, weil sie dafür gesorgt hatte, dass jemand wegen eines Dongle-Witzes gekündigt wurde, der aber an niemanden adressiert war. Niemandem wehgetan hatte. Sie hat ihm sein Recht auf freie Meinungsäußerung abgesprochen und dafür Prügel bezogen.«

»Und Justine Sacco?«, sagte ich.

»Im Internet existiert eine ziemliche genaue Vorstellung davon, was es bedeutet, der Schwächere zu sein«, sagte Mercedes, »derjenige, über den reiche weiße Arschlöcher Witze reißen. Justine Sacco ist eben eine reiche Weiße, die Witze über kranke schwarze Menschen gemacht hat, die bald sterben werden. Für ein paar Stunden musste sie also spüren, wie es sich anfühlt der Schwächere zu sein, über den alle lachen. Justine Sacco fertigzumachen hieß praktisch jeden anderen reichen Weißen fertigzumachen, der je ungestraft einen rassistischen Witz gerissen hat, nur weil er es konnte. Sie dachte, ihr Witz über Schwarze und AIDS sei lustig, weil sie keine Ahnung hatte, wie es ist schwarz und benachteiligt zu sein oder AIDS zu haben.« Sie hielt inne. »Es gibt Vergehen, denen man nur mit öffentlichem Konsens und Demütigung beikommt. Das ist eine andere Form von Gerichtsbarkeit. Eine andere Form von Geschworenengericht.«

Ich bat Mercedes, mir eines der großen Geheimnisse heutiger Demütigungen zu erklären – warum nämlich sie so atemberaubend frauenfeindlich waren. Niemand hatte sich der Sprache sexueller Gewalt gegen Jonah bedient, aber als Justine und Adria aus der Reihe getanzt waren, hatte es gleich Vergewaltigungsdrohungen gehagelt. Und die unangenehmsten hatten so ziemlich alle von 4chan-Leuten gestammt.

»Ja, das ist schon ein bisschen krass«, sagte Mercedes. »Bei 4chan wird immer nach dem Schlimmstmöglichen gerufen. Aber ich glaube nicht, dass das eine Drohung war, die jemand tatsächlich wahrmachen wollte. Und die Verwendung des Wortes meinte in den meisten Fällen auch eher einfach »zerstören« als tatsächlich sexuell attackieren.« Sie hielt inne. »Aber 4chan will natürlich die Zielperson degradieren. Und eine der schlimmsten Degradierungen für Frauen unserer Kultur ist natürlich die Vergewaltigung. Vergewaltigungen von Männern werden nicht verhandelt, ich glaube also, dass die meisten das nicht als männliche Degradierung begreifen. Bei Männern ist das Thema Kündigung. In unserer Gesellschaft müssen Männer einen Job haben. Wenn sie gefeuert werden, verlieren sie Männlichkeitspunkte. Bei Donglegate wurde der Mann sinnloserweise um seine Arbeitsstelle gebracht. Sie hat ihn also in seiner Männlichkeit degradiert. Und deshalb antwortete die Community, indem sie sie in ihrer Weiblichkeit degradierte.«

*

Die Todes- und Vergewaltigungsdrohungen gegen Adria setzten sich auch dann noch fort, nachdem sie längst gefeuert worden war.

»Es wurde ziemlich schlimm für sie«, erzählte mir Hank. »Sie musste für sechs Monate untertauchen. Ihr komplettes Leben wurde im Internet auf die Goldwaage gelegt. Das war absolut keine einfache Situation für sie.«

»Bist du ihr seither begegnet?«, fragte ich ihn.

»Nein«, antwortete er.

Zehn Monate waren seit diesem Tag vergangen. Zehn Monate, in denen Hanks Gefühle ihr gegenüber eine gewisse Kohärenz gewonnen hatten. Was er jetzt über sie dachte, wollte ich wissen.

»Ich denke, niemand verdient es, so etwas durchmachen zu müssen.«

*

»Vielleicht war es Hank, der das alles ins Rollen brachte«, sagte Adria in dem Café am San Francisco Airport. »Niemand hätte je von seinem Rausschmiss erfahren, hätte er sich nicht beschwert. Vielleicht ist es also seine Schuld. Vielleicht hat er so insgeheim diesen Hass gesät. Oder nicht?«

Ich war in dem Moment derart baff von diesem Gedanken, dass ich nichts zu Hanks Verteidigung vorbrachte. Später dann fühlte ich mich schlecht, weil ich mich nicht für ihn in die Bresche geworfen hatte. Ich schrieb ihr eine E-Mail. Erzählte ihr, was er mir erzählt hatte – wie er sich geweigert hatte, mit den Bloggern oder Trollen in Kontakt zu treten, die ihm ermunternde Nachrichten geschickt hatten. Ich fügte hinzu, meiner Ansicht nach habe Hank durchaus ein Recht dazu gehabt, die Nachricht seiner Kündigung auf *Hacker News* zu posten.

Adria antwortete, sie freue sich zu hören, dass Hank »sich nicht, um seine Interessen zu vertreten, aktiv daran beteiligt habe, die Attacke ins Werk zu setzen«, sie halte ihn aber trotzdem für verantwortlich. Er habe »mit seiner Handlungsweise selbst für seine Kündigung gesorgt, auch wenn er es so darstellt, als sei das meine Schuld gewesen ... Hätte ich einen Mann und zwei Kinder, die ich hätte ernähren müsste, würde ich bei einer Konferenz sicherlich keine solchen ›Witze‹ erzählen. Oh, aber halt – ich habe ja auch Mitgefühl, Empathie, moralische und ethische Überzeugungen, die mir bei täglichen Entscheidungen helfen. Ich frage mich häufig, wie Menschen wie Hank so durchs Leben kommen, sich dessen offensichtlich nicht bewusst, wie »der Andere« zwar in derselben Welt lebt, aber mit unendlich weniger Möglichkeiten.«

*

Ich fragte Hank, was sich seit dem Vorfall verändert habe. Hatte es einen Einfluss darauf gehabt, wie er sein Leben lebte?

»Bei weiblichen Entwicklern bleibe ich nun mehr auf Abstand«, antwortete er. »Ich bin nicht mehr so freundlich. Humor kommt vor, bleibt aber sehr rudimentär. Man weiß ja nie. Ich kann mir nicht noch ein Donglegate leisten.«

»Gib mir mal ein Beispiel«, sagte ich. »Du bist also an deinem neuen Arbeitsplatz …« (Hank hatte umgehend ein neues Job-Angebot erhalten) »… und du unterhältst dich mit einer Entwicklerin. Inwiefern verhältst du dich ihr gegenüber anders?«

»Nun«, sagte Hank. »Da, wo ich jetzt tätig bin, arbeiten keine Entwicklerinnen. Insofern.«

»Du hast auch einen neuen Job, oder nicht?«, sagte ich zu Adria.

»Nein«, sagte sie.

*

Adrias Vater war Alkoholiker gewesen. Er verprügelte ihre Mutter. Schlug sie mit einem Hammer. Schlug ihr die Zähne ein. Adrias Mutter nahm schließlich die Kinder und zog aus. Für Adria aber wurde es nur noch schlimmer. »Zur Schule zu gehen, war hart«, schrieb Adria im Februar 2013 in ihrem

Eine weiteres Foto von der Konferenz, das Adria am Tag des Dongle-Witzes gemacht hatte.

Blog. »Die Kinder hänselten mich … Ich schämte mich.« Schließlich brachte man Adria bei einer Pflegefamilie unter.

Adria schickte mir einen Brief, den sie ihrem Vater geschrieben hatte. »Adria hier! Wie geht's? Ich weiß, ist schon ziemlich lange her. Ich würde dich gern sehen. Ich liebe dich, Daddy. Ich bin jetzt 26 Jahre alt. Solltest du das hier bekommen haben, melde dich, weil ich dich wirklich sehr gern sehen würde.«

Ihr Vater antwortete nicht. Sie hat seit Jahrzehnten nichts von ihm gehört. Sie denkt, er ist womöglich tot.

Als ich Adria fragte, ob diese Kindheit möglicherweise ihre Sichtweise auf Hank und Alex beeinflusst habe, verneinte sie. »Über Vergewaltigungsopfer wird immer dasselbe gesagt. Sie hielten alle Männer für potentielle Vergewaltiger.« Sie schwieg einen Moment. »Nein. Diese Typen haben sich schlicht und einfach nicht cool verhalten.«

*

Ich hatte eine Menge Leute öffentlich gedemütigt. Sie alle hatten einen Moment lang ihr wahres Gesicht gezeigt und ich hatte geistesgegenwärtig bemerkt, dass ihre Masken rutschten und schlagfertig andere in Alarmbereitschaft versetzt. Jetzt aber konnte ich mich an keinen von ihnen mehr erinnern. So viele vergessene Stürme der Entrüstung. An einen erinnerte ich mich allerdings doch. Der Missetäter hieß A. A. Gill, Kolumnist der *Sunday Times* und *Vanity Fair*. Sein Fehltritt war eine Kolumne gewesen, in der er beschrieb, wie er auf einer Safari in Tansania einen Pavian erschossen hatte: »Nicht so einfach zu erlegen, wie man mir erzählt. Sie rennen Bäume hoch, klammern sich fest. Schwer totzukriegen. Nicht so dieser: Ein .357-Bleispitzgeschoss pustete ihm die Lichter aus.« A. A. Gills Motiv? »Ich wollte ein Gespür dafür bekommen, wie es ist, jemanden zu töten, einen Fremden.«

Ich war so ziemlich der Erste gewesen, der die sozialen Netzwerke alarmiert hatte. Was auch damit zusammenhing, dass A. A. Gill meine Fernsehdokumentationen stets schlecht zu besprechen pflegt und ich deshalb immer wachsam bin und nach Dingen Ausschau halte, womit ich ihn drankriegen kann. Minuten später war es überall.

> Nach Jan Moir ist nun »AA Gill« Trending Topic bei Twitter, wo er wegen Abschusses eines Primaten am Pranger steht. Das Feuer schürt – wer sonst? – der *Guardian*. Sie hatten sich mit Steve Taylor in Verbindung gesetzt, einem Sprecher der League Against Cruel Sports, der zu Protokoll gab: ›Das ist moralisch vollkommen unentschuldbar. Wenn er wissen will, wie es ist auf einen Menschen zu schießen, sollte er auf sein eigenes Bein zielen.‹ (Will Heaven, *Daily Telegraph*, 27. Oktober 2009)

Unter den Hunderten Nachrichten, in denen man mir gratulierte, stach eine heraus: »Bist du mal Schulhofschläger gewesen?«

Bin ich mal Schulhofschläger gewesen?

Als mein Sohn fünf war, hatte er mich eines Tages gefragt: »Warst du früher mal fett?«

»Ja«, sagte ich. »Mit sechzehn. Und wurde deshalb in einen See geschmissen.«

»Wow!«, sagte er.

»Daraus kann man zweierlei lernen«, sagte ich. »Sei kein Schulhofschläger. Und sei nicht fett.«

»Zeigst du mir, wie das aussah?«, fragte er mich.

»Als ich fett war oder als ich in den See geschmissen wurde?«, fragte ich.

»Beides«, sagte er.

Ich blies die Backen auf, watschelte unbeholfen durchs Zimmer, fiel um und sagte: »Platsch!«

»Machst du das nochmal in Zeitlupe?«, sagte Joel. »Und steckst dir noch ein Kissen unters Hemd?«

Ich tat es. Diesmal fügte ich noch einen Dialog hinzu: »Bitte, schmeisst mich nicht in den See! Nein! *Platsch!*«

»Könntest du noch ängstlicher klingen?«, sagte Joel.

»BITTE!«, rief ich. »Ich könnte ertrinken. Bitte. Nein, NEIN!«

Joel starrte mich entsetzt an. Es war seine Schuld, dass ich soweit gegangen war. Er war wie Sam Peckinpah gewesen, hatte mir immer neue Anweisungen gegeben, damit es noch grotesker wurde. Bis ich schließlich spielte, wie ich Dreckwasser schluckte, während ich mich zurück an die Oberfläche kämpfte. Und doch hatte er sich darauf verlassen, dass ich die ganze Zeit über einen Rest Würde behalten würde, während ich schauspielerte.

Aber dann lächelte er.

»Du warst DERMASSEN fett!«, sagte er.

Ich habe bislang im Großen und Ganzen ein schönes Leben gehabt, aber immer wieder kehrt mein Gedächtnis zu jenen zwei Jahren zwischen 1983 und 1985 in Cardiff zurück, in denen ich täglich drangsaliert wurde, ausgezogen und mit verbundenden Augen auf dem Spielplatz umgestoßen. Diese Jahre schweben stets über mir, wenn ich neue Räume betrete, neue Menschen kennenlerne.

*

Mir kam es so vor, als ob alle Beteiligten im Fall von Hank und Adria überzeugt waren, etwas Gutes zu tun. Dabei belegten sie bloß, wie beschränkt unsere Vorstellungskraft doch war, unsere Engstirnigkeit mögliche Reaktionen betreffend. Denn das Einzige, was ihnen einfiel war, jemanden wie Adria, die eine unverhältnismäßige Demütigung initiiert hatte, ihrerseits mit einer öffentlichen Demütigung zu bestrafen. Und alle, die sich daran beteiligten, waren ihrerseits einmal Opfer einer Bloßstellung gewesen und es hatte etwas sehr Kleinkariertes und Verzweifeltes an sich, einfach instinktiv Demütigung auf Demütigung zu klatschen, wie ein unbeholfener Bauarbeiter, der Risse verspachtelte.

Ich erinnerte mich an etwas, das Jonah Lehrer in Runyon Canyon zu mir gesagt hatte. Er sagte: »Ich freue mich darauf, dein Buch zu lesen, denn dann werde ich sehen, wie die Leute aus der Demütigung herausfinden.«

Ich hatte nicht vorgehabt, eine Art Erholungsleitfaden für öffentlich Gedemütigte zu schreiben. Aber vergessen hatte ich den Satz nicht. Gab es da draußen Gedemütigte der alten Schule, denen es gelungen war, ihre Herabsetzung unbeschadet zu überleben und die den verzweifelten Opfern dieser neuen Dynamik öffentlicher Herabsetzung zur Erleuchtung verhelfen konnten? Gab es da draußen Menschen, die einen Weg aus der Demütigung gefunden hatten? Ich wusste genau, wo ich danach zu suchen hatte.

7

SCHAM? WAS IST DAS? – AUF DEM WEG INS PARADIES

FORMEL-1-BOSS FEIERT KRANKE NAZIORGIE MIT FÜNF PROSTITUIERTEN
EXKLUSIV: SOHN FASCHISTOIDER HITLER-GELIEBTEN IN SEX-SKANDAL VERSTRICKT

FORMEL-1-Präsident Max Mosley wurde heute als heimlicher Sadomaso-Perversling enttarnt. Der Sohn des berüchtigten Oswald Mosley, zu Kriegszeiten Kopf der britischen Faschisten, wurde dabei gefilmt wie er sich bei einer abartigen Orgie im NAZI-STIL in einem Folterkeller mit fünf Prostituierten verlustierte.

Bevor er die Mädchen auspeitschte, mimte er zunächst selbst den sich duckenden Insassen eines Todeslagers und ließ sich GENITALIEN und Haare auf LÄUSE inspizieren – womit er die demütigende Behandlung nachäffte, die Juden in den SS-Lagern seitens der Wärter hatten über sich ergehen lassen müssen.

»Sie muss noch härter bestraft werden!« brüllt der faltige 67-Jährige an einer Stelle, während er seinen Lederriemen drohend über dem nackten Hintern einer Brünetten kreisen lässt. Dann hagelt es Schläge, die Mosley auf Deutsch abzählt: »Eins, zwei, drei, vier, fünf, sechs!«

Bei jedem Hieb schreit das Mädchen vor Schmerzen auf, was den grinsenden, grauhaarigen Mosely sichtlich erregt. Nach den Schlägen zwingt er sie, eine sexuelle Handlung an ihm zu vollziehen.

Sein Juden-Hasser-Vater – der Hitler als Ehrengast zu seiner Hochzeit eingeladen hatte – wäre stolz gewesen zu hören, wie sein verzogener Sohn deutsche Kommandos bellt, während er auf- und abmarschiert und nach Hinterteilen Ausschau hält, die er züchtigen kann. Unserem Investigativteam wurde ein drastisches Video seiner kranken Kapriolen zugespielt. (Neville Thurlbeck, *News of the World*, 30. März 2008)

Max Mosley saß mir im Wohnzimmer seiner umgebauten Remise im Londoner Westen gegenüber. Wir waren allein. Seine Frau Jean hielt sich im anderen Haus der beiden auf, wo sie nun die meiste Zeit verbrachte. »Sie geht nicht gern aus, sie möchte niemanden treffen«, formulierte Max es 2011 gegenüber Lucy Kellaway von der *Financial Times*.

Mir war niemand eingefallen, der eine öffentliche Demütigung derart unbeschadet überstanden hatte wie Max Mosley. Dem einflussreichen und bislang wenig beliebten Salonlöwen, Kopf der FIA, dem Dachverband der Formel 1, den die versteckten Kameras von *News of the World* in der denkbar bestürzendsten Sexsituation gefilmt hatten, gerade vor dem Hintergrund seiner besonderen Nazi-Verbindungen, war es dennoch gelungen, vollständig unbeschadet aus dem Skandal hervorzugehen. Mehr noch. Die Leute schätzen ihn deswegen. Einige sahen in ihm gar einen Vorkämpfer für unser aller Recht, ein Leben ohne Scham führen zu können. So sah auch ich ihn, quasi als das leuchtende Vorbild aller öffentlich Gedemütigten. Und ich wollte, dass er mir erklärte, wie ihm das gelungen war.

Aber meine Frage schien ihn nun peinlich zu berühren. »Selbstbeobachtung ist nicht gerade meine Stärke«, sagte er.

»Aber Sie müssen doch eine Idee haben«, sagte ich. »Da

standen Sie also an jenem Sonntagmorgen am Kiosk und lasen den Artikel in *News of the World* …«

»Das ging alles so schnell«, sagte Max. »Es kam einfach so – *Zack*. Plötzlich hieß es: ›Jetzt ist Krieg‹.« Er verstummte und warf mir dann einen Blick zu, der sagen sollte: »Tut mir leid, aber ich betreibe tatsächlich keine Selbstbeobachtung.«

Ich glaube, die Sache war für ihn ein ebensolches Faszinosum wie für mich. Aber des Rätsels Lösung kannte er nicht.

»Sie hatten eine merkwürdige Kindheit …«, setzte ich versuchsweise an.

»Ich denke, meine Erziehung hat mich auf gewisse Weise abgehärtet«, sagte er. »Schon früh merkte ich, dass meine Eltern nicht so waren wie die Eltern anderer Leute …«

Bis zu der Naziorgie-Schlagzeile war Max Mosley den Leuten hauptsächlich wegen seiner Eltern ein Begriff gewesen – es sei denn, man war Formel-1-Fan. Max' Vater, Sir Oswald Mosley, hatte 1932 die British Union of Fascists gegründet. Er hatte in London Reden im Stile des Nürnberger Reichparteitags gehalten, bei denen Zwischenrufer mit Scheinwerfern angeleuchtet und vor den Augen der Menge brutal zusammengeschlagen worden waren. Oswald Mosley hatte auf der Bühne gestanden und zugesehen. Seine Mutter war die bildhübsche Gesellschaftsdame Diana Mitford gewesen. Sie und ihre Schweser Unity hatten Hitler derart vergöttert, dass sie sich gegenseitig Briefe wie den folgenden von Unity an Diana schickten:

23. Dezember 1935

Der Führer war *göttlich*, bester Dinge & sehr witzig. Es gab zwei Suppen zur Auswahl & er warf eine Münze, um herauszufinden, welche er essen würde & und er war *so* süß dabei. Er fragte nach dir & ich sagte ihm, du würdest bald kommen. Er sprach viel über die Juden, was toll war …

Allerliebste Grüße & Heil Hitler!

Bobo

Hitler war auch bei der Hochzeit zwischen Oswald Mosley und Diana Mitford zu Gast gewesen, die 1936 im Haus von Joseph Goebbels stattfand. 1940 wurde Max geboren und als er ein paar Monate alt war, wurden die Eltern für die Dauer des Krieges im Holloway Prison in der Nähe von London interniert. Das gehört zu seinen ersten Erinnerungen - seine eingesperrten Eltern zu besuchen, »was einem nicht ungewöhnlich vorkommt, wenn man drei ist. Aber wenn man älter wird, wird einem klar, dass ein großer Teil der Gesellschaft sie nicht mag. Aber sie waren eben meine Eltern, deshalb war ich komplett auf ihrer Seite. Wenn jemand mit mir über meinen Vater diskutieren wollte, konnte ich leicht gewinnen, weil ich alle Fakten kannte.«

»Was erzählten sich die Leute denn so über ihren Vater, das nicht stimmte?«, fragte ich.

»Ach, wissen Sie, zum Beispiel: ›Er war ein Hitlerfreund‹. Und ohne genau zu wissen, ob das nun etwas Gutes oder Schlechtes war, so wusste ich doch, dass er Hitler bloß zweimal begegnet war und ihn nicht ausstehen konnte. Meine Mutter liebte ihn, zweifellos, und ihre Schwester, aber mein Vater nicht.«

»Warum mochte ihr Vater ihn nicht?«

»Ich glaube, er hielt ihn für …« Max verzog das Gesicht.

»Einen Schwätzer?«, sagte ich.

»Eine Art Angeber«, stimmte Max zu. »Aus seiner Sicht als Engländer. Andererseits verstand er sich mit Mussolini ganz gut, über den man dasselbe hätte sagen können. Ich vermute, er betrachtete Hitler als diesen anderen Mann, der in derselben Branche tätig war, nur wesentlich erfolgreicher. Außerdem mochte meine Mutter ihn. Ich glaube nicht, dass es da eine Affäre gegeben hat, aber … na ja, Sie verstehen. Wie auch immer. Für mich ist das Ganze immer ärgerlich und eine enorme Belastung gewesen.«

Max zog es in die Welt des Motorsports. Dort interessierte sich niemand für seinen Vater. Gegenüber dem Magazin *Autosport* erklärte er 2000, er fühle sich immer am wohlsten, wenn er jemanden sagen höre: »Mosley. Der ist doch bestimmt mit Alf Moseley verwandt, dem Reisebushersteller.« Max war Mitte Zwanzig, als er im Rennsport anfing – zur gleichen Zeit hatte er zudem begonnen, SM-Clubs zu besuchen.

»Ist es angenehm dort?«, fragte ich ihn. »Kann man dort entspannen?«

»Nun, sicher«, sagte Max. Seinem Gesichtsausdruck nach vermutete ich, dass er SM-Clubs für Orte der Integrität hielt – nicht ausbeuterische, schamfreie Rückzugsmöglichkeiten aus einer Welt, die Demütigung als Waffe völlig überbewertete.

»Hatten Sie Sorge ertappt zu werden?«, fragte ich.

»Ich war vorsichtig«, sagte er. »Besonders als sich ein großer Teil der Autoindustrie über mich aufzuregen begann.« Max hatte sich zu Beginn der 1990er-Jahre für eine Gesetzesreform der Kraftfahrzeugsicherheit eingesetzt und so Hersteller zur Durchführung von Crashtests gezwungen. »Wenn man hingegen mal bedenkt, was sie mit Ralph Nader gemacht haben …«

*

Ralph Nader. Ein Mann namens Frederick Condon hatte 1961 einen Autounfall gehabt. Damals galten scharfe Kanten und fehlende Sitzgurte noch als schick. Aber die scharfen Kanten hatten Frederick Condon zu einem doppelseitig Gelähmten gemacht. Und so begann sein Freund – der Anwalt Ralph Nader – sich für ein Gesetz einzusetzen, dass Anschnallen zur Pflicht machte. Weshalb General Motors Prostituierte engagierte, die ihm in Läden folgten – einen Safeway-Supermarkt und eine Apotheke –, um ihn zu verführen und zu diskreditieren.

»Das kam zweimal vor«, erklärte mir Nader später am Telefon. »Es waren Frauen Mitte, Ende Zwanzig. Sie waren ziemlich überzeugend. Sie agierten beiden ziemlich spontan, überhaupt nicht heimlich. Sie fingen an Small talk zu betreiben. Dann kamen sie zum Punkt.«

»Was sagten sie zu Ihnen?«, fragte ich.

»Die erste Fau meinte: ›Würden Sie mir helfen ein paar Möbel in meinem Appartment umzustellen?‹ Und die andere: ›Wir diskutieren hier gerade über Außenpolitik. Würden Sie gern mitmachen?‹ Dabei stand ich gerade vorm Keksregal!« Nader lachte. »›Außenpolitik!‹«

»Und all das nur, weil sie wollten, dass man Sicherheitsgurte in die Autos einbaute?«, sagte ich.

»Sie wehrten sich, dass die Regierung ihnen vorschrieb, wie sie ihre Autos zu bauen hatten«, antwortete er. »In dieser Hinsicht waren sie extrem libertär, gelinde gesagt. Sie sorgten dafür, dass mir Privatdetektive überall hin folgten. Sie gaben zehntausende Dollars aus, nur um herauszufinden, ob ich einen Führerschein besaß. Hätte ich keinen besessen, hätten sie mich als unamerikanisch diffamieren können.«

Am Ende war General Motors gezwungen worden, die Machenschaften zuzugeben und sich im Rahmen einer Kongressanhörung bei Nader zu entschuldigen. Der Vorfall machte ihm deutlich, wie Max später auch, dass die Autoindustrie sich nicht zu schade war, im Kampf gegen Weltverbesserer in punkto Sicherheit ihre Gegner per Demütigung zum Schweigen zu bringen, und dass Leute in hohen Positionen jederzeit bereit waren, auf raffinierteste Weise Bloßstellungen zu betreiben, um Geld zu verdienen und soziale Kontrolle auszuüben. Vielleicht aber merkte man auch nur dann, dass etwas im Gange war, wenn es schlicht zu dreist oder einfach zu schlecht gemacht wurde, wie im Falle von Ralph Nader.

*

An einem Sonntagmorgen im Frühjahr 2008 rief ein PR-Mensch Max an, um ihn zu fragen, ob er schon die *News of the World* gesehe habe. »Er sagte: ›Da ist eine Riesengeschichte über Sie drin.‹ Also ging ich zum Kiosk.«

Und während Max die grobkörnigen Fotos anstarrte, die Millionen Briten im gleichen Moment anstarrten – eines nackten Max', nach vorne gebeugt, während ihm eine Frau in deutscher Uniform auf den Hintern schlug – kam ihm eine Zeile aus *Othello* in den Sinn: »Ich habe meinen guten Namen verlohren; ich habe mein unsterbliches Theil verloren, was mir übrig geblieben, ist ein blosses Thier.«

All das, wofür er gearbeitet hatte, war von etwas zur Seite gestoßen worden, das er stets als einen winzigen Teil seines Lebens begriffen hatte. Er nahm die Zeitung mit nach Hause und zeigte sie seiner Frau. Sie glaubte, er habe sie selbst drucken lassen, als Witz. Dann aber begriff sie, es war kein Witz.

Max' Verhalten von diesem Moment an unterschied sich diametral von Jonahs. Er gab BBC Radio 4 ein Interview, in dem er zugab, ja, sein Sexleben sei merkwürdig, aber in Punkto Sex dächten, sagten und täten Menschen eben eigenartige Dinge, und nur ein Idiot würde ihm das übelnehmen. Sollte unsere Demütigungswürdigkeit in der Diskrepanz zwischen unserer wahren Identität und dem liegen, wie wir uns der Welt präsentieren, so hob Max diesen Zwischenraum praktisch auf. Während Jonahs Zwischenraum so weit aufklaffte wie der Grand Canyon.

Außerdem hatte Max ein Ass im Ärmel. *News of the World* hatte einen fatalen Fehler begangen. Die Orgie hatte definitiv deutsche Anklänge gehabt. Ein Nazi-Motto allerdings hatte sie nicht gehabt.

Und so erhob Max Anklage.

*

James Price QC (Max Mosleys Anwalt): Ich würde Sie bitten, [die Fotos] sorgfältig mit mir durchzugehen, wenn Sie so nett wären. Auf Seite 291, irgendetwas Nazimäßiges?

Colin Myler (Herausgeber *News of the World*): Nein.

Price: Seite 292, da trinkt Mr. Mosley eine Tasse Tee. Nichts Nazimäßiges, oder?

Myler: Korrekt.

Price: Ist das das SS-Klemmbrett?

Myler: Ja.

Price: Wie auf dem Foto unschwer zu erkennen, handelt es sich dabei um ein Ringbuch aus Plastik. Ich denke, es ist doch ziemlich unvorstellbar, dass irgendjemand das ernsthaft als SS-Klemmbrett beschreiben würde.

Myler: Das sehe ich anders.

Price: Was wissen Sie über medizinische Untersuchungen durch die SS?

Myler: Mein historisches Fachgebiet ist das nicht.

Price: Könnte man sagen, dass Sie überhaupt keine Kenntnisse über medizinische Untersuchungen der SS haben?

Myler: Nicht sonderlich fundierte, nein.
Price: Überhaupt welche?
Myler: Nicht sonderlich fundierte, nein.

Als Colin Meyer und die Investigativ-Journalistin Neville Thurlbeck vor Gericht gebeten wurden, genau zu spezifizieren, wodurch Max jüdische Opfer der Konzentrationslager verhöhne, deuteten sie auf die Bilder, auf denen Wärterinnen den nackten Mosley rasierten, und wiesen darauf hin, auch Juden seien in den Lagern rasiert worden. James Price QC wies seinerseits darauf hin, es handele sich um Max' Hinterteil, das hier rasiert würde. Das erinnere nun überhaupt nicht an die Konzentrationslager. Hätten sie zudem wie Nazis aussehen wollen, wie Max es während der Beweisaufnahme ja auch zu Protokoll gegeben habe, ›wäre es ein Leichtes gewesen, Nazi-Unformen online oder bei einem Kostümverleih zu besorgen‹. Ja, es habe Uniformen gegeben, aber vom normalen deutschen Militär.

Die Position von *News of the World* fiel noch weiter in sich zusammen, als der E-Mail-Verkehr zweier Wärterinnen vor Gericht verlesen wurde:

> Hi Ladies. Nur um den Ablauf am Freitag um drei in Chelsea nochmal zu klären. Solltet ihr vorher schon da sein, um zwölf mache ich mit ihm ein Gerichtsverfahren, falls ihr da mit bei sein wollte, seit um elf hier, aber macht euch keinen Stress, wenn ihr's nicht schafft.
>
> Kann's kaum abwarten, wird sicher super. Mein Hintern ist zur Abwechslung mal pickelfrei. Hab euch lieb.

Ein »Gerichtsverfahren?« In einem Nazi-Szenario hätte man vielleicht von einem »Prozess vor dem Volksgerichtshof«

oder einem »Schauprozess« gesprochen. Aber ein *Gerichtsverfahren*? James Price wollte von *News of the World* wissen, warum eine der Wärterinnen auf dem Mitschnitt permanent mit »Wachtmeisterin Smith« angesprochen worden sei, wo doch die Orgie so nazimäßig gewesen sein solle. Sie hatten darauf keine Antwort. Max gewann das Verfahren.

*

Und verdiente gutes Geld: neben der Rückerstattung der Anwaltskosten erhielt er 60 000 Pfund Schmerzensgeld, bei einem Persönlichkeitsrechte-Verfahren das höchste in der jüngeren britischen Rechtsgeschichte. Und er werde jetzt, so erzählte Max, »hauptsächlich als Geschädigter gesehen, der ziemlich erfolgreich auf gewissen Dinge beharrt hat. Ich bin nun in einer viel besseren Lage, als wenn ich mich einfach versteckt hätte.«

Binnen dreier Jahre war *News of the World* dann Geschichte. Im Juli 2001 enthüllte der *Guardian*, dass ein Privatermittler im Auftrag des Blatts sich in die Mailbox des ermordeten Teenagers Milly Dowler gehackt hatte. In dem Versuch, den Skandal unter Kontrolle zu behalten, machte Rupert Murdoch die Zeitung dicht. Neville Thurlbeck bekannte sich später des Hackings schuldig und kam für sechs Monate ins Gefängnis. Colin Myler wurde nicht belangt und arbeitet derzeit als Chefredakteur der *New York Daily News*.

Max hatte das Gefühl, nicht bloß für sich selbst gekämpft zu haben, sondern auch für seine Vorgänger, die allerdings mit dem Tod bezahlt hatten. Er hatte da etwa Ben Stronge im Sinn: »Ein englischer Koch, der in Nordfrankreich lebte, geschieden war und Swinger. Ein Mann und eine Frau von *News of the World* besuchten ihn daheim. Er kochte für sie, verschwand dann im Schlafzimmer und kam bis auf einen Herrenstring vollkommen unbekleidet wieder heraus.« Max hielt inne. Dann sagte er leise: »Welch ein Pathos.«

Das war im Juni 1992 gewesen. Als Ben Stronge bemerkte, dass die Leute, die ihn anstarrten, keine Swinger, sondern Journalisten der *News of the World* waren, brach er in Tränen aus. Er rief den Herausgeber des Blatts, Patsy Chapman, an. »Er sagte«, erzählte Max, »›Bitte veröffentlichen Sie das nicht, denn sonst werde ich meine Kinder niemals wiedersehen‹. Sie veröffentlichten natürlich trotzdem. Es war ihnen scheißegal. Also brachte er sich um.«

Dann hatte es da Arnold Lewis gegeben. Im Frühjahr 1978 hatte sich *News of the World* entschieden, Sexpartys, die in Wohnwagen in Zentral-Wales stattfanden, zu infiltrieren. Die Journalistin Tina Dalgleish und ihr Fotograf Ian Cutler antworteten auf eine Annonce in einem Swinger-Magazin. Geschaltet hatte sie ein Laienprediger namens Arnold Lews. Man verabredete sich in einem örtlichen Pub.

Die Teilnehmerzahl war eher gering. Fünf Leute kamen, darunter Tina Dalgleish, Ian Cutler und Arnold Lewis. Arnold hinterließ einen Zettel mit Code für potentielle Nachzügler, ein Pfeil zeigte in die Richtung, wo der Wohnwagen stand, auch die exakte Entfernung war angegeben: »6,15 Kilometer«.

Im Wohnwagen tranken sie Sherry, aßen Gebäck und es kam zu sexuellen Handlungen (denen Ian Cutler und Tina Dalgleish zwar beiwohnten, sich daran aber nicht beteiligten), bevor Tina Dalgleish ein paar Tage später Arnold anrief und sich zu erkennen gab.

Später, nachdem ich mich von Max verabschiedet hatte, gelang es mir tatsächlich, Tina Dalgleishs Fotografen Ian Cutler ans Telefon zu kriegen. Er erholte sich gerade von einem schweren Schlaganfall, war aber bereit zu reden. Er hatte nie aufgehört, an Arnold Lewis zu denken. Seit 35 Jahren quälte ihn die Geschichte.

»Arnold erklärte Tina, wenn wir die Geschichte bringen, würde er sich das Leben nehmen«, sagte Ian. »Er war Prediger. Zum Teufel. Er war Prediger in einem kleinen walisischen Dorf.«

News of the World brachte die Geschichte und Arnold Lewis beging Selbstmord. Er atmete Abgase ein. Seine Leiche wurde an dem Morgen gefunden, als der Artikel erschien. Die Überschrift lautete: *Sollten Sie heute in den Wald gehen – machen Sie sich auf eine Überraschung gefasst!*

*

Max und ich verbrachten den ganzen Nachmittag damit, hinter das Rätsel zu kommen. Etwas an seinem Verhalten im Nachspiel auf den *News-of-the-World*-Artikel hatte dafür gesorgt, dass das Publikum an der Zerstörung seiner Person vollkommen uninteressiert war. Er schien auf vollkommen natürliche Weise einfach den richtigen Ton getroffen zu haben. Die Leute fraßen ihm aus der Hand. Woran aber lag das?

Im Laufe des Gesprächs warf er den Gedanken auf, dass er ja womöglich ein Soziopath war. Vielleicht habe er all das nur überlebt, weil er über besondere soziopathische Kräfte verfüge. Vielleicht war seine spontane »Zackigkeit« widerständiger Wut ja eine soziopathische Zackigkeit gewesen. Und vielleicht war es genau das, was wir alle an ihm so liebten – diese widerständige Wut. Er erzählte mir, 1991, zwei Jahre, bevor er Präsident des Welt-Automobilverbands FIA geworden war, »engagierten sie einen Psychiater, um mich zu analysieren, und der Mann kam zu der Schlussfolgerung, ich sei ein Soziopath.« Als er das sagte, schaute er mich besorgt an.

Ich seufzte.

»Haben Sie denn Mitgefühl?«

»*Ja*!«, sagte er. »Bei den meisten Dingen, die ich meinem Leben getan habe, ist das Motiv Mitleid gewesen. Außerdem hat sich der Psychiater gar nicht mit mir getroffen. Er hat das einfach aus der Ferne gemacht.«

»Also *ich* halte Sie nicht für einen Soziopathen«, sagte ich.

»Puh!«, sagte Max.

»Außerdem hat mir ein Psychologe mal erzählt, wenn man sich Sorgen macht, ein Psychopath zu sein, hieße das, man wäre keiner«, fügte ich hinzu.

»Danke, Ron, nochmal puh«, antwortete Max. Er machte eine Pause. »Jon«, sagte er. »Ich meinte Jon.«

»Noch ein Beweis, dass Sie kein Soziopath sind. Denn dem wäre es egal, wenn er mich Ron genannt hätte«, sagte ich.

»Nochmal puh!«, sagte Max.

Es wurde bereits dunkel, als ich Max' Haus verließ. Wir hatten beide das Gefühl, das Rätsel nicht vollständig gelöst zu haben, und einigten uns daher darauf, weiter darüber nachzudenken.

»Ach übrigens«, sagte ich auf dem Weg nach draußen, »haben Sie schon mal von diesem S&M-Club in den USA namens Kink gehört? Mich hat jemand dorthin eingeladen.«

»Kink?«, sagte Max. Seine Augen weiteten sich. »Das ist *der* Club! Gesehen habe ich ihn nur im Internet. Aber sie haben Maschinen. Sie haben Elektrik. Sie haben Wasser. Egal, was man will, sie haben es. Da bin ich aber schon neidisch!«

»Wie aufregend!«, sagte ich.

Zu meiner Einladung ins Kink war es gekommen, nachdem ich auf Twitter erwähnt hatte, ich schriebe ein Buch über öffentliche Demütigungen. Einer meiner Follower – sein Name war Conner Habib – fragte mich, ob ich mich auch mit Leuten treffen würde, denen es sexuelle Lust bereite, öffentlich gedemütigt zu werden.

»Nein!« antwortete ich. »Daran hatte ich überhaupt noch nicht gedacht!«

Er erzählte, zufälligerweise sei er ein schwuler Pornostar und riet mir, ihn zu googeln, sollte ich mehr über seine Arbeit wissen wollen. Das tat ich und sah gleich eine Menge Nahaufnahmen seines Anus. Ich fragte ihn per Mail, wie er diese Arbeit machen könne, ohne sich zu schämen.

»Ich glaube, man kann von Pornostars einiges darüber lernen, keine Scham zu empfinden oder sich verletzlich zu fühlen«, schrieb er zurück. Eine Menge Leute aus der Sexindustrie würden später in Sterbehospizen arbeiten: »Das Körperliche erschreckt sie nicht, weshalb sie Menschen beim Übergang zwischen Krankheit und Tod helfen können. Ich weiß gar nicht, was mich derzeit tatsächlich demütigen würde. Falls Sie gerne ausführlicher darüber reden würden, bin ich gern dazu bereit. Stellen Sie mich bloß nicht als noch dämlicher hin, als ich es ohnehin schon bin. Vielleicht ist das etwas, was einen Pornostar demütigen könnte – ein Essay von Jon Ronson?«

Ich runzelte die Stirn.

Conners Mails hatten mein Interesse geweckt, einen Ausflug in die Pornowelt zu unternehmen. Wurde sie tatsächlich von Leuten bevölkert, die gelernt hatten, gegen Scham immun zu sein? Es erschien plötzlich von Vorteil zu sein, dieses Talent zu besitzen.

Er stellte für mich den Kontakt zu einer Berühmtheit der Pornoindustrie her – Princess Donna Dolore von Kink. Wir mailten hin und her. »Als ich aufwuchs, schämte ich mich wegen allem«, schrieb sie, »bis ich irgendwann begriff, dass die Scham keine Macht mehr über mich hatte, wenn ich offen mit ihr umging. Ich fühlte mich total befreit!« Auch ihre Filmszenarien denke sie stets von dieser Formel her. Sie überlege sich Situationen, die sie demütigen würden, »wie etwa nackt und gefesselt auf der Straße zu stehen und alle sehen mich«, spiele diese dann mit gleichgesinnten Pornodarstellern nach und nehme ihnen so den Schrecken.

Donna und ich verabredeten uns in Los Angeles zum Abendessen. Am Morgen schrieb ich ihr noch eine E-Mail: »Bis heute Abend um sieben!«

Um zwanzig vor sechs schrieb ich ihr erneut: »Und nicht vergessen, wir treffen uns in einer Stunde und zwanzig Minuten!«

»Alles klar!«, antwortete sie.

Um zehn vor sieben kam ich ins Restaurant. Zwei Stunden und zehn Minuten später – noch immer saß ich da – checkte ich ihren Twitter-Feed. Ihre letzte Nachricht von vor vier Stunden lautete: »Kann mir bitte mal jemand sagen, was zum Henker ich um sieben Uhr nochmal vorhatte? Warum zum Teufel schreibe ich mir diesen Scheiß nicht einfach auf?«

Geknickt trottete ich zu meinem Hotel zurück. »Sollte es in einer zukünftigen Welt ohne Demütigungen normal sein, Leute stattdessen stundenlang in Restaurants warten zu lassen«, dachte ich, »würde ich mich lieber einfach ein bisschen demütigen lassen.«

Um Mitternacht schrieb Donna: »FUCK! Tut mir SO leid.«

»KEIN Problem!«, schrieb ich zurück.

»Morgen findet ein Public-Disgrace-Dreh statt. Vielleicht willst du dabei sein.«

*

Es war Mitternacht und ich stand vor einer Sportsbar im San Fernando Valley. Von vorne sah der Laden dunkel und leer aus – komplett verrammelt. Aber Donna hatte mir erklärt, nach hinten zur Feuertür zwischen den Müllcontainern zu gehen. Als Max mir begeistert von Kink erzählt hatte, hatte er nicht die Sportsbar gemeint. Das Hauptquartier ist eine gigantische, reich verzierte Rüstkammer aus dem Jahre 1914, vollgestopft mit jeder Menge Kerkern und Folterwerkzeug. Ich klopfte an die Feuertür. Ein Sicherheitsmann machte auf einer Liste einen Haken.

Ich ließ meinen Blick durch den Barraum schweifen. Es waren zwanzig Leute da, Männer mittleren Alters, die alleine dasaßen, außerdem ein paar junge Pärchen. Alle sahen nervös aus. Ein Mann kam auf mich zu.

»Ich bin Shylar«, sagte er. »Shylar Cobi.«

»Sind Sie Pornodarsteller?«, fragte ich.

»Seit 23 Jahren«, sagte er. »Ich kenne nichts anderes.«

Er hatte ein niedliches, melancholisches Gesicht. Er erinnerte mich an Droopy Dog.

Ich stellte ihm ein paar Fragen zu seinem Leben. Er arbeite nicht nur mit Donna, erzählte er, sondern auch als Produzent und sei im Jahr bei durchschnittlich fünfzig Pornodrehs mit dabei. Insgesamt komme er auf tausend Produktionen, wie zum Beispiel – wie ich später auf IMDb entdeckte – *Orgy University, Wet Sweaty Boobs* und *My Slutty Friends.*

»Was also ist der Plan für heute Nacht?«, fragte ich.

Shylar zuckte mit den Schultern. »Dasselbe wie immer. Sie ficken, er kommt, wir putzen und alle gehen nach Hause.«

Er drückte sanft meinen Arm, um sicherzugehen, dass es mir gut ging. Da war er nicht der Einzige. Diverse Mitglieder der Produktion sollten das die ganze Nacht über tun – mir über den Rücken streichen, mir den Arm drücken. Ich nahm an, rustikal und eulenartig wie ich nun einmal bin, sah ich einfach nicht wie jemand aus, der normalerweise bei den Dreharbeiten eines Hardcore-Pornos herumhängt, und so wollten alle einfach sichergehen, dass ich mich nicht eingeschüchtert fühlte oder sofort ohnmächtig wurde. Es war niedlich. Die Pornoprofis waren so nett und achtsam mir gegenüber, als sei *ich* derjenige, dessen Genitalien gleich mit Elektroschocks traktiert werden würden. Aber es waren nicht meine Genitalien. Es waren die der Pornodarstellerin Jodi Taylor, die am Ende der Theke saß und mit Princess Donna die Logistik durchging. Die dann aufstand, alle zusammenrief und eine Ansage machte, was sie von uns allen erwartete.

»Also«, hob sie an. »Der Name der Seite ist Public Disgrace. Es geht dort um öffentliche Demütigung. Ihr seid einfach bloß Leute, die trinken und sich amüsieren und habt keine Ahnung, dass wir gleich in dieser Bar aufkreuzen. Wenn wir reinkommen, seid ihr eingeladen bis zu einem gewissen Grad mitzuspielen. Ihr könnt die Schauspielerin begrapschen, unter der Voraussetzung, ihr habt saubere Hände und kurzgeschnittene Fingernägel. Nagelscheren und -feilen haben wir da, falls Bedarf besteht. Ihr könnt ihr auf den Hintern hauen, es geht hier aber nicht darum zu beweisen, wie fest ihr zuschlagen könnt. Ich will niemanden voll ausholen sehen. Manchmal versuchen das die Leute und wollen mit ihren Schlägen angeben. Und ich bin mir sicher, ihr könnt alle sehr, sehr fest zuschlagen, aber sehen will ich es einfach nicht. Ihr könnt andere Dinge machen. Ihr könnt ihren Körper bespucken. Ihr könnt Getränke über ihr auskippen. Ihr an den Haaren ziehen. Ihr vorsichtig einen Klaps ins Gesicht geben. Aber seid nicht allzu fies. Dinge zurufen und sie verbal erniedrigen ist total in Ordnung. Sogar erwünscht. Macht bloß nicht auf diese *eine Sorte Typ*«. Sie fasste zusammen: »Also. Sauft nicht zuviel und fistet nicht ihren Arsch. Viel Spaß.«

Donna und Jodi Taylor verschwanden durch einen Gang nach draußen, wo Donna ihr eine Sträflingskugel anlegte. Dann gab sie dem Kameramann ein Zeichen. Es ging los.

Die Zecher taten überrascht, als Donna eine kreischende Jodi Taylor in die Bar zerrte. »Was ist denn *hier* los?«, sagte ein Mann mit Wollmütze. »Wütend« knallte er sein Glas auf den Tresen.

Donna riss Jodi Taylor die Klamotten vom Leib und befestigte Elektroden an ihren Genitalien.

»Was MACHEN Sie denn da?«, fragte der Mann. Er schien in der Gruppe der Einzige zu sein, der sich traute, etwas Dialog zu improvisieren oder irgendwelche Emotionen zu simulieren.

»Da ist Strom drauf«, sagte Donna. »Wollen Sie ihr ein paar Stromstöße verpassen?«

»Ob ich ihr ein paar STROMSTÖSSE verpassen will?«, antwortete er. »Ich wollte hier bloß etwas trinken. Aber. Na gut.«

Donna reichte ihm die Fernsteuerung. Er drückte auf den Knopf. Nichts passierte.

»Schalten Sie es aus und wieder an«, sagte Donna. Er tat es. Dann drückte er nochmal auf den Knopf. Jodi Taylor schrie auf.

(Während einer Drehpause wurden unter den Crewmitgliedern allerdings Zweifel laut, ob denn da überhaupt Strom durch die Kontakte und in Jodi Taylors Genitalien floss, weshalb jemand sich den Kontakt an die Handfläche presste und auf den Knopf drückte. Und aufschrie. Später allerdings erhielt ich eine Mail von Jodi Taylor: »Würden mir Dinge wie auf Public Disgrace im echten Leben widerfahren, wäre das natürlich extrem heftig, beängstigend und furchtbar. Aber hier liegt die Schönheit von Porno. Man kann diese verrückten Dinge tun, ohne sie tatsächlich zu tun. Es ist bloß ein So-tun-als-ob. Es ist reine Fantasie und eine Fantasie ist niemals demütigend oder beängstigend. Das ist wunderbar. Bei Princess Donna geht es einzig darum, die Fantasie der PORNODARSTELLERIN zu verwirklichen, vielmehr jedenfalls, als die Fanatasien der Zuschauer zu bedienen. Nur bei ihr kannst du derartig tabuisierte Fantasien wie Gang Bang oder öffentliche Demütigung haben und tatsächlich ausleben, und dich dabei vollkommen sicher und wohl fühlen.«

Wie Shylar Cobi mir erklärt hatte, bestand die Gruppe aus Freunden von Freunden von Freunden, bis auf eine Ausnahme. Ein Pornodarsteller war engagiert worden und hatte sich unter uns gemischt. Jetzt gab er sich zu erkennen und begann Sex mit Jodi Taylor zu haben. Die anderen kamen nun ein wenig mehr aus sich heraus, wenn auch auf seltsam gestelzte Weise. »Pack ihr Eis auf den Zahn«, rief ein Mann. Jemand kippte Jodi Taylor Bier über den Kopf. Ich versuchte, respektvoll auf Abstand zu bleiben. Von Zeit zu Zeit aber, wenn ich sicherstellen musste, auch die kleinsten Details noch akkurat mitverfolgen zu können, geriet ich womöglich ins Bild. Sollten Sie also ein Besucher von Public Disgrace sein und ihnen das plötzliche Auftauchen eines bebrillten, neugierig glotzenden Mannes, der sich Dinge in ein Notizbuch schreibt, das erotische Ambiente ruiniert haben, tut mir das aufrichtig leid. Ich hoffe, dass vielleicht ein paar Abonnenten da draußen den Anblick eines rustikalen, eulenartigen Journalisten bei einer Orgie stimulierend finden, auch wenn mir natürlich klar ist, dass das eher so in Richtung schrullige Nische geht.

Die Dreharbeiten zogen sich stundenlang hin. Donna hatte gemeint, die Sache wäre gegen Mitternacht erledigt, aber es wurde eins, dann zwei und ich sehnte mich verzweifelt danach, es möge vorbei sein. »Bitte ejakuliere«, bat ich den Mann stumm, »damit ich ins Bett kann«. (Und tat es hierbei wohl Millionen von Frauen zu allen Zeiten gleich, wie ich mir vorstellte.) Und dann kamen sie tatsächlich zum Ende, Shylar machte sauber und alle gingen nach Hause.

Ich hatte dann an anderer Stelle noch Gelegenheit, mich mit Donna zu unterhalten. Sie habe da tatsächlich ein Arbeitsumfeld geschaffen, in dem weit mehr Achtsamkeit herrsche als in den meisten Büros, sagte ich zu ihr. Es gebe keine aggressiven Vorgesetzten, die die Mitarbeiter permanent triezten und demütigten. »Gibt es Bereiche innerhalb der Pornoindustrie, in denen es erschreckender und ausbeuterischer zugeht?«, erkundigte ich mich.

Donna nickte, sagte aber, sie wolle nicht über andere Bereiche der Pornoindustrie sprechen. Sie wolle darüber reden, was sie mit Public Disgrace zu erreichen versuche: »Amerika ist durch und durch puritanisch. Sollte es mir gelingen, dass sich nur eine Person aufgrund dessen, was sie anmacht, weniger abnorm und allein fühlt, dann war ich erfolgreich. Aber ich weiß, dass ich längst wesentlich mehr Leute erreicht habe.«

*

Einige Wochen vergingen. Dann bekam ich eine interessante Mail von Max Mosley. Auch er hatte viel darüber nachgedacht, warum es in seinem Fall nicht einmal den Versuch einer öffentlichen Demütigung gegeben hatte. Und jetzt glaube er, die Antwort zu kennen, schrieb er. Es habe schlicht und einfach an seiner Weigerung gelegen, sich zu schämen.

»Sobald das Opfer den Pakt bricht und sich der Scham verweigert, fällt das alles in sich zusammen«, sagte er.

Ich las Max' E-Mail ein zweites Mal. Konnte das stimmen? Funktionierte Demütigung nur dann, wenn der Beschämte in seiner Rolle verharrte und sich schämte? Unstrittig war, sowohl Jonah als auch Justine hatten sich massiv mit ihrer Demütigung herumgeschlagen. Während Max sich einfach geweigert hatte, sich mit alldem überhaupt zu beschäftigen.

Ich fragte mich: War das Nichtbeschämtsein dann also eine Eigenschaft, die einige Leute einfach besaßen? Oder etwas, das man lernen konnte?

Praktischerweise stieß ich dann auf einen Mann, der einen Kurs anbot, in dem er Leuten beibrachte, sich dem Gefühl der Scham einfach zu verweigern.

8

BEIM SCHÄMEN ?-NEIN-DANKE !-WORKSHOP

Zwölf Amerikaner, einander nicht bekannt, saßen in einem Raum des JW Marriot Hotel in Chicago im Kreis. Darunter waren adrett gekleidete Geschäftsmänner und -frauen mit Button-Down-Hemden, ein junges Pärchen der Marke Burning-Man-Nomade und ein Mann mit Willie-Nelson-Pferdeschwanz und tiefen Furchen im Gesicht. In der Mitte saß Brad Blanton. Er war riesig. Sein Hemd, bis auf die Brust aufgeknöpft, war gelb-weiß, genau wie seine Haare. Mit seinem sonnenverbrannten Gesicht sah er aus wie ein im Schneematsch vergessener roter Ball.

Jetzt bewegte er sich. »Zu Beginn«, sagte er, »möchte ich, dass ihr den anderen etwas erzählt, das sie eigentlich nicht wissen sollen.«

*

»Viele Menschen gehen durchs Leben und schämen sich chronisch. Dafür, wie sie aussehen, was sie empfinden, sagen oder getan haben. Leben in einer Art permanenter pubertärer Sorge. Während der Pubertät macht man sich nämlich permanent darüber Sorgen, was die anderen wohl über einen denken könnten.«

Einige Monate zuvor hatten Brad Blanton und ich uns über Skype unterhalten. Er hatte mir erzählt, wie er in seiner Arbeit als Psychotherapeut begriffen habe, wie viele unter uns

»ihr Leben in permanenter Angst verbringen, bloßgestellt zu werden, als unmoralisch oder nicht gut genug verurteilt zu werden.«

Aber Brad hatte sich da für uns einen Weg ausgedacht, wie man diese Gefühle auslöschen konnte. Seine Methode hieß »Radikale Ehrlichkeit«.

> Brad Blanton ist der Meinung, wir sollten die Filter zwischen Gehirn und Mund einfach rausschmeißen. Denkst du etwas, sag es auch. Gestehe deinem Chef die geheimen Pläne, eine eigene Firma zu gründen. Solltest du Fantasien haben, in denen die Schwester deiner Frau vorkommt, solle man gleich beiden davon erzählen, meint Blanton. Das sei der einzige Weg zu wirklich authentischen Beziehungen. Der einzige Weg, die Seelen zerstörende Einsamkeit der Moderne zu durchbrechen. (A. J. Jacobs: »I Think You're Fat«, *Esquire* Magazin, Juli 2007)

Brad war überzeugt, die Scham werde nur größer, je mehr wir sie verinnerlichten. Da müsse man sich ja bloß den krampfhaft ausweichenden Jonah ansehen. Oder dagegen Max Mosley. Brads Lieblingstiere waren Hunde. Ein Hund lüge nicht. Und er schäme sich auch nicht. Er lebe im Moment. Max Mosely habe sich wie ein Hund verhalten. Und auch wir sollten uns wie Hunde verhalten. Und der erste Schritt dorthin sei also der, der Gruppe etwas zu offenbaren, das wirklich niemand wissen sollte.

Zufälligerweise hatte eine Freundin – die Autorin und Radiojournalistin Starlee Kine – im Zuge einer Buchrecherche Brads Kurs ein paar Jahre zuvor besucht. Ich traf mich mit ihr, bevor ich nach Chicago flog. Weil ich mich überraschen lassen wollte, bat ich sie, mir nicht zu sagen, was mich erwartete. Den ersten Teil allerdings erzählte sie mir doch. Es beginne damit, dass die Teilnehmer angehalten seien, ein Geheimnis preiszugeben.

»In meiner Gruppe«, erzählte Starlee, »meinte der erste Teilnehmer, sein Geheimnis sei, dass er seit zehn Jahren keine Steuern mehr gezahlt habe. Alle nickten und sahen enttäuscht aus, weil das jetzt nicht sonderlich sensationell war. Der Nächste erzählte, sein Geheimnis sei, er habe mal jemanden umgebracht. Er habe mit einem Mann in einem Lastwagen gesessen, ihm den Schädel eingeschlagen und ihn hinausgeworfen. Der Typ sei tot gewesen und von einem anderen Auto überfahren worden. Und er sei nicht ins Gefängnis gekommen und habe das auch noch nie jemandem erzählt.«

»Und was meinte Brad Blanton dazu?«, fragte ich sie.

»Er meinte: ›Der Nächste. Super.‹ Dann kam eine Frau. Sie sagte: ›Ach! Meine Geheimnisse sind so langweilig! Na ja, ich könnte vielleicht erzählen, dass ich mit meiner Katze Sex habe‹. Da hob der Mörder die Hand und meinte: ›Verzeihung. Ich wollte auch nur noch kurz was ergänzen. Und zwar, dass ich auch Sex mit meiner Katze habe.‹«

Starlee hatte Brads Kurs total verrückt gefunden. Und das wäre mir sicher auch so gegangen, wäre ich nach den Zerstörungen von Jonah und Justine und der Erlösung Max Mosleys nicht bereits mit allen Wassern gewaschen gewesen.

»Na ja …«, setzte eine Frau namens Melissa an, die mir im Kreis gegenübersaß. Melissa war erfolgreiche Anwältin. Aber ihre Leidenschaft war Sadomaso-Sex: »Erniedrigung turnt mich am allermeisten an«. Sie habe sich sogar eine private Folterkammer gebaut. Aber das Sexverlies war nicht Melissas Geheimnis, sondern, dass sie im vergangenen Jahr mehr als 550 000 Dollar verdient hatte und sich der Höhe des Betrags wegen schämte.

Als ich Starlee davon erzählte, erklärte sie mir, Melissa sei Stammgast in Brads Workshops. Sie sei sein Protegé.

»Melissa erzählt jedem von dem Verlies«, sagte Starlee. »Je nach Reaktion beurteilt sie, wie aufgeklärt jemand ist.«

Neben Melissa saß Vincent. Sein Geheimnis war, dass er gerade zu bereuen beginne, sich bei Brads Kurs angemeldet zu haben. »Es war ein spontaner Einfall und 500 Dollar sind für mich eine Menge Geld«, sagte er. »Ich wollte davon eigentlich meine Freundin in Thailand besuchen«.

»Hat er bereits voll bezahlt?«, fragte Brad Melissa.

»Bloß die 150 Dollar Anzahlung«.

»Dann lass dir noch den Rest geben«.

Radikal ehrlich brachte Brad zum Ausdruck, dass ihm die 350 Dollar, die Vincent ihm schuldete, wichtiger waren, als Vincent zu versichern, mit der Anmeldung eine gute Entscheidung getroffen zu haben.

»Kann ich dir das restliche Geld in der Pause geben?«, fragte Vincent.

Brad warf ihm einen misstrauischen Blick zu.

Als Nächste sprach Emily. Ihr Geheimnis war, dass sie ihren Lebensunterhalt mit dem Verkauf von Marihuana bestritt.

»Grammweise?«, fragte sie jemand.

»Kiloweise«, antwortete sie. »Pro Kilo nehme ich 7000 Dollar.«

»Hast du Angst, geschnappt zu werden?«, fragte ich.

»Nein«.

»Wir sind sehr diskret«, erklärte Emilys Freund Mario den Anwesenden.

Marios Geheimnis war, dass er Emily manchmal sagte, er halte sie für dick.

»Du bist nicht dick«, sagte ich zu Emily.

Marios anderes Geheimnis war: »Ich nutze meine Klarträume dazu, Frauen zu vergewaltigen. Ich finde das erstbeste Mädchen in der Nähe und mache mit ihr, was ich will.«

»Kann ich der Star in deinem nächsten Traum sein?«, fragte Melissa.

Ich hatte Kopfschmerzen. »Hat vielleicht jemand Kopfschmerztabletten dabei?«, fragte ich in die Runde. Melissa griff in ihre Tasche und zog ein kleines Tütchen mit Pillen in verschiedenen Formen und Farben heraus. Sie pickte zwei heraus und gab sie mir. Ich schluckte sie.

»Danke«, sagte ich. »Ich habe keine Ahnung, was für Pillen du mir da gerade gegeben hast. Mir kam sogar kurz in den Sinn, dass es vielleicht eine Vergewaltigungsdroge war.«

»Wow, was für ein tolles Gefühl!«, dachte ich. »Ich hab's gedacht, also hab ich's gesagt, ohne über negative Konsequenzen nachzudenken!«

Melissa warf mir einen unergründlichen Blick zu.

Jim arbeitete als Ingenieur für eine Erdölgesellschaft.

»Was ihr eigentlich nicht wissen solltet, ist …«, Jims Stimme brach, »dass ich drogenabhängig bin.«

Er verkündete das mit derartiger Ruhe, dass alle im Raum baff waren.

»Führen sie in deiner Ölfirma denn keine Drogentests durch?«, fragte jemand.

»Doch, tun sie«, antwortete Jim.

»Und fällst du da nicht durch?«, fragte Brad.

»Nein. Bisher bin ich noch nicht durchgefallen.«

»Wie stellst du das an?«, fragte Brads Freundin Thelma, deren Geheimnis es war, sich Schwulenpornos anzusehen.

»Ich … weiß es nicht«, sagte Jim.

»Von welchen Drogen bist du denn abhängig?«, fragte Brad.

»Ich mag … Marihuana«.

Er entstand eine kurze Pause. »Und wie viel rauchst du so?«, fragte ich.

»In drei Wochen rauche ich knapp dreißig Gramm«.

»Mehr nicht?«, quietschte Emily.

»Ich fühlte mich eine Zeit lang zu einem Mann hingezogen, den ich für eine Frau hielt und verbrachte Zeit mit ihm und bezahlte ihn schließlich auch dafür«, sagte Jim.

Jims neues Geheimnis sorgte dafür, dass alle etwas weniger enttäuscht dreinschauten.

Marys Geheimnis war, wie schrecklich schwer sie es ertrug, von ihrer Partnerin Amanda abgewiesen worden zu sein. »Ich bin fünfzig und allein«, sagte Mary. Sie sah zu Boden. »Ich habe mich selbst verloren.«

Aber Mary saß nicht einfach daheim und heulte. Viel schlimmer. Sie rief Amanda pausenlos an. Es hatte Zeiten gegeben, da hatte Amanda Mary versprochen: »Eines Tages werde ich dich heiraten«. Jetzt sagte sie nur noch: »Hör auf mich anzurufen.«

Brad forderte Mary auf, sich auf den heißen Stuhl zu setzen. Er zeigte auf einen leeren Stuhl.

»Was würdest du zu Amanda sagen, wenn sie dir jetzt gegenübersäße?«, fragte Brad sie.

»Ich würde ihr sagen, dass ich sie dafür hasse, mir zu sagen, lass mich in Ruhe.«

»Sag es ihr«, sagte Brad.

»Ich hasse dich dafür, mir zu sagen: ›Ruf mich nicht an‹«, sagte Mary leise in den Raum hinein.

»Probier mal, wie es sich anfühlt, das mit wütender Stimme zu sagen«, sagte Brad.

»SCHEISS AUF DICH«, brüllte Mary den leeren Stuhl an.

»Ich hasse dich dafür, dass du mir gesagt hast ›Eines Tages werde ich dich heiraten‹ und es dann nicht getan hast. Also SCHEISS AUF DICH. Ich hasse dich, weil du manchmal so ein beschissenes Miststück bist. Ich hasse dich dafür, dass du mich behandelst wie … Ich hasse dich dafür, all die wunderbaren Dinge gesagt zu haben und sie dann alle wieder zurückzunehmen …« Mary schluchzte jetzt.

»Sehr gut«, sagte Brad. »Wann wirst du ihr das ins Gesicht sagen?«

Mary schluckte. »Ich frage mich, wo man das …«

»Ruf sie an«, sagte Brad. »Sag ihr: ›Dies ist keine Bitte. Wir machen das entweder alleine oder im Beisein deines ganzen beschissenen Büros und du hast genau einen Tag, um dich für eine Variante zu entscheiden.‹«

»Ok«, sagte Mary leise.

»Also, wann?«, sagte Brad.

»Bis zum nächsten Wochenende?«, sagte Mary.

»Sehr gut«, sagte Brad.

Jack, ein Tierarzt und Sexsüchtiger, schaute besorgt drein. »Wie stellst du bei diesem Ansatz sicher, dass am Ende nicht die Polizei gerufen werden muss?«, fragte er Brad.

»Du verlangst von den Leuten hier rauszugehen«, stimmte ich ihm zu, »und anderen Leuten etwas anzutun, die hier nicht mitgemacht haben. Da kommen doch sicher auch Menschen zu Schaden. Da muss doch sicher ab und zu die Polizei gerufen werden.«

»Manchmal wird die Polizei gerufen«, sagte Brad und zuckte mit den Schultern. »Es dauert zwanzig Minuten, bis sie da sind. Man hat also zwanzig Minuten, um all seinen Ärger loszuwerden.«

»Ich kann mir nicht vorstellen, dass das immer gut geht«, sagte ich.

»Das liegt daran, dass du dein ganzes Leben lang einer

Gehirnwäsche unterzogen worden bist, was nicht alles Schlimmes passieren könnte«, sagte Brad. »Ja, Menschen werden wütend. Menschen regen sich auf. Aber sie kommen auch über Dinge hinweg. Die Leute machen sich Gedanken darüber, was in den ersten fünf Sekunden passiert. Mich interessieren die nächsten fünf Minuten. Ich engagiere mich für diejenigen, die solange zusammenbleiben, bis sie das durchgestanden haben.«

Dieser letzte Teil, so Brad, sei entscheidend. Man bleibe so lange bei der Person, die man gerade beschimpft habe, bis die Feindseligkeit abklinge. Auf diese Weise würden Wunden heilen.

Vincent, der Mann, der zuvor seine Anmeldung bedauert hatte, verkündete plötzlich: »Tut mir leid. Aber ich gehe. Das hier ist nichts für mich. Tut mir leid.«

»Ich hasse dich dafür, dass du das sagst«, sagte Melissa.

»Ok«, sagte Vincent.

»Ich glaube nicht, dass ich diese Hassgefühle jemals überwinden werde«, sagte Melissa.

»Wow«, dachte ich. Etwas mehr Nachsicht könnte nicht schaden. Sie hatte ihn ja gerade erst kennengelernt. »Ich hasse dich dafür, ihm zu sagen, du würdest diese Hassgefühle niemals überwinden«, sagte ich zu Melissa.

»Ich weiß es zu schätzen, dass du da sitzt und zugehört hast«, sagte Melissa zu Vincent.

»Danke«, sagte Vincent.

»Kack oder geh vom Pott, Alter«, sagte Jack, der sexsüchtige Tierarzt. »Ich hasse dich für dein Gerede, du würdest gehen und dafür, dass du noch immer hier bist.«

Vincent ging.

Die Sitzung endete. Ich sagte, ich sei müde und hoffte, es störe niemanden, wenn ich nicht mit der Gruppe zu Abend äße. Ich würde einfach fernsehen und ein paar E-Mails schreiben.

»Ich fühle mich herabgesetzt«, sagte Brad.

»Ach Quatsch, tust du nicht«, sagte ich. Aber ich wusste, dass es so war.

*

Es gab einen Grund, warum ich auf mein Zimmer musste, von dem ich aber niemandem erzählt hatte. Ich befand mich in einer Arbeitskrise. Eine Geschichte, an der ich gearbeitet hatte, hatte sich in totales Chaos aufgelöst. Meine Chefredakteurin und ich lagen uns in den Haaren und schickten angespannte E-Mails hin und her.

Zunächst hatte die Geschichte vielversprechend geklungen. Seit Jahren gab es da diese Tradition, dass Journalisten sich verkleideten, um Unrecht aus erster Hand erleben zu können. Der Pionier war John Howard Griffin gewesen, der sich 1959 die Haut schwärzte und sechs Wochen lang als Schwarzer per Anhalter durch den segregierten Süden der USA gefahren war – eine Reise, von der er in seinem 1961 erschienenen Buch *Reise durch das Dunkel* erzählt. Immer mal wieder waren Chefredakteure auf mich zugekommen und hatten mir vorgeschlagen, ähnliche Reisen zu unternehmen. Nach den Terroranschlägen am 11. September 2001 hatte ein Fernsehproduzent etwa angeregt, auch ich solle mir die Haut schwärzen und in einen muslimisch geprägten Stadtteil Londons ziehen. Mir war es allerdings eher so vorgekommen, als solle ich dort Muslime ausspionieren, weshalb ich absagte. Diesmal jedoch war ich gebeten worden, mich zu verkleiden, um Unrecht ganz anderer Art am eigenen Leib zu erfahren.

»Wir möchten dich als Frau losschicken«, hatte die Chefredakteurin gemeint. »Eine Maskenbildnerin wird dafür sorgen, dass du nicht mehr zu erkennen sein wirst. Ein Bewegungstrainer wird dir außerdem beibringen, wie eine Frau zu gehen.«

»Frauen und Männer gehen unterschiedlich?«, fragte ich.

»Aber ja«, sagte sie.

»Das habe ich nicht gewusst«, sagte ich. »Das könnte wirklich interessant sein. Als Mann starrt man mich selten lüstern an. Als Frau aber wird man mich womöglich ständig lüstern anstarren. Wie sich das wohl anfühlt? Und verhalten sich Frauen anders, wenn keine Männer in der Nähe sind – etwa in Fitnessstudios oder Saunen nur für Frauen? Das fasziniert mich. Ich mach's.«

An einem College in Westlondon traf ich mich mit einer Maskenbildnerin. Sie überzog mein Gesicht mit Abformmasse und nahm einen Abdruck. Eine prosthetische Maske wurde angefertigt. Sie war Wochen damit beschäftigt, die weiblichen Gesichtszüge herauszuarbeiten. Ich zog die Maske über mein Gesicht. Ich sah aus wie eine Frau mit riesigem Kopf. Die Chefredakteurin bestellte mich zu einem Meeting ein.

»Schon gut«, sagte sie. »Mach dir keine Sorgen. Wir lassen das mit der Maske. Wir kriegen trotzdem hin, dass du wie eine Frau aussiehst.«

»Bist du sicher?«, sagte ich.

»Du wirst begeistert sein, was ein paar Stunden mit dem Bewegungstrainer bewirken können«.

»Meinst du nicht, dass wir uns möglicherweise zu sehr auf den Bewegungstrainer verlassen?«, gab ich zu bedenken. »Es war schon eher die Maske, die mich überzeugt hat.«

»Ich verspreche dir, wir lassen dich nicht aus dem Haus,

bevor du nicht hundertprozentig als Frau durchgehst«, versicherte sie mir.

In einem leeren Konferenzraum in der Redaktion des Magazins vollzog sich dann meine Mutation zur Frau. Ich wurde geschminkt. Ich setzte eine Perücke auf, zog ein Kleid und einen ausgestopften BH an. Ich verbrachte Stunden unter Anleitung des Bewegungstrainers. Testfotos wurden gemacht. Schließlich verließ ich den Konferenzraum und lief so, wie der Bewegungstrainer es mir beigebracht hatte, auf den Schreibtisch der Chefredakteurin zu.

Sie schluckte vorsichtig, als sie mich sah.

»Das haben die ja unglaublich hingekriegt«. Sie wandte sich an die stellvertretende Chefredakteurin: »Haben die das nicht unglaublich hingekriegt?«

Die stellvertretende Chefredakteurin schluckte vorsichtig. »Ja«, sagte sie.

»Du siehst genau wie eine Frau aus«, sagte die Chefredakteurin. »Und jetzt geh raus und erlebe, wie es ist, als Frau zu leben.«

»Ich finde nicht, dass ich wie eine Frau aussehe«, sagte ich.

»Was redest du da?«, sagte die Chefredakteurin. »Du siehst genau aus wie eine Frau«.

»Ich finde, ich sehe absolut nicht wie eine Frau aus«, sagte ich.

Sie sah meinen gequälten Gesichtsausdruck. Ich zögerte einen Moment. Dann ging ich durch die Tür. Schweiß verschmierte mir die Grundierung. Über die Schulter hinweg schaute ich mich nach den Chefredakteurinnen um. Sie warfen mir ermutigende Blicke zu und zeigten auf den Ausgang. Mir war übel und ich bekam schlecht Luft. Mein Magen krampfte.

Ich blieb stehen. Ich konnte das nicht. Ich drehte mich

um, ging nach unten und zog mir meine Männersachen wieder an.

*

Nun war eine Woche vergangen und unser Verhältnis war noch immer frostig. Sie war der Meinung, ich hätte mich unprofessionell aus der Affäre gezogen und sei einfach zu empfindlich. »Mach es nicht zu kompliziert, Jon«, schrieb sie mir. »Es geht bloß um ein unterhaltsames Feature. Sollte nicht der Auslöser einer Midlife-Crisis sein.« Mein Gefühl war, dass sie mich liebend gern so in die Welt schicken wollten, da die ursprüngliche Prämisse der Geschichte nun in ihre Bestandteile zerfallen war – eben *weil* ich absolut nicht wie eine Frau aussah und in unserem Metier galt, je größer die Demütigung einer Person war, umso schneller machte eine Story die

Runde. Beschämung kann ein bestimmender Faktor im Leben eines Journalisten sein – einerseits, indem man sie persönlich zu meiden versucht, andererseits, indem man selbst andere professionell beschämt.

»Niemand darf jemals diese Testbilder sehen«, hatte ich die ganze Woche über gedacht. »Niemals.«

Als ich nun in meinem Hotelzimmer lag, wurde mir klar, worum es im Kern eigentlich ging. Meine Angst vor Demütigung hatte eine Tür zuschlagen lassen. Große Abenteuer, die ich, verkleidet als Frau, hätte erleben können, würde ich nun niemals erleben. Die Angst hatte mich ausgebremst. Mich aus der Kurve gefegt. Was bedeutete, dass ich genauso wie die meisten Menschen war. Ich musste an David Buss denken, einen Professor für Evolutionäre Psychologie an der University of Texas in Austin, mit dessen Arbeit ich mich intensiv beschäftigt hatte.

Zu Beginn der 2000er Jahre war Buss auf einer Cocktailparty gewesen, auf der die Ehefrau eines Freundes vor aller Augen mit einem anderen Mann zu flirten begonnen hatte. »Eine umwerfend schöne Frau«, schrieb Buss später. »Sie sah ihren Mann spöttisch an, machte eine abfällige Bemerkung über sein Aussehen und widmete sich dann gleich wieder ihrer flirtenden Unterhaltung«.

Buss' Freund stürmte nach draußen (wohin er ihm folgte), schäumte vor Wut und brachte zum Ausdruck, wie gedemütigt er sich fühle und dass er seine Frau umbringen wolle. »Ich hatte keinerlei Zweifel daran, dass er es tun würde. Tatsächlich war er derart außer sich, ein so veränderter Mann, dass er in der Lage zu sein schien, egal wen in Reichweite umzubringen. Ich fing an, um mein eigenes Leben zu bangen.«

Buss' Freund brachte seine Frau nicht um. Er beruhigte sich wieder. Aber der Vorfall rüttelte Buss wach und er entschied sich, ein Experiment durchzuführen. Er stellte 5000 Leuten eine Frage: Haben Sie in ihrer Fantasie schon einmal jemanden umgebracht?

Die Umfrage ergab, dass 91 Prozent der Männer und 84 Prozent der Frauen bereits »mindestens einmal eine lebhafte Fantasie, jemanden umzubringen« gehabt hatten. Da gab es etwa den Mann, der sich vorgestellt hatte, »einen Sprengstoffexperten zu engagieren«, um seinen Chef in dessen Auto in die Luft gehen zu lassen, oder die Frau, die im Körper ihres Partners »jeden Knochen brechen« wollte, »angefangen mit den Fingern und Zehen, bevor ich mich dann langsam zu den größeren vorarbeite«. Es gab den Totschlag mit dem Baseballschläger, eine von einer Enthauptung gefolgte Strangulation, ein Erstechen beim Sex. Leute gingen in Flammen auf. Ein Mann wurde Killerbienen ausgeliefert.

»Die Mörder warten«, endete Buss' Buch tonlos. »Sie beobachten. Und sie sind überall unter uns.«

Buss quälten seine Ergebnisse. Ich allerdings hielt sie für eine gute Nachricht. Sich auszumalen, jemanden umzubringen, und es dann nicht zu tun, war doch sicherlich ein Weg, wie wir uns selbst moralisches Verhalten beibrachten. Deshalb kamen mir Buss' Schlussfolgerungen lächerlich vor. Ich fand an dieser Studie aber etwas Anderes bemerkenswert. Etwas, das – wie Buss' Forschungsassistent Joshua Duntley mir per Mail mitteilte – »wir nicht gesondert kodiert hatten.« Die Frage nämlich, was denn die mörderischen Gedanken ausgelöst hatte.

Da war beispielsweise der Junge, der davon geträumt hatte, seinen Schulkameraden zu entführen und ihm »beide Beine zu brechen, damit er nicht weglaufen konnte. Dann würde ich ihn verprügeln, bis er innendrin nur noch blutiger Matsch ist, ihn an einen Tisch fesseln und ihm Säure auf die Stirn gießen.« Was hatte ihm der Schulkamerad denn getan?

»Er hat ›versehentlich‹ seine Bücher auf meinen Kopf fallen lassen und alle seine Freunde haben sich kaputtgelacht.« Oder der Büroarbeiter, der sich vorgestellt hatte, »die Bremsen am Auto meines Chefs zu manipulieren, sodass er auf der Schnellstraße nicht mehr bremsen konnte.« Und warum? »Er hatte mir das Gefühl vermittelt, ein totaler Versager zu sein. Er hat mich im Beisein anderer Leute fertiggemacht. Ich habe mich gedemütigt gefühlt.«

Und so ging es weiter. Beinahe keine der mörderischen Fantasien war als Reaktion auf eine tatsächliche Gefahr ersonnen worden – ausgehend von einem Stalker, Ex-Freunden etc. In allen ging es um Demütigung. Brad Blanton hatte also Recht. Verinnerlichte Scham kann zu Höllenqualen führen. So konnte ein Jonah Lehrer entstehen. Wohingegen Scham, die einen Ausweg fand, zu Frieden führen konnte, oder zumindest zu einer witzigen Anekdote – was ja irgendwie auch bedeutet, frei zu sein.

Und so entschied ich mich dort in meinem Zimmer, am zweiten Tag von Brads Kurs genau das zu tun. Ich würde die Scham rauslassen. Ich würde Max Mosley sein. Ich würde radikal ehrlich sein.

*

Am nächsten Tag fragte mich Brad vor der Gruppe, ob ich mich nicht auf den heißen Stuhl setzen wolle, wo ich doch am ersten Tag so still gewesen sei.

Ich räusperte mich. Alle lächelten mich erwartungsvoll an, so als käme gleich etwas Interessantes im Fernsehen.

Ich zögerte.

»Ehrlich gesagt, das möchte ich nicht«, sagte ich.

Das erwartungsvolle Lächeln bekam etwas Fragendes.

»Die Sache ist die«, sagte ich, »ich glaube nicht, dass meine

Probleme so akut sind wie die der anderen hier im Raum. Außerdem mag ich keine Konflikte.«

Ich führte aus, wenn auch auf etwas schräge Art, dass ich nicht grundsätzlich etwas gegen Konflikte hätte. Es mache mir Spaß, Leuten beim Streiten zuzusehen. Wenn ich zwei Menschen sähe, die einander auf der Straße anschrien, würde ich häufig in der Nähe stehenbleiben und zuschauen. Aber selbst in Konflikte verwickelt zu sein, sei einfach nicht mein Ding.

»Ich will nicht, dass die Leute denken, ich wäre gegen den heißen Stuhl«, schloss ich. »Für mich war das bisher das Beste am Kurs. Die Vorträge dazwischen finde ich ziemlich langweilig, aber der heiße Stuhl ist immer super.«

»Es soll also einen heißen Stuhl geben, findest du, aber draufsetzen willst du dich nicht?«, sagte Brads Freundin Thelma.

»Genau«, sagte ich.

»Und ich sage, du setzt dich jetzt gleich mal drauf, mach schon, los geht's.«

»Nein, nein«, sagte ich wieder. »Mir ist wirklich wohler, wenn ich anderen Leuten nur dabei zusehe.«

»FEIGLING!«, brüllte Thelma. »Was für ein FEIGLING!«

»Bekommt man schon mal die Chance, Jon herunterzumachen, sollte man sie auch nutzen«, sagte Brad.

»Haha«, sagte ich. »Aber im Ernst, bei mir gibt's nichts so Dringendes, dass ich deswegen auf den heißen Stuhl müsste. Ich will kein betretenes Schweigen und auch nicht irgendwas hervorkramen. Das wäre auch nicht echt. Ich glaube einfach, dass andere Leute hier mehr Probleme haben als ich.«

»SCHWACHSINN!«, brüllte Thelma.

»DU BIST EIN ARROGANTER, EINGEBILDETER DRECKSKERL!«, sagte Brad.

»Ich glaube nicht, irgendetwas Eingebildetes gesagt zu haben«, antwortete ich überrascht.

»›Ihr könnt es sicher brauchen, aber ich nicht‹«, sagte Brad, äffte mich nach.

»Ich hasse dich wirklich dafür, das zu sagen«, sagte Jack, der Tierarzt mit Sexsucht. »Das war BESCHISSEN eingebildet. Ich hasse es außerdem, wie du da die ganze Zeit über mit deinem beschissenen Telefon herumspielst, was mich total ablenkt. ICH HASSE DICH DAFÜR, DAS TELEFON IN DER HAND ZU HABEN!«

»Kann ich etwas zu dem Telefon sagen …?«, fragte ich.

»Deine Begründung geht uns am Arsch vorbei«, sagte Brad. »Wir werden dich hassen, egal, ob du es erklärst oder nicht.«

»Gespräche funktionieren nicht auf diese Weise«, sagte ich.

»HA HA HA HA!«, kreischte Thelma.

»Jon, hegst du vielleicht Hassgefühle gegenüber irgendjemandem in diesem Raum, über die du gerne reden würdest?«, sagte Melissa hoffnungsvoll.

Ich zögerte. »Nein«, sagte ich.

»DU BIST SO EIN VOLLIDIOT UND ALLES WAS DU SAGST IST SCHWACHSINN«, brüllte Brad.

»ALLES KLAR«, kreischte ich. »Ich hasse DICH …« – ich schaute jetzt Jack an – »… dafür, zu sagen ich sei eingebildet. Ich bin NICHT eingebildet. Der Eindruck, eure Probleme seien schlimmer als meine, basierte einzig und allein auf dem, was ihr alle IN DIESEM RAUM GESAGT HABT. Und DICH hasse ich …« – wobei ich Thelma ansah – »… dafür, dich wie Brads Handlanger aufzuführen, wie ein Gangmitglied. Es gibt in dieser Welt nichts, was ich weniger leiden kann als Menschen, denen Ideologie wichtiger ist als Menschen. Und du hast mich mit einer Flutwelle von Brads Ideologie vollgekippt.«

»IN DEINER FANTASIE VIELLEICHT!«, brüllte Thelma.

»Wisst ihr was? Im Grunde will er mir doch eigentlich sagen ›VERPISS DICH, VERDAMMT NOCHMAL,‹ aber er hat zu viel Angst vor dem Konflikt! Also macht er wieder auf vernünftig!«

»Ich hasse dich dafür, mich wiederholt mit Feigling und Schwachsinn angebrüllt zu haben, weil …«, sagte ich.

»Nicht ›weil‹«, sagte Thelma. »Das ist interpretierend«.

Mit offenem Mund starrte ich sie an. COACHTE sie mich gerade? Mit der Schreierei hatten wir ihr therapeutisches Mileu ja nicht verlassen, wie mir jetzt dämmerte. *Das* war Radikale Ehrlichkeit. Und für einige von Brads Kunden wirkte es Wunder. Aber für mich nicht. Ich merkte, wie heftige Wut in mir aufstieg.

»Hasst du mich dafür, dass ich sage, was du sagen sollst?«, fragte Thelma.

»Ja, das tue ich, verdammt nochmal«, brüllte ich. »Ich hasse dich bis zum beschissenen Geht-nicht-mehr dafür, mir zu sagen, was ich sagen soll.«

»Du armer Kleiner«, sagte Brad. »Tut uns so leid, deine zarten kleinen Gefühle verletzt zu haben. Ok!« Er klatschte in die Hände. »Mittagspause! Ich hasse es, dich hier zurückzulassen, Jon, aber ich werde dich noch etwas schmoren lassen.«

Die Gruppe stand auf und begann sich zu zerstreuen.

Jetzt machten sie Mittagspause? »Aber ich bin noch immer voller Hassgefühle!«, sagte ich.

»Sehr gut!«, sagte Brad. »Und ich hoffe, du bleibst die ganze Mittagspause über in diesem Zustand.«

»Darin kann ich keinerlei Sinn erkennen«, murmelte ich während ich mir die Jacke anzog.

Mario, der Marihuana-Dealer, lächelte mich draußen auf dem Hotelflur an: »Ich glaube nicht, dass Brad schon mit dir fertig ist!« Ich verstand, warum er das sagte. Brad hatte offensichtlich gerade seine eigene goldene Regel gebrochen. Er hatte nicht dafür gesorgt, dass die Gruppe zusammenblieb, während ich meine Wut zum Ausdruck brachte. Für aufkeimende Gefühle der Liebe hatte es keinen Raum gegeben. Am Siedepunkt meines Hasses war ich in das Gewühl Chicagos hinausgetrieben worden.

Die Mittagspause über stapfte ich durch die Straßen. Mir blieben bloß noch ein paar Stunden, bevor ich meinen Flug nach New York erreichen musste, also legte ich mir schon mal eine Beschwerderede an Brad zurecht.

»Du hast die Mittagspause genau mittendrin angesetzt«, sagte ich. »Hast mich vor Wut kochend hängen lassen.«

Melissa beugte sich vor und zog mir die Baseballcap vom Kopf. Ich zuckte zurück.

»Ich hätte darüber so unglücklich sein können, dass ich mich hätte umbringen wollen«, sagte ich.

»Wir waren schon zehn Minuten zu spät dran mit der Pause, also entschied ich mich, dich schmoren zu lasen«, sagte Brad.

Und damit war die Sache erledigt. Jack, der sexsüchtige Tierarzt, der mich dafür hasste, dass ich mit meinem Telefon spielte, nahm auf dem heißen Stuhl Platz. Er erzählte davon, wie sein Vater einmal seine Mutter in seinem Beisein körperlich angegriffen hatte. Es war eine herzzerreißende Geschichte. Während er sie erzählte, kniff er die Augen fest zu, also nutzte ich die Gelegenheit, um schnell bei Twitter vorbeizuschauen. Ich hasse es, nicht zu wissen, was bei Twitter los ist. Kurz darauf saß ich im Flieger nach Hause.

Eine Zeit lang hielten wir untereinander Kontakt. Mary schrieb und berichtete, wie es mit Amanda gelaufen war. »Ich habe die Methode der Radikalen Ehrlichkeit probiert, worauf sie super-anti und defensiv reagiert hat und sich dem, was ich zu sagen hatte, komplett verschlossen hat. Ich konnte richtig spüren, wie die Wellen der Wut von ihr ausgingen. Seitdem bin ich ihr immer mal im Fitnessstudio begegnet und hab sie manchmal ›ignoriert‹. Gab aber auch Gelegenheiten, wo wir uns normal und angenehm unterhalten haben (wenn auch nicht oft).«

Ein anderer Gruppenteilnehmer berichtete per Mail, er habe es mit der Radikalen Ehrlichkeit bei seiner Frau probiert. Sie habe ihn körperlich wegzudrängen versucht, worauf er sie habe wissen lassen, er würde »›die Axt holen und mich verteidigen, in dem ich dich töte.‹ Sie bekam es, wohl zu Recht, mit der Angst zu tun, da sie weiß, dass ich Wahrheit und Fantasie häufig verwechsele. Wie wir alle. Also kam die Polizei. Ich bin für eine Stelle im Gespräch, für die ich eine Unbedenklichkeitserklärung brauche, jede FESTNAHME bedeutet also, ich bekomme sie nicht … ich liebe euch alle, besonders Thelma, die ich extrem attraktiv finde und mit der (dir) ich gern Sex hätte. Vielleicht könnte ich sie (dich) sogar als Ehefrau behandeln.«

Brad schrieb zurück, wobei er alle cc setzte: »Was du da schreibst, ist komplett durchgeknallt. Das Beste wäre, du würdest dir einen Psychiater suchen, der dir ein mildes Beruhigungsmittel verschreibt.«

Für mich war das Wochenende der Radikalen Ehrlichkeit kein Erfolg gewesen. Aber ich glaubte weiterhin daran, dass Max Mosleys Version davon – »Sobald das Opfer den Pakt bricht, indem es sich weigert, sich zu schämen, fällt das alles in sich zusammen« – tatsächlich seine magische Formel gewesen war, der Grund, warum er sich über seine Demütigung hatte hinwegsetzen können. Und glaubte sogar solange daran, bis sich eine neue öffentliche Bloßstellung anbahnte, dieses Mal oben in Kennebunk, Maine, die mich dazu zwang, das alles ein weiteres Mal zu überdenken. Diese neue Bloßstellung machte mir klar, Max hatte seine eigene tatsächlich aus einem vollkommen anderen Grund überlebt – einem, den ich bisher noch gar nicht bedacht hatte.

9

ZUHÄLTEREI UND EINE OMINÖSE KUNDENLISTE: EINE STADT IN HELLER AUFREGUNG

> Kennebunk, Maine. – Die Sommergäste, die sonst hier die Straßen verstopfen, sind lange fort und die Blätter haben sich längst purpurn und orange verfärbt, doch das dominierende Gefühl in diesem ach so idyllischen Küstenstädtchen ist dieser Tage Angst.
>
> Seit über einem Jahr geht die Polizei Berichten nach, denen zufolge die örtliche Zumba-Trainerin [Alexis Wright] ihr Fitnessstudio in einer malerischen Straße des Stadtzentrums für mehr als bloßes Fitnesstraining genutzt haben soll. Tatsächlich, so die Polizei, habe sie dort ein Ein-Frau-Bordell mit bis zu 150 Kunden geführt und insgeheim Videoaufnahmen von den Intimitäten gemacht … Gerüchten zufolge soll die Liste Namen zahlreicher Prominenter enthalten. (Katharine Q. Seelye, *The New York Times,* 16. Oktober 2012)

Präsident George H.W. Bushs Sommersitz, Walker's Point, liegt knapp sieben Kilometer von Kennebunk entfernt. Auf dem Weg dorthin zischen hin und wieder Autos mit getönten Scheiben durch die Stadt, im Innern Wladimir Putin, Bill Clinton oder Nicolas Sarkozy. Darüber hinaus passiert nicht viel in Kennebunk. Oder es war bisher nicht viel passiert.

Wer mochte wohl auf der Liste stehen? Ein Mitglied der Familie Bush? Jemand vom Secret Service? General Petraeus? (Bethany McLean: »Town of Whispers«, *Vanity Fair*, 2013)

Der Strafverteidiger Stephan Schwartz, der zwei der ungenannten Männer vertrat, ersuchte den Maine Supreme Court um die Geheimhaltung der Namensliste. Er argumentierte, dies sei noch immer ein puritanisches Land: »Bei ihrer Freilassung würden sie alle den scharlachroten Buchstaben tragen«. Aber der Richter entschied gegenteilig und der *York County Coast Star*, das Lokalblatt, begann mit der Veröffentlichung.

Insgesamt standen 69 Personen auf der Liste – 68 Männer und eine Frau. Ein Bush fand sich darunter leider nicht, nicht einmal ein Mitglied der Sicherheitsmannschaft der Familie. Aber es waren Leute aus der Gesellschaft Kennebunks – darunter ein Pfarrer von der Kirche des Nazareners in South Portland, ein Anwalt, ein High-School-Hockey-Trainer, ein ehemaliger Bürgermeister und ein pensionierter Lehrer und seine Frau.

In der Welt öffentlicher Bloßstellungen war dies ein einmaliger Vorgang. Solche Szenarien der Massendemütigung ereigneten sich sonst einfach nicht. Vor dem Hintergrund, dass es zu meinem Job geworden war, Persönlichkeitsmerkmale von Menschen damit in Relation zu setzen, wie sie eine öffentliche Bloßstellung überstanden hatten, ging hier ein Traum für mich in Erfüllung. Wann bekam man schon eine Stichprobe dieser Größe? Auf der Liste gab es sicher solche, für die sich die schlechte Nachrede anderer und die eigenen Schuldgefühle zu einem zerstörerischen Amalgam verbanden. Dann solche, die so verzweifelt um ihren sozialen Status bangten, dass man ihnen diesen buchstäblich aus den geballten Fäusten würde reißen müssen. Und dann würde es ernste Zeitgenossen wie Jonah geben und solche wie Justine, die sich bislang mit Spitzfindigkeiten durchlaviert hatten. Und es würde Max Mosleys geben. Kennebunk war für mich also eine wahre Fundgrube. Wer würde den Zorn der Menge auf sich ziehen, wer begnadigt werden? Wen würde man zerschmettern? Und wer würde unbeschadet aus der Sache hervorgehen? Ich machte mich auf den Weg.

In Saal eins des Biddenford District Courthouse saßen ein halbes Dutzend der Männer von der Liste in den Bankreihen und starrten verbissen nach vorn, während Fernsehteams ihre Kameras auf sie richteten. Wir im Pressebereich durften sie anstarren, sie aber konnten unseren Blicken nicht ausweichen. Das Ganze erinnerte mich daran, wie Nathaniel Hawthorne den Pranger in *Der scharlachrote Buchstabe* beschrieben hatte: »[...] und darüber erhob sich das Gestell jenes disziplinarischen Instruments, das so beschaffen war, dass es den menschlichen Kopf in festem Griff umklammerte und auf diese Weise dem öffentlichen Anstarren darbot. Das Inbild der Schande verkörperte sich und wurde offenbar in dieser Vorrichtung aus Holz und Eisen. Mir scheint, es kann keine Gräueltaten gegen unsere Natur geben [...] keine schrecklichere Gräueltat, als dem Missetäter zu verbieten, sein Gesicht aus Scham zu verstecken.«

Alle schwiegen betreten, so als befänden wir uns in einer Art eigenartigem Schwebezustand, bevor sich ein Konsens gebildet hatte. Die Geschichte war noch zu neu. Die Bürgerschaft von Kennebunk hatte noch keine Gelegenheit gehabt, die Männer zu schneiden. Wie brutal das auch immer ausfallen würde, geschehen war bislang noch nichts. Dies war erst der Anfang, aber ich war dabei.

Der Richter trat ein. Großartige Präliminarien gab es keine. Die Männer wurden abwechselnd aufgefordert, aufzustehen und auf schuldig oder nicht schuldig zu plädieren. Alle plädierten auf schuldig. Bußgelder wurden verhängt – 300 Dollar für jeden Besuch bei Alexis Wright. Das maximale Bußgeld an diesem Tag belief sich auf 900 Dollar. Dann war es vorbei. Sie durften gehen. Und das taten sie, und zwar schnell. Ich folgte dem Letzten von ihnen nach draußen. Alle anderen waren bereits verschwunden. Ich stellte mich vor.

»Sie können mich gern interviewen«, sagte er. »Aber ich will eine Gegenleistung.«

»Ok?«, sagte ich.

»Geld«, sagte er. »Ich rede da nicht von riesigen Beträgen. Nur genug, damit ich meinem Jungen bei Walmart ein Geschenk kaufen kann. Bloß für einen Geschenkgutschein bei Walmart. Und dann werde ich Ihnen alle Details erzählen. Ich werde Ihnen ALLES erzählen. Was ich und Alexis so angestellt haben.«

Er war ein dicker Mann. Er warf mir einen Blick zu, der verzweifelte, traurige Pseudo-Lüsternheit ausdrückte, so als biete er mir den besten Erotikroman aller Zeiten. »Ich werde Ihnen alles erzählen.«

Ich sagte, ich würde niemanden dafür bezahlen, von seinem oder ihrem Verbrechen zu erzählen, und er zuckte mit den Schultern und ging davon. Ich fuhr zurück nach New York und am folgenden Tag schrieb ich alle 68 Männer und die eine Frau auf der Liste an und bat um Interviews. Dann wartete ich.

Einige Tage später bekam ich eine E-Mail.

Ok, wir können reden. Ich bin der ehemalige Pastor der Nazarener, der leider in diesen Schlamassel geraten ist.

Mit freundlichen Grüßen,

Ihr James (Andrew) Ferreira

»Hallo Jon.« Andrew Ferreiras Stimme klang höflich und müde und etwas verloren – ein ehemals munteres Gemeindeoberhaupt versuchte sich an eine Welt anzupassen, die womöglich gar kein Interesse mehr an seinen Führungsqualitäten hatte. Es war das erste Mal, dass er eingewilligt hatte, mit einem Journalisten zu sprechen. Die letzten Tage seien hart gewesen, berichtete er. Seine Frau habe ihn verlassen und er sei gefeuert worden. Das sei alles unvermeidlich gewesen, der Rest aber sei nun vollkommen ungewiss. In welchem Ausmaß die Gemeinschaft ihn verstoßen würde und wie er damit umgehen würde – ungewiss.

Ich fragte ihn, warum er zu Alexis Wright gegangen sei.

»Vielleicht war meine Ehe nicht die beste«, antwortete er. »Sie war nicht furchtbar. Sie plätscherte mehr so vor sich hin. Reines Zusammenwohnen, so die Richtung. Wie auch immer. Ich hatte im *Boston Globe* die Geschichte über den Craigslist-Killer gelesen. Erinnern Sie sich daran? Er hatte ein Call-Girl ermordet, das Anfang zwanzig war. Und der *Boston Globe* meinte, dass deshalb die meisten Annoncen für Escortservices nun von Craigslist auf backpage.com abgewandert seien. Wenn man also ein Escort-Mädchen oder eine Massage mit Happy End suche – backpage.com. Und daran hatte ich mich einfach erinnert. Hätte ich lieber nicht. Leider bleiben einem gewissen Dinge einfach im Kopf. Mich vergiften solche Informationen.«

Andrew hatte Alexis dreimal besucht, wie er sagte. Beim letzten Mal »mussten wir lachen. Lachten uns richtig kaputt. Das ging über das hinaus, weswegen ich da war. Sie wurde zu einem menschlichen Wesen. War kein Objekt mehr. Und das zerstörte die Fantasie. Ich musste so schnell wie möglich da weg. Ich bin niemand, der besonders emotional wäre. Aber im Auto habe ich mir die Augen ausgeheult.«

Und das war sein letzter Besuch bei Alexis Wright gewesen.

»Was haben Sie die letzten Tage über so gemacht?«, fragte ich.

»Ich sitze nicht alleine zu Hause und isoliere mich«, antwortete er. »Ich bin einem Stammtisch beigetreten. Es sind bloß ein paar Leute, wo ich aber vollkommen anonym bleibe. Ich tauche da auf und wir machen Brettspiele. Risiko und Apples to Apples oder Pandemie. Darüber hinaus habe ich Tagebuch geführt. Denn was mache ich mit all den Informationen? Wenn ich eine Weile abwarte – sechs Monate, ein Jahr – und dann versuchsweise ein Manuskript herumschicken würde? Ist das etwas, was sich jemand anschauen würde?«

»So etwas wie Memoiren?«

»Könnte ich das als Sprungbrett in eine neue Pfarrei nutzen? Und aus welcher Perspektive sollte ich die Dinge betrachten? Ich könnte über die Glaubensschiene kommen und die Männer warnen, so etwas nicht zu machen. Oder einen vollkommen anderen Ansatz wählen und, na ja, ich will ja jetzt auch kein Verfechter für die Legalisierung von Prostitution werden. Ich muss also wirklich in Ruhe darüber nachdenken, was das alles für mich heißt …« Er verstummte. »Was mache ich aus alldem?«, hob er erneut an. »Ich weiß es noch nicht. Leider bin ich schon 49 Jahre alt und habe gerade dafür gesorgt, dass ein Großteil meines Lebens zu einem abschreckenden Beispiel geworden ist.«

»Haben Sie sich mit einem der anderen Männer oder der Frau von der Liste getroffen?«, fragte ich.

»Nein«, sagte er. »Wir alle sind Mitglieder eines Klubs, von dem wir aber nichts wussten. Es gibt weder einen Grund noch die Möglichkeit für irgendwelchen Kontakt oder Solidarität.«

»Also warten Sie einfach darauf, was als Nächstes passiert?«, sagte ich.

»Ja«, sagte er. »Das ist das Schlimmste. Das Warten. Das ist furchtbar.«

Andrew versprach, mir umgehend Bescheid zu sagen, wenn seine Demütigung begann – im Netz, in der Stadt, egal wo. Gleich beim ersten Anzeichen würde er sich melden. Wir verabschiedeten uns. Und das war das Letzte, was ich für mehrere Monate von ihm hörte.

Also rief ich ihn wieder an. Er schien sich darüber zu freuen.

»Sie haben sich nicht wieder gemeldet«, sagte ich. »Was war los?«

»Ich bin weggezogen«, sagte er.

»Und es gab überhaupt keine Bloßstellung?«

»Nichts«, sagte er. »Ich hatte mir das alles viel schlimmer vorstellt.«

»Justine Sacco hat man hingerichtet«, sagte ich. »Und Jonah Lehrer auch. Aber Justine Sacco? Sie hatte ja überhaupt nichts Falsches getan! Und bei Ihnen war einfach *gar nichts*?«

»Ich habe dafür auch keine Erklärung«, sagte Andrew. »Keine Ahnung. Tatsächlich habe ich mich noch nie so gut mit meinen Töchtern verstanden wie jetzt. Meine Jüngste meinte: ›Es ist, als würde man dich nochmal ganz neu kennenlernen‹.«

»Ihr Grenzübertritt hat ihnen gezeigt, dass sie auch nur ein Mensch sind?«, sagte ich.

»Ganz genau«.

»Mhm«, sagte ich. »Justines und Jonahs Übertritte haben dafür gesorgt, dass die Leute sie als das Gegenteil betrachten.«

Zwar sei seine Ehe vorbei und er habe seinen Job als Pastor in der örtlichen Nazarener-Kirche verloren, fügte er hinzu. Das sei unwiderruflich. Ansonsten aber habe er nichts als

Freundlichkeit und Vergebung erlebt. Im Grunde seien es gar nicht Freundlichkeit und Vergebung gewesen. Es sei etwas viel Besseres gewesen. Nämlich gar nichts. Er habe gar nichts erlebt.

Andrew erzählte mir eine Geschichte. Als Alexis Wrights Geschäftspartner Mark Strong wegen der Finanzgeschäfte rund um das Bordell vor Gericht gestanden hatte, war auch er als möglicher Zeuge vorgeladen worden. Man hatte ihn deshalb in einem Hinterzimmer isoliert. Nach einer Weile kamen sechs weitere Männer in den Raum. Sie nickten einander zu, saßen aber schweigend da. Dann entsponnen sich zaghaft Gespräche und es bestätigte sich, was sie bereits vermutet hatten: Sie alle waren Alexis Wrights Kunden. Standen alle auf der Liste. Es war das erste Mal, dass sie einander begegneten, also tauschten sie hastig und eifrig Anekdoten aus. Nicht über ihre Besuche bei Alexis – da redeten alle betreten drumherum – aber darüber, was passiert war, nachdem man sie geoutet hatte.

»Ein Mann meinte: ›Es hat mich einen neuen Geländewagen für meine Frau gekostet‹«, erzählte Andrew. »Ein anderer: ›Und mich eine Kreuzfahrt in die Bahamas und eine neue Küche‹. Alle lachten.«

»Keiner von ihnen war irgendeiner Art von Bloßstellung zum Opfer gefallen?«, fragte ich.

»Keiner«, sagte Andrew. »Auch für sie löste sich die Sache einfach so in Luft auf.«

*

Aber eine Ausnahme habe es gegeben, sagte Andrew. Das Gespräch nämlich sei irgendwann auf die eine Frau gekommen, die Alexis besucht hatte.

»Alle lachten über sie«, berichtete Andrew. »Dann, ganz unvermittelt, meldete sich dieser ältere Herr zu Wort, der zurückhaltender gewesen war als die anderen, und sagte: ›Das war meine Frau‹. Oh, Jon, man konnte förmlich spüren, wie die Energie sich veränderte. Die Atmosphäre war schlagartig anders.«

»Was für Witze hattet ihr denn vorher über die Ehefrau gemacht?«, fragte ich.

»Ich erinnere mich nicht mehr genau«, sagte Andrew, »aber sie waren eindeutig höhnisch gewesen. Die Männer betrachteten sie mit anderen Augen, ja, bei ihr wurde die Sache als größere Schande erachtet.«

Tatsächlich wären Max' und Andrews Sünden zu Zeiten der Puritaner wesentlich härter bestraft worden als Jonahs. Seine »Lüge« oder »Verbreitung falscher Neuigkeiten« wäre nach in Deleware geltendem Recht mit einer Geldstrafe belegt worden. Zudem hätte man ihn »für einen Zeitraum von nicht mehr als vier Stunden an den Pranger gestellt oder öffentlich mit nicht mehr als vierzig Schlägen« bestraft. Max und Andrew hingegen, die »das eheliche Bett entehrt« hatten, wären öffentlich ausgepeitscht worden (wobei es bei der Anzahl der Schläge keine Obergrenze gegeben hätte), für mindestens ein Jahr ins Gefängnis gewandert (samt Strafarbeit) und hätten bei einem zweiten Übertritt eine lebenslange Haftstrafe verbüßen müssen.

Aber Anlass zur öffentlichen Demütigung gaben nun nicht mehr Sexskandale – zumindest wenn man ein Mann war –, sondern eher Ungehörigkeiten am Arbeitsplatz oder der Missbrauch vermeintlicher weißer Privilegien, und mit einem Mal begriff ich den wahren Grund, warum Max seine Bloßstellung überlebt hatte: *Es interessierte einfach niemanden*. Er hatte überlebt, weil man versucht hatte, ihn als Mann wegen einvernehmlichem Sex öffentlich zu diffamieren – weil gar keine öffentliche Demütigung stattgefunden hatte!

Ich schrieb Max, um ihm davon zu erzählen. »Es interessierte einfach niemanden!«, schrieb ich. »Sollte man je in einen öffentlichen Skandal verwickelt sein, kann man nur hoffen, dass man ein Mann ist und es um einvernehmlichen Sex geht.« Max war schlicht niemandes Zielscheibe gewesen, nicht der Liberalen, wie ich einer bin, und auch nicht der Online-Frauenhasser, die Frauen in Stücke reißen, wenn sie aus der Reihe tanzen. Er hatte gar nichts erleiden müssen.

Eine Stunde verging. Dann schrieb er zurück: »Hi Ron, ich glaube, da liegst du goldrichtig.«

*

Dass es *niemanden* interessiert hatte, stimmte natürlich so nicht. Max' Frau hatte es interessiert. Und noch jemanden: Paul Dacre, den Herausgeber der *Daily Mail*. In einer Rede vor der Society of Editors 2008, bezeichnete Paul Dacre Max' Orgie als »pervertiert, verkommen und die vollständige Aufhebung zivilisierten Verhaltens.« Es war eine Rede voller Bedauern, in der er den Tod der Scham beklagte. Die Inkarnation dessen sah Dacre in Richter Eady, dem Richter, der im Prozess um den Schutz von Max' Persönlichkeitsrechten zu dessen Gunsten entschieden hatte:

> Der Richter entschied zu Gunsten Max Mosleys, weil er sich nicht an einer »kranken Nazi-Orgie« beteiligt habe, wie *News of the World* behauptet hatte. Auch wenn ich beim besten Willen nicht anders kann, als darin eine beinah surreal pedantische Logik zu sehen, waren einige der Teilnehmenden doch in Militäruniformen gekleidet. Mosley erteilte Befehle auf Deutsch,

während eine Prostituierte so tat, als lause sie ihn, eine weitere ihn fellationierte und eine dritte sein Hinterteil mit einem Stock auspeitschte, bis Blut kam. Richter Eady titulierte derartiges Verhalten als lediglich »unkonventionell«.

Was mich an Richter Eadys Entscheidungen beunruhigt ist, dass er die Meinung vertritt, das Gesetz in Großbritannien solle sich – in Fragen der Moral – tatsächlich neutral verhalten. Genau hier liegt der Grund, warum ich sein Urteil für »unmoralisch« halte. (Paul Dacre, Rede vor der Society of Editors, 9. November 2008)

Seit ich Leuten davon erzählte, an einem Buch über Scham zu arbeiten, hatten mir etliche von der Sorte Paul Dacres – erfolgreiche ältere Männer aus den höheren Schichten der britischen Gesellschaft – dreisterweise dazu gratuliert, dass nun endlich mal jemand sagte, wie es sei, dass nämlich junge Leute keine Schamgefühle mehr kennen. Auf einer Party begegnete ich einem berühmten Architekten, der genau das sagte. Und ein religiöser Moderator lamentierte darüber, wie die Auflösung religiöser Moral eine schamlose Gesellschaft erschaffen habe. Ich verstehe, warum man das denken kann, in einer Zeit, in der ein Pastor der Kirche des Nazareners eine Prostituierte besucht und es niemanden interessiert. Meiner Meinung nach aber müssen Andrew und Max Frauen wie Princess Donna dafür danken, sich nicht haben schämen zu müssen. Seit Jahren hat Donna beharrlich daran gearbeitet, unkonventionellen Sex zu entmystifizieren, weshalb Männer wie sie unbehelligt aus ihren Skandalen hervorgehen können. Scham an sich ist deswegen allerdings keineswegs tot. Sie hat sich bloß in andere Bereiche verlagert, und auf dem Weg dorthin enorme Kräfte gesammelt.

Fest aber stand, Reden wie die von Paul Dacre spielten einfach keine Rolle mehr. Die Leute, die wichtig waren, interessierte nicht, was Dacre dachte. Und die wichtigen Leute waren die auf Twitter. Auf Twitter treffen wir unsere eigenen Entscheidungen darüber, wer Vernichtung verdient hat. Wir finden einen eigenen Konsens und lassen uns dabei nicht von einem kriminellen Justizsystem oder den Medien beeinflussen. Deshalb sind wir so respekteinflößend.

Was die Zielsetzung betraf, nämlich ein schamfreies Paradies zu entdecken – einen Ort, wo wir vor unseresgleichen sicher sein können– war meine Reise ein Reinfall gewesen. Am Wochenende der Radikalen Ehrlichkeit war kaum mehr passiert, als dass sich ein paar Leute angebrüllt hatten. Und weder Max noch Andrew konnten mir geheime Ratschläge geben, wie man die Kraft aufbrachte, die Höllenqualen einer Demütigung zu überleben. Weil sie dem gar nicht ausgesetzt gewesen waren. Tatsächlich war der einzige Ort, an dem ich überhaupt etwas Post-Scham-Erleuchtung gefunden hatte, der Public-Disgrace-Dreh in der Sportsbar im San Fernando Valley gewesen. Beinahe zärtlich dachte ich an die Nacht zurück. Es war der einzige Ort, der etwas Entspannendes gehabt hatte.

Doch dann las ich noch einmal das Transkript einer Unterhaltung, die ich in jener Nacht mit Donna geführt hatte und stieß auf etwas, das ich vorher nicht bemerkt hatte.

Donna: Ich kam gerade aus Sacramento. Ich war am Flughafen. Da las ich plötzlich auf TMZ etwas über mich selbst.

TMZ ist eine Seite für Promi-Klatsch und -Tratsch. Als Donna den Artikel las, hatte sie plötzlich verstanden, wie die Außenwelt sie wahrnahm. Was sie tief verletzte und bestürzte.

Donna: Ich hatte in San Francisco in dieser Blase gelebt, umgeben von anderen sexpositiven Menschen, die Ahnung von der Sexarbeit und der Sexindustrie haben, weshalb ich mich nie irgendwie beurteilt gefühlt hatte. Jetzt aber schauten plötzlich diese Leute von außen auf mich und sprachen über mich, so als sei ich irgendein bescheuerter Pornoproduzent. Das war wirklich heftig. Ich weinte am Flughafen. Und auch während des Flugs weinte ich …

Ich suchte den TMZ-Artikel heraus. Was daran hatte so zerstörerisch gewirkt? Wie brutal waren sie mit Donna ins Gericht gegangen?

> James Franco arbeitet mit einer aufstrebenden Pornofilmregisseurin an einem noch streng geheimen Projekt, wie TMZ erfuhr … der, wie man so hört, ein gewisser Ruf vorauseilt, über eine besondere Faust-Fertigkeit zu verfügen. Die Dame auf dem Foto ist Princess Donna Dolore, die in Francos Film »Kink« mitwirkt, der bald in die Kinos kommt. Trotzdem lernte Franco PDD erst vergangene Woche persönlich kennen … und Quellen berichten, dass er sie bereits für ein zukünftiges Projekt verpflichtet hat. PDD schenkte Franco bei dem Treffen ein offizielles Princess-Donna-Dolore-T-Shirt, dass ihr Markenzeichen, die Faust, auf dem Rücken trägt. James akzeptierte … also das T-Shirt jetzt … und trug es mit Stolz. Wir haben Franco um einen Kommentar gebeten – haben aber bisher noch keine Rückmeldung von ihm erhalten. (TMZ Staff, 26. Dezember 2012)

Noch Jahre zuvor hätte ich es vielleicht für verrückt gehalten, dass Donna wegen eines solch harmlosen Artikels derart aufgebracht war. Jetzt aber verstand ich es. Ich glaube, uns alle plagen Dinge, die andere für unbedeutend halten. Wir alle schleppen das Strandgut erlebter Demütigungen mit uns herum, die im Grunde keinerlei Bedeutung haben. Wir bestehen aus wunden Punkten und wer weiß schon genau, wie man vermeidet, sie ständig zu berühren? Aus diesem Grund fühlte ich mit Donna. Es war traurig zu sehen – gerade vor dem Hintergrund, dass Max und Andrew ihr so viel zu verdanken hatten –, wie sie sich schämte, sobald sie sich von außen sah, so als wäre die Scham in sie hineingekrochen und sie könne ihr nicht entkommen.

Ich bin sicher, es gibt da draußen Psychopathen – Menschen, die rein neurologisch unfähig sind, Scham zu empfinden, so als seien sie in Watte gepackt. Mir aber war auf dieser Reise keiner begegnet. Seit ich an dem Buch schrieb, war allerdings der Name einer Person immer wieder gefallen, die eine öffentliche Bloßstellung offensichtlich derart mühelos überlebt hatte, dass er gleichsam das ganze Konzept ad absurdum führte. Und nun, nach ein paar zögerlichen E-Mails – »ich hoffe, Sie haben dafür Verständnis, ich bin misstrauisch« – hatte er sich bereit erklärt, mit mir Mittagsessen zu gehen. Sein Name war Mike Daisey.

10

DAS BEINAHE-ERTRINKEN DES MIKE DAISEY

»Sie tun, als wollten sie eine Entschuldigung, aber das ist gelogen.« Mike Daisey und ich saßen in einem Restaurant in Brooklyn. Er war korpulent und tupfte sich in kurzen Abständen mit einem immer griffbereiten Taschentuch den Schweiß von der Stirn. »Es ist deshalb gelogen, weil sie gar keine Entschuldigung wollen«, sagte er. »Eine Entschuldigung sollte ein Aufeinander-Zugehen bedeuten – eine Annäherung. Will sich jemand entschuldigen, muss jemand anderes zuhören. Es ist toll, wenn eine Entschuldigung angenommen wird. Es findet ein Kraftaustausch statt. Aber sie wollen gar keine Entschuldigung«. Er sah mich an. »Sie wollen mich zerstören. Sie wollen meinen Tod. Sie würden das nie so sagen, weil es zu theatralisch klingt. Aber solange ich lebe, wollen sie nie wieder von mir hören. Und dennoch das Recht haben, mich als kulturellen Referenzpunkt zu benutzen, wann immer ihnen das gerade weiterhilft. So sollte das aus *deren* Sicht am besten ablaufen. Die wollen, dass ich nie wieder etwas sage.« Er hielt inne. »Ich bin zuvor noch nie ein Hassobjekt gewesen. Das Schlimme ist nicht der Hass, sondern ein Objekt zu sein.«

Mike Daiseys Vergehen – das bemerkenswerte Ähnlichkeiten zu dem von Jonah aufwies – war drei Monate, bevor Michael Moynihan an jenem 4. Juli auf dem Sofa gelegen und sich gefragt hatte, wann Bob Dylan seinen kreativen Prozess je mit den Worten »Es ist einfach das Gefühl, dass man etwas Bestimmtes sagen muss« beschrieben hatte, entdeckt worden. Wie Jonah und auch Stephen Glass war er überführt worden, bei einer Geschichte gelogen zu haben. Seine handelte von einer Reise, die ihn nach Shenzhen, China, geführt hatte und auf der er Fabrikarbeitern von Apple begegnet war. Tatsächlich hatten aber einige der Begegnungen niemals stattgefunden. Seine Bloßstellung war womöglich noch qualvoller verlaufen als Jonahs, weil jeder Atemzug davon – jedes sich in die Länge ziehende, panikerfüllte Schweigen – auf Band aufgenommen und bei einer der beliebtesten Radiosendungen in den USA, *This American Life*, gesendet worden war. Mike Daisey war schon immer ein Dandy gewesen, eine große, laute und auffällige Figur der New Yorker Theaterwelt. Und auch einen Großteil der Sendung über klang er überzeugt, sich irgendwie hindurchlavieren zu können. Er hatte Hoffnungen gehegt. Er rechtfertigte sich wiederholt, war bei nichtigen Details dann aber pingelig. Doch je weiter die Sendezeit voranschritt, umso mehr fiel das alles in sich zusammen, und am Ende, als er schließlich »Tut mir leid« sagte, klang er erledigt – erschöpft und leer. Es war ein solch gequältes »Tut mir leid« gewesen, dass ich es für möglich gehalten hatte, dass er das Studio verließ, nach Hause ging und sich umbrachte. Stattdessen aber, nur Minuten danach, hatte er ein Statement auf seiner Website veröffentlicht, in dem er sich entschuldigte, und bereits am nächsten Tag war er wieder auf Twitter aktiv. Ein Mann, der zehntausend Menschen anbrüllte, die ihn anbrüllten. Er schimpfte und zeterte und bezeichnete seine Angreifer als Heuchler. Was jene zunächst nur noch wütender machte. Aber er wich nicht zurück. Unermüdlich verteidigte er sich selbst.

Seinen Kritikern wurde schließlich klar, dass ihre Wut sinnlos war. Sie wandten sich anderen Dingen zu, bis die

Sache schließlich zum Erliegen kam. Und nun, während Jonah Lehrer durch die Wildnis oberhalb von Los Angeles streifte, zerstört und gedemütigt, postete Mike Daisey auf Instagram Bilder von sich und seiner Frau, wie sie sich nach Abschluss einer von der Kritik bejubelten, ausverkauften Performance-Tour in Miami am Pool sonnten. Wie konnten beinahe identische Bloßstellungen den einen Mann vernichten, während der andere nicht mal einen Kratzer zurückbehalten hatte?

Im Restaurant beantwortete Mike die Frage nicht sofort. Er sagte: »Als ich jung war, einundzwanzig, zweiundzwanzig, hatte ich eine richtig schlimme Lebenskrise.«

Er hatte auf den Tisch gestarrt. Jetzt schaute er auf. »Meine Freundin hatte begonnen, mir aus dem Weg zu gehen«, fuhr er fort. »Ich schlug ständig vor: ›Lass uns doch treffen‹. Aber sie wies mich jedes Mal ab. Schließlich kam der Anruf. Sie war schwanger. Im achten Monat. Ich würde Vater werden. In vier Wochen.«

Dies war im tiefen Norden von Maine gewesen, erzählte Mike. Er fühlte sich dort gefangen. Das Baby kam zur Welt. Die Beziehung scheiterte unter der Belastung. »Ich entzog mich meinen Pflichten als Vater. Ich brach komplett zusammen.«

Jeden Abend war er in einem See schwimmen gegangen. An einigen Abenden schwamm er so weit hinaus wie er konnte. »Ich schwamm einfach weiter. Es wurde kälter und kälter. Und ich lag einfach im Wasser. Und ich versuchte, das ist mir jetzt absolut klar, zu ertrinken.«

»Du hast versucht, dir das Leben zu nehmen?«

Mike nickte. »Das ist mir nun absolut klar«. Er machte eine Pause. »Seit da habe ich mich nie wieder derart an diesen Ort hier gebunden gefühlt wie andere Leute. Mir erscheint jetzt alles wie ein langes, unglaubliches Leben nach dem Tod.« Er lächelte. »Ich erwähne das, weil es vielleicht nützlich für dich ist«.

Wir aßen weiter. Die Geschichte hing einfach in der Luft. Mir schien, Mike behandelte mich wie ein Publikum, warf mir Brocken von Geschichten hin und zwang mich so, des Rätsels Lösung selbst zusammenzusetzen.

Aber er war jeden Abend zurück ans Ufer geschwommen. Irgendwann hatte er dann begonnen, an einer Highschool Schauspiel zu unterrichten. Hatte ein Jahr später seinen Abschluss gemacht. Und dann Maine verlassen. »Ich fuhr nach Seattle«, erzählte er. »Ich versuchte, mir ein neues Leben aufzubauen.« Und wurde, ausgerechnet, Monologsprecher am Theater. Seine Programme waren leidenschaftlich und kamen gut an, waren aber zu esoterisch, um außerhalb der alternativen Kulturszene auf Interesse zu stoßen. Sie handelten von esoterischen Dingen, etwa davon, dass der Krieg seinen Großvater hatte kaltherzig werden lassen und wie die Kälte auch auf seinen Vater übergegangen war. Und so weiter. Dann aber, im Sommer 2010, hatte er sein Meisterwerk auf die Bühne gebracht – *The Agony and the Ecstasy of Steve Jobs* – die Geschichte seiner Chinareise.

Die Fabrikarbeiter, die er dort getroffen hatte, hatten ihm von n-Hexane erzählt: »N-Hexane ist ein Reiniger für iPhone-Bildschirme«, hieß es in Mikes Monolog. »Es ist toll, weil es etwas schneller verfliegt als Alkohol, weshalb man die Fertigung noch beschleunigen kann, um die Quoten zu erreichen. Das Problem ist nur, dass n-Hexane ein starkes Nervengift ist, und all diese Menschen dem ausgesetzt waren. Ihre Hände zittern unkontrollierbar. Die meisten von ihnen … können nicht einmal nach einem Glas greifen.« Er berichtete von Treffen mit dreizehnjährigen Mädchen, die in den Fabriken arbeiteten, weil niemand Alterskontrollen durchführte, und mit einem alten Mann, dessen rechte Hand »zu einer Klaue verdreht« war. »Eine Metallpresse bei Foxconn hatte sie ihm zertrümmert.« Mike zeigte dem Alten sein iPad. »Er hat noch nie eines im angeschalteten Zustand gesehen, dieses Ding, das ihn seine Hand gekostet hat. Ich schalte es ein ... das Logo flackert ins Bild. Und er streicht mit seiner ruinierten Hand über den Bildschirm. Und er sagt etwas ... Er sagt: ›Das ist ja wie ein Wunder.‹«

Ende 2011 sah Ira Glass, der Schöpfer von *This American Life*, eines Abends Mike Daisey mit seinem Programm auf der Bühne von Joe's Pub in New York. Wie alle anderen war auch er gefesselt und bot Mike daher an, die Geschichte in seiner Sendung zu erzählen. Es wurde versucht, die Richtigkeit seiner Angaben zu überprüfen. Und man bat Mike, doch den Kontakt zu seiner Übersetzerin herzustellen. Aber er gab an, die Nummer, die er habe, funktioniere nicht mehr. Andere seiner Angaben hatten sich allerdings als korrekt erwiesen, also hatte man ihn auch hier beim Wort genommen.

Ich hörte es live im Radio. Ich war in Florida unterwegs. Ich fuhr rechts ran und blieb dort, bis es zu Ende war. Überall in den USA taten Menschen dasselbe. Wir hatten das Gefühl, von der Kraft von Mikes Geschichte unwiderruflich verändert worden zu sein und waren überzeugt, direkt handeln zu müssen. Die meisten von uns hatten sich dann bis zum Abendessen natürlich unwiderruflich in die zurückverwandelt, die sie zu Tagesbeginn gewesen waren. Aber einige nicht. Ein Zuhörer startete eine Petition, mit der bessere Arbeitsbedingungen in den Apple-Produktionsstätten gefordert wurden. Er reichte 250 000 Unterschriften ein. Die Firma geriet wie noch nie zuvor unter Druck und verkündete schließlich, man würde es nun – zum ersten Mal in der Firmengeschichte – Dritten ermöglichen, die Arbeitsbedingungen zu überprüfen. Der Podcast der Mike-Daisey-Episode wurde zum erfolgreichsten Podcast von *This American Life* überhaupt.

Aber ohne dass Mike es ahnte, stellte sein eigener Michael Moynihan im Verborgenen Nachforschungen an.

Er hieß Rob Schmitz und war Shanghai-Korrespondent der im öffentlichen Radio ausgestrahlten Sendung *Marketplace*. Einige Details in Mikes Geschichte waren ihm verdächtig erschienen. So hatte Mike etwa angegeben, Fabrikarbeiter in einem Starbucks interviewt zu haben. Wie konnten sie sich das leisten? In China war Starbucks sogar noch teuerer als in der westlichen Welt. Also hatte er Mikes Übersetzerin ausfindig gemacht. Und ab da war die Geschichte dann in sich zusammengefallen. Es hatte keine Arbeiter gegeben, deren Hände unkontrollierbar zitterten, keinen alten Mann mit Klauenhand. Und er hatte auch keine »zehn« Fabriken besucht. Sondern drei. Und so weiter. Es war nicht so, dass der Horror, den Mike beschrieben hatte, nicht existierte – das tat er: In einer Apple-Fabrik waren 137 Arbeiter durch n-Hexane krank geworden, aber das war bereits 2010 in einer mehr als anderthalbtausend Kilometer weit entfernten Stadt namens Suzhou gewesen. (Bereits im Jahresbericht 2011 bezeichnete Apple die Verwendung toxischer Chemikalien als »eklatanten Verstoß« gegen die Arbeitssicherheit und gab an, den Vertragspartner angewiesen zu haben kein n-Hexane mehr zu verwenden.) Den Arbeitern aus Suzhou war Mike aber nicht begegnet. Er hatte nur über sie gelesen. Aber so zu tun, als sei er dagewesen, hatte seine Geschichte einfach fesselnder gemacht.

Und so lud Ira Glass Mike Daisey am 16. März 2012 erneut in die Sendung ein:

Ira Glass: Hattest du Sorge, wir würden etwas herausfinden, wenn wir mit der Übersetzerin sprechen?

Mike Daisey: Nein, eigentlich nicht.

Ira: Wirklich nicht? Es gab da keine innere Stimme, die sagte, ok, die Hexane-Sache ist ja nicht wirklich passiert, als ich da war, also … hattest du nicht die Sorge, wir würden da auf etwas stoßen, wenn wir mit ihr sprächen?«

Mike: Na ja, ich habe eher gedacht, es würde die Komplexität demontieren, wie die Geschichte erzählt wird.

Ira: Was heißt das, die Komplexität demontieren?

Mike: Nun, das heißt, es heißt, dass, einfach wie bei der Hexane-Sache. Ich meine, ich denke, ich gebe dir Recht.

[…]

Mike: Ich bin der Ansicht, dass wenn ich in einem Theater-Kontext auftrete … wir haben da eine unterschiedliche Sprache für, was Wahrheit ist.

Ira: Mir ist klar, dass du dieser Ansicht bist, glaube aber, du machst dir da was vor. Der durchschnittliche Zuschauer, der zu einer Performance geht – die Leute nehmen das für bare Münze. Auch ich bin davon ausgegangen, obwohl ich im Theater war, dass die Geschichte hundertprozentig wahr ist. Und Brian, der auch andere Programme von dir kennt, hat immer gedacht, das alles sei wahr.

Mike: Wir haben verschiedene Weltsichten, diese Dinge betreffend.

Ira: Ich weiß. Aber ich glaube, ich habe die normale Sicht. Die normale Sicht meint, dass ich, wenn jemand auf der Bühne steht und sagt »das ist mir passiert«, glaube, dass das stimmt, es sei denn, das Ganze wird gut sichtbar als »reine Fantasie« deklariert.

[…]

Ira: Ich habe so komisch gemischte Gefühle bei dieser Sache. Weil mir das einerseits für dich fürchterlich leid tut, ich mich aber auch belogen fühle. Dazu kommt, dass ich für dich den Kopf riskiert habe. Auf dein Ehrenwort hin, habe ich mich dem Publikum gegenüber für dich verbürgt.

Mike: Es tut mir leid.

Der Tonfall, in dem Mike »Es tut mir leid« gesagt hatte. Er hatte wie ein Kind geklungen, ein begabtes, schwieriges, einzelgängerisches Kind, das sich für schlauer hielt als die Schule selbst. Das dazu gezwungen wurde, sich vor alle hinzustellen und solange gemaßregelt wurde, bis es sich änderte. In jenen vier Silben schien er einmal das Spektrum von aufmüpfig bis zu gebrochen zu durchmessen.

Dann aber war er wieder online und sein Selbstbewusstsein schien wieder vollkommen intakt. Er war stolz, sich so gut von der Sache erholt zu haben. »Ich habe mich mal eine Zeit lang obsessiv mit Literaturskandalen beschäftigt«, erzählte er. »Niemand erholt sich je davon. In der Größenordnung oder auf der Intensitätsstufe, wie ich sie erlebt habe? *Niemand* kommt da unbeschadet raus.«

»Ich weiß!«, sagte ich. »Wusstest du denn gleich zu Beginn, dass *du* es überstehen würdest?«

»Oh, nein«, sagte Mike. »Oh, nein. Ich habe daran gedacht, mich umzubringen.«

Ich sah ihn an. »Ernsthaft?«, sagte ich.

»Ich habe alles in Betracht gezogen. Ernsthaft erwogen, mich umzubringen. Ernsthaft erwogen, nie wieder aufzutreten, das Theater einfach zu verlassen und nie wieder zu spielen. Wir haben darüber gesprochen, uns scheiden zu lassen. Ganz offen.«

»Wie ging es deiner Frau in dieser Zeit?«, fragte ich.

»Sie hat darauf geachtet, dass ich nicht allein war.«

»Wann genau spielte sich das alles ab?«

»Am schlimmsten war es, als noch niemand von dem Skandal wusste«, sagte er. »Zwischen dem Interview mit Ira und dem Sendetermin lag eine Woche. In der Zeit fing ich an, auf der Bühne unter dissoziativen Störungen zu leiden. Ich brach zusammen. Mir wurde während der Aufführung eiskalt. Ich spürte, wie mein Gehirn sich selbst auseinanderpflückte. Das war das Schlimmste. Es war zum Kotzen, diese Angst und das Gefühl, man löse sich auf.«

»Wovor hattest du am meisten Angst?«

»Ich hatte Panik, nicht mehr meine Lebensgeschichte erzählen zu können. Dass jedes Mal, wenn ich auf der Bühne stand, sein Urteil über mich nachhallen, bestimmen würde, wer ich bin. Für immer.«

»Was also hat sich verändert?«

Mike schwieg eine Weile. Dann sagte er: »Als Ira mich ganz zu Anfang fragte, ob ich die Geschichte in der Sendung erzählen wolle, dachte ich: ›Das ist ein Test. Wenn ich richtig an die Sache glaube, wäre es feige, es nicht zu tun. Wenn ich die Geschichte begrabe, wird sich auch nichts verändern‹.« Er hielt inne. »Mir war klar, dass die Geschichte im Bewusstsein der Menschen explodieren würde, und es dann auch für mich durch die Decke gehen würde.«

Ich runzelte die Stirn. »Das heißt, du wusstest von Anfang an, man würde dir auf die Schliche kommen?«

Mike nickte. »Was da auf dem See passiert ist, hat mir gezeigt, es gibt da eine Tür. Und diese Tür steht einen Spalt weit auf. Das spürt man. Man könnte einfach sterben. Verstehst du? Wenn du das einmal akzeptiert hast, bringt das große Klarheit. Willst du in der Welt wirklich etwas bewegen? Dann musst du bereit sein, dein Leben wegzuwerfen. Und so dachte ich: ›Na gut. Dann schmeiße ich halt mein Leben weg. Alles klar.‹«

»Was war mit dem Risiko, dass der Skandal, statt ein Licht

auf das zu werfen, was in China los war, dieses Licht einfach ausknipsen würde?«, sagte ich.

»Darüber hätte ich mir große Sorgen gemacht«, antwortete Mike. Dann korrigierte er sich. »Darüber habe ich mir große Sorgen gemacht. Ich war diesbezüglich sehr besorgt.«

Er sah, wie ich ihn unsicher anschaute.

»Sieh mal, niemand will hören, dass ich tatsächlich ein heldenhafter Kreuzritter bin und mich selbst geopfert habe«, sagte er. »Niemand will diese Version hören. Aber das ist tatsächlich die eigentliche Version. Mir war klar, die Geschichte würde in keinem Fall den Anforderungen einer wirklich großen Story genügen. Mir war klar, ich würde scheitern.«

Und ich war mir sicher, einem Mann dabei zuzusehen, wie er sich selbst eine fiktionale Geschichte zurechtlegte. In dieser neuen Version hatte Mike nun mutig die eigene Reputation zerstört, um in China Menschen zu retten, ähnlich einem Selbstmordattentäter. Aber zum damaligen Zeitpunkt war mir, als sollte ich ihm von dieser Erkenntnis besser nicht erzählen. Es war offenbar das, was ihn noch zusammenhielt.

Er schien mir das alles am Gesicht abzulesen, denn plötzlich sagte er: »Unser Bewusstsein konstruieren wir, indem wir uns selbst unsere Geschichte erzählen, die Geschichte darüber, wer wir zu sein glauben.

Bei einer öffentlichen Bloßstellung oder Demütigung geht es um den Konflikt zwischen einer Person, die versucht ihre Geschichte zu schreiben, und der Gesellschaft, die eine andere Version für die Person schreiben will. Eine Geschichte versucht die andere zu überschreiben. Um zu überleben, musst du also eine eigene Geschichte parat haben. Oder aber …« Mike sah mich an. »… man schreibt eine dritte Version. Man reagiert auf die Version, die einem aufoktroyiert wurde.« Er hielt inne. »Man muss einen Modus finden, die anderen Versionen zu missachten«, sagte er. »Glaubt man ihnen, werden sie einen zermalmen.«

Ich war froh, dass es Mike Daisey gelungen war, im Leben zurechtzukommen. Aber ich glaube nicht, dass seine Überlebensmethode für Jonah oder Justine von Nutzen gewesen wäre. Sie hatten keine Karrieren als Geschichtenerzähler, auf die sie hätten zurückgreifen können. Es gab da keine dritte Version. Nur die eine. Jonah war der betrügerische, populärwissenschaftliche Autor. Und Justine die Frau mit dem AIDS-Tweet. Sie waren mit dem Makel behaftet, und um davon zu erfahren, brauchte man keinen Detektiv zu engagieren. Ihre Fehltritte tauchten gleich auf der ersten Seite der Google-Treffer auf.

Justine löste ihr Versprechen ein. Fünf Monate nach unserem ersten Treffen aßen wir in der Lower East Side in New York zu Mittag. Sie berichtete mir, wie es ihr in der Zwischenzeit ergangen war. Sie hatte gleich ein Stellenangebot erhalten. Aber ein eigenartiges – vom Besitzer einer Yacht-Firma in Florida. »Er meinte zu mir: ›Ich habe verfolgt, was dir passiert ist. Ich bin total auf deiner Seite.‹« Aber Justine hatte von Yachten keine Ahnung. Warum also wollte er sie anstellen? »War er ein Verrückter, der dachte, Weiße könnten kein AIDS bekommen?« Sie sagte ab. Und verließ New York. (»In New York ist deine Karriere gleichbedeutend mit deiner Identität. Die ist mir genommen worden.«) Und fuhr so weit weg wie nur irgend möglich, nach Addis Abeba, Äthiopien. Dort heuerte sie als freiwillige Helferin bei einer NGO an, die gegen die hohe Müttersterblichkeit in der Region kämpfte.

»Ich dachte, wo ich nun einmal in dieser beschissenen Situation bin, sollte ich wenigstens etwas daraus machen, oder zumindest versuchen, das Beste herauszuholen, Leuten helfen und etwas lernen.« Sie flog allein. »Ich wusste, wo ich wohnen würde, aber es gibt dort keine Adressen. Sie haben keine Straßennamen im engeren Sinne. Englisch ist nicht die Nationalsprache.«

»Hat es dir in Äthiopien gefallen?«, fragte ich.

»Es war fantastisch«, sagte sie.

*

Und so könnte Justines Geschichte zu Ende gehen. Sollten Sie zu den Hunderttausenden gehören, die sie zerrissen haben, möchten Sie das vielleicht als Schlussbild nehmen. Sie sich in irgendeiner Behelfsklinik für Mütter in Addis Abeba vorstellen. Vielleicht beugt sie sich über eine Frau mit Wehen und tut das eine oder andere Erstaunliche, um das Leben der Frau zu retten. Dann schaut sie vielleicht auf und wischt sich den Wüstenschweiß von den Brauen und hat dabei einen vollkommen veränderten Gesichtsausdruck – einen, der zähe und stolze Weisheit signalisiert oder etwas in der Art. Und das nur wegen Ihnen. Denn Justine wäre niemals nach Addis Abeba gegangen, wäre sie nicht öffentlich an den Pranger gestellt und vom IAC gefeuert worden.

Aber wem machte Justine da etwas vor? Für einen Monat war Addis Abeba toll, aber sie gehörte nicht nach Äthiopien. Sie gehörte nach New York. Sie war mutig und frech und lässig-elegant. Also kehrte sie zurück. In eine Stadt, wo die Dinge für sie noch immer nicht besonders gut liefen. Vorübergehend bekam sie Arbeit im PR-Bereich, kümmerte sich um den Launch einer Dating-Website, aber so richtig im Sattel saß sie nicht. Ihren Traumjob hatte sie nun mal verloren. Und noch immer wurde sie im Internet verspottet und verteufelt.

»Richtig gut geht es mir auch jetzt noch nicht«, sagte sie.

»Dabei habe ich schon harte Zeiten hinter mir.«

Sie schob das Essen auf dem Teller hin und her. Wenn ich an Justine dachte, kam mir immer das Bild eines Ladens in den Sinn, der bei Unruhen ausgeraubt worden war. Sie hatte zwar die Tür offenstehen lassen, man hatte ihr dennoch alles zertrümmert.

Aber eine positive Veränderung bemerkte ich an ihr. Das erste Mal, als wir uns getroffen hatten, schien sie sich zu schämen – litt unter Schuldgefühlen, ihre Familie »in den Dreck gezogen« zu haben. Sie schämte sich noch immer, womöglich aber nicht mehr so stark. Stattdessen fühle sie sich nun gedemütigt.

In der Woche, in der ich mit Justine zu Mittag aß, hatte der Europäische Gerichtshof eine unerwartete Gesetzesverordnung verabschiedet – *Das Recht auf Vergessenwerden*. Ist ein Artikel oder Blog über eine Person »unangemessen, irrelevant oder nicht länger relevant« – was auch immer diese vage Formulierung besagte – muss Google diesen auf Anfrage aus den Suchbegriffen für die europäischen Seiten herausnehmen (wenn auch nicht bei Google.com). Zehntausende Menschen bewarben sich umgehend darum, vergessen zu werden – innerhalb dreier Monate sollten es mehr als 70 000 Anfragen sein, denen Google eifrig nachkam und offensichtlich praktisch jede Anfrage positiv beschied. Tatsächlich aber ging man dabei derart eifrig zu Werke – etwa wurden großflächig *Guardian*- und *Daily Mail*-Artikel als unauffindbar deklariert und dann den Zeitungen automatisierte Benachrichtigungen des Inhalts zugesandt, man habe sie aus den Suchresultaten entfernt –, dass der Konzern den Eindruck erweckte, planmäßig Chaos zu erzeugen, um den Widerstand gegen das Urteil anzuheizen. Überall im Internet tauchten Artikel und Websites auf, die das Gesetz attackierten und die in Vergessenheit geratenen Personen outeten: einen Fußballschiedsrichter, dessen Gründe für einen gegebenen Strafstoß eine Lüge gewesen waren, ein Pärchen, das verhaftet worden war, weil es Sex im Zug gehabt hatte (was ich bis dahin schon wieder vollkommen vergessen hatte); oder eine Fluglinie, Cathay Pacific, die von einem Bewerber muslimischen Glaubens des Rassismus beschuldigt wurde.

Justine, die die Sache von New York aus verfolgte, hatte dabei »sofort gemischte Gefühle«, wie sie mir sagte. Ihr erschien das wie Zensur. Gleichzeitig aber auch vielversprechend. In ihrem Fall darum zu ersuchen, würde jedoch katastrophale Folgen haben. Würde die Welt davon erfahren – man konnte sich die Aufregung vorstellen. Nein. Das Recht auf Vergessenwerden würde das Leben irgendeines tatsächlichen Straftäters verbessern – irgendeines halb enttarnten ehemaligen europäischen Betrügers in seinem Versteck zum Beispiel, der seinen Enttarnern durch die Lappen gegangen war – wesentlich mehr jedenfalls, als es das Leben der superbloßgestellten Justine Sacco verbessern würde.

Das Schlimmste für Justine war die fehlende Kontrolle über die Suchergebnisse bei Google, weswegen sie sich so überaus hilflos vorkam. Sie waren einfach da, für immer, eine Zentnerlast.

»Es wird sehr lange dauern, bis sich die Suchergebnisse für mich ändern werden«, sagte sie.

11

DER MANN, DER DIE SUCHERGEBNISSE BEI GOOGLE MANIPULIEREN KANN

Im Oktober 2012 brach eine Gruppe erwachsener Jugendlicher mit Lernschwäche zu einem Tagesausflug nach Washington, D. C., auf. Sie besuchten die National Mall, das US Holocaust Memorial Museum, das Smithsonian, den Arlington National Cemetery und die US Mint. Sie standen am Grab des unbekannten Soldaten. Am Abend sangen sie in der Hotelbar Karaoke. Ihre Begleiter, Lindsey Stone und ihre Freundin Jamie, gaben ein Duett von »Total Eclipse of the Heart« zum Besten.

»Alle amüsierten sich prächtig auf dem Ausflug«, erzählte mir Lindsey Stone. »Es wurde im Bus gelacht. Als wir abends spazieren gingen, wurde gelacht. Alle mochten uns und fanden uns cool.«

Lindsey erzählte mir die Geschichte achtzehn Monate später. Wir saßen in ihrer Küche in einem Städtchen an der Ostküste der USA. Sie lebt am Ende einer langen Wohnstraße, in der Nähe gibt es einen schönen See. »Ich tanze gern und singe gern Karaoke«, sagte Lindsey. »Aber nach dem Ausflug habe ich lange Zeit das Haus nicht verlassen. Tagsüber saß ich einfach hier. Ich wollte von niemandem gesehen werden. Wollte nicht, dass die Leute mich anstarren.«

»Wie lange ging das so?«, fragte ich sie.

»Beinahe ein Jahr«, sagte sie.

Eigentlich hatte Lindsey nicht mit mir darüber reden wollen, was auf dem Ausflug nach Washington passiert war. Ich hatte ihr dreimal geschrieben, aber sie hatte jeden meiner Briefe ignoriert. Ein ziemlich merkwürdiger Umstand allerdings hatte dafür gesorgt, dass sie gezwungen war, es sich anders zu überlegen.

*

Vor dem Ausflug hatten Lindsey und Jamie bereits anderthalb Jahre für LIFE – Living Indepentely Forever – gearbeitet. Bei LIFE handelt es sich um eine Wohneinrichtung für »ziemlich selbständige Leute, die aber unter Lernschwäche leiden«, erklärte Lindsey. »Jamie hatte einen Klunker-Club gegründet, der bei den Mädels der Hit war. Wir gingen mit den Leuten ins Kino. Oder zum Bowling. Wir überzeugten den Betreiber, eine Karoake-Maschine anzuschaffen. Oft hörten wir von Eltern, wir seien das Beste, was dem Campus je passiert sei.«

In ihrer Freizeit widmeten sie und Jamie sich ihrem »Run-

ning Gag« – dämliche Fotos zu schießen – »wie wir vor einem Rauchen-verboten-Schild rauchten, oder wir posierten vor Statuen und ahmten die Posen nach. Wir machten ständig affige Fotos. Und in Arlington sahen wir dann also das Stille-und-Respekt-Schild. Und schon hatten wir die Eingebung. Und in der Annahme, es wäre lustig«, erklärte Lindsey, »postete Jamie es auf Facebook und verlinkte mich mit meinem Einverständnis, weil ich es ja ebenfalls zum Totlachen fand.«

Sonderlich viel passierte danach erstmal nicht. Ein paar Facebook-Freunde posteten wenig enthusiastische Kommentare. »Einer von ihnen war beim Militär gewesen und schrieb eine Nachricht, die lautete: ›Das ist ziemlich beleidigend. Ich kenn euch Mädels ja, aber das ist einfach geschmacklos.‹ Ein anderer meinte: ›Dem kann ich mich nur anschließen‹, und ein weiterer ebenfalls, bis ich dann zurückschrieb: ›Moment, Moment, Moment! Wir haben doch hier bloß rumgeblödelt! Vergesst es einfach!‹«

> Moment, Moment, Moment … wartet mal. Wir haben doch hier bloß wie immer rumgeblödelt und Autorität generell in Frage gestellt. So wie mit dem Pic von gestern Abend, wo ich direkt neben dem Rauchen-Verboten-Schild rauche. SELBSTVERSTÄNDLICH wollten wir hier NIEMANDEM zu nahe treten, der unserem Land gedient hat oder dient. (Lindsey Stones Facebook-Nachricht, 20. Oktober 2012)

Danach meinte Jamie zu Lindsey: »Meinst du, wir sollten es wieder löschen?«

»Nein!«, antwortete Lindsey. »Was ist schon groß dabei? Niemand wir je wieder daran denken.«

Ihre Facebook-Einstellungen waren ihnen ein Rätsel. Die meisten ihrer Privatsphäre-Einstellungen waren aktiviert. Einige aber nicht. Ab und zu hatten sie bemerkt, dass vermeintlich angeklickte Kästchen gar nicht angeklickt waren. In den letzten achtzehn Monaten hatte Lindsey »sehr viel« über diese Dinge nachgedacht. »Facebook funktioniert dann, wenn alle alles teilen und liken. Das treibt die Werbeeinnahmen nach oben.« Gab es da also irgendeinen Facebook-Schwindel, in dem sich die Einstellungen einfach »von selbst« wieder zurückstellten? Eine Hintertür? »Aber ich will nicht wie ein Verschwörungstheoretiker klingen. Keine Ahnung, ob Jamies mobile Uploads je privat waren.«

Waren sie nicht. Und als sie vier Wochen nach ihrer Rückkehr aus Washington, D. C., im Restaurant saßen und ihre Geburtstage feierten – »wir liegen einen Monat auseinander« – merkten sie, dass ihre Telefone ununterbrochen vibrierten. Also gingen sie online.

»Lindsey Stone hasst das Militär und Soldaten, die in Auslandseinsätzen ums Leben gekommen sind«. Und: »Stirb, Fotze«. Und: »Verrotte in der Hölle«. Und: »Das Böse in Person«. Und: »Das Gesicht einer typischen Feministin. Fünfzig Pfund Übergewicht? Jap. Schwabbelarme und kleine Schweinefinger? Jap. Kein Respekt vor Männern, die sich geopfert haben? Jap.« Und: »Fick dich, Hure. Ich hoffe du stirbst einen langsamen und qualvollen Tod. Du behinderte Fotze«. Und: »HOFFE DIESE SCHLAMPE WIRD VERGEWALTIGT UND ERSTOCHEN«. Und: »Habe mit einem Mitarbeiter bei LIFE gesprochen, der mir mitteilte, im Aufsichtsrat säßen auch Veteranen und dass sie gefeuert werden wird. Warte noch auf Informationen über ihre Komplizin …« Und: »Nachdem sie sie gefeuert haben, muss sie sich vielleicht als Patientin anmelden. Die Frau braucht Hilfe«. Und: »Schickt die dämliche Feministin in den Knast«. Und als Reaktion auf eine kleine Gruppe von Leute, die gepostet hatten, dass man die Zukunft eines Menschen vielleicht nicht wegen eines einzigen Witzfotos ruinieren solle: »IHRE ZUKUNFT IST NICHT RUINIERT! Hört auf sie zur Märtyrerin zu machen. In sechs Monaten wird sich niemand mehr an das alles erinnern, außer denen, die sie tatsächlich kennen.«

»›Es war doch bloß ein Schild!‹, wollte ich schreien«, sagte Lindsey.

Sie hat keine Ahnung, wie die Sache eigentlich ins Rollen kam. »Ich glaube nicht, dass ich das jemals erfahren werde«, sagte sie. »Wir vermuten, jemand bei der Arbeit hatte es entdeckt. Wir hatten dem Campus neues Leben eingehaucht. Das hatte zu Animositäten geführt. Viele hielten uns für respektlose Idioten.«

Als sie an diesem Abend zu Bett ging – »zugegebenermaßen um vier Uhr morgens« – war bereits eine Feuert-Lindsey-Stone-Facebook-Seite eingerichtet worden. Sie bekam 12 000 Likes. Lindsey las jeden Kommentar. »Es wurde zu einer richtigen Obsession, alles über mich selbst zu lesen.«

Am nächsten Tag standen Kamerateams vor ihrer Haustür. Ihr Vater versuchte, mit ihnen zu reden. Er hatte eine Zigarette in der Hand. Der Familienhund war ihm nach draußen gefolgt. Während er zu erklären versuchte, dass Lindsey kein schlechter Mensch sei, bemerkte er, wie die Kameras von seinem Gesicht weg zu der Zigarette und dem Hund hinabschwenkten, so als seien sie eine Familie von Hinterwäldlern – rauchende Separatisten mit Wachhunden.

LIFE wurde mit E-Mails überflutet, die ihre Kündigung forderten, also wurde Lindsey auf die Arbeit zitiert. Ins Gebäude ließ man sie aber nicht. Ihr Chef kam zum Parkplatz und verlangte dort von ihr die Herausgabe ihrer Schlüssel.

»Buchstäblich über Nacht war alles, was ich kannte und liebte, einfach weg«, sagte Lindsey.

Sie fiel in eine Depression, konnte nicht mehr schlafen und verließ ein Jahr lang kaum noch das Haus.

*

UNTERNEHMEN ERHÄLT ZUSPRUCH FÜR KÜNDIGUNG DER FRAU, DIE FÜR DAS RESPEKTLOSE FOTO AUF DEM SOLDATENFRIEDHOF VERANTWORTLICH IST

Allseits Lob erntet derzeit eine Firma für die Entlassung einer Frau, die mit einer vulgären Geste unmittelbar neben einem Soldatengrab landesweit für Aufregung gesorgt hatte ... Aber auch seit Lindsey Stone ihren Arbeitsplatz verloren hat, reißen die boshaften Kommentare nicht ab ... Unter anderem wurde vorgeschlagen, »man solle sie erschießen« oder aus den Vereinigten Staaten verbannen ... Stone, die sich in einem Statement entschuldigt hatte, weigert sich angesichts der heftigen Reaktion, sich in der Öffentlichkeit zu zeigen, wie ihre Eltern CBS Boston mitteilten. (Rheana Murray, *New York Daily News*, 22. November 2012 – laut Seite 1 der Google-Suchergebnisse des Begriffs »Lindsey Stone«)

Ein ganzes Jahr lang durchforstete Lindsey Craigslist nach Jobangeboten für Betreuer, auf ihre Bewerbungen allerdings meldete sich nie jemand. Sie drückte sich im Internet herum und beobachtete, wie auch all die anderen Lindey Stones zerstört wurden. »Justine Sacco tat mir schrecklich leid«, erzählte sie, »und das Mädchen, das sich an Halloween als Anschlagsopfer des Boston-Marathons verkleidet hatte.«

Dann aber wendete sich ihr Leben auf einmal zum Guten.

Man bot ihr eine Stelle an, bei der es um die Pflege autistischer Kinder ging.

»Aber ich hatte Angst«, sagte sie.

»Dass der Arbeitgeber es herausfinden würde?«

»Genau.«

*

Psychologen versuchen bei Angstpatienten den Gedanken zu verankern, »Was ist wenn«-Sorgen seien irrational. Denke man »Was ist, wenn ich gerade rassistisch geklungen habe?«, sei gerade dieses »Was ist wenn« Beweis dafür, dass nichts Schlimmes passiert sei. Das seien bloß Gedanken, die wie verrückt herumschwirrten. Aber Lindseys «Was ist wenn«-Sorgen – »Was ist, wenn meine neue Firma mich googelt?« – waren mehr als plausibel. Wenn diese Angstattacken über sie hinwegfegten, gab es für sie nichts, woran sie sich klammern konnte. Denn das Eintreten ihres Worst-Case-Szenarios war ziemlich wahrscheinlich. Das Foto war praktisch überall. Unter US-Veteranen, Rechten und Feminismusgegner hatte es weite Kreise gezogen und war zur Ikone geworden. Ein Mann hatte daraus sogar einen patriotischen Bildschirm-

hintergrund gebastelt, hatte auf die Wand hinter Lindseys Kreischgesicht und ihrem aufrechten Finger das Bild eines Militärbegräbnisses kopiert, komplett mit Sarg und darüber drapierter amerikanischer Fahne.

Lindsey hatte den Job so sehr gewollt, dass sie sich »fast nicht getraut hätte, die Bewerbung überhaupt abzuschicken. Und ich war mir unsicher, wie ich in meinem Lebenslauf mit alldem umgehen sollte. Wieso der abrupte Fortgang von LIFE? Ich rang mit mir, ob ich nicht einfach sagen sollte: ›Nur damit Sie es wissen, ich bin diese Lindsey Stone‹. Weil ich ja wusste, dass das alles nur einen Mausklick entfernt war.«

Diese Fragen hatten sie auch vor dem Bewerbungsgespräch verfolgt. Sollte sie es ihnen sagen? Sie hatte »wahnsinnige Angst«, die falsche Entscheidung zu treffen. Also vertagte sie sie bis zum Moment des Gesprächs. Und als es vorüber war, merkte sie, dass sie es überhaupt nicht erwähnt hatte.

»Es fühlte sich einfach nicht richtig an«, erzählte sie. »Für Leute, die mich kennen, ist Arlington keine große Sache. Und deshalb wollte ich ihnen die Möglichkeit geben, mich kennenzulernen, bevor ich zu ihnen sage: ›Dieses und jenes werden Sie herausfinden, wenn Sie mich googeln‹.«

Jetzt hatte sie die Stelle bereits seit vier Monaten, offenbart hatte sie sich aber immer noch nicht.

»Und natürlich kannst du auch nicht einfach fragen: ›Und, sind Sie schon drauf gestoßen und haben befunden, dass es kein Problem ist?‹«, sagte ich.

»Genau«.

»Du bist also in einer Art paranoidem Schweigen gefangen«, sagte ich.

»Ich liebe diesen Job so sehr«, entgegnete Lindsey. »Ich liebe diese Kinder. Eines der Elternpaare hat mir letztens ein richtig tolles Kompliment gemacht. Mir deren Sohn arbeite ich jetzt erst seit einem Monat, aber sie meinte: ›Vom ersten Moment an, als ich gesehen habe, wie du mit meinem Sohn umgehst, überhaupt Leute behandelst, habe ich gewusst, dass dieser Bereich einfach deine Berufung ist‹. Aber ich freue mich schweren Herzens, weil ich ja nur auf die nächste Hiobsbotschaft warte. Was, wenn sie es herausfände? Würde sie immer noch so denken?« Lindsey konnte nie einfach glücklich und entspannt sein. Der Psychoterror verfolgte sie permanent. »So etwas hat großen Einfluss auf deine Weltsicht. Seit das passiert ist, habe ich mich um kein Date mehr bemüht. Wie weit lässt man einen neuen Menschen in sein Leben? Weiß er es vielleicht schon? Dort, wo ich jetzt arbeite – ich hatte den Eindruck, niemand wusste Bescheid. Aber letztens hat jemand so eine Bemerkung fallen lassen und jetzt denke ich, sie wissen es doch.«

»Was für eine Bemerkung?«

»Ach, wir haben uns über irgendwas unterhalten, und er ließ einen Kommentar fallen von wegen: ›Na, ist ja nicht so, als würde ich das jetzt überall im Internet rumposaunen.‹ Dann fügte er schnell hinzu: ›War nur Spaß. Das würde ich niemals jemandem antun. Das würde ich dir niemals antun.‹«

»*Sicher* wissen, ob er Bescheid weiß, tust du also nicht.«

»Das stimmt. Aber dieser schnelle Zusatz … keine Ahnung.« Sie machte eine Pause. »Diese Angst. Die geht einem schon an die Substanz.«

Nun aber, ganz plötzlich, war etwas passiert, das dafür sorgen konnte, dass Lindseys Probleme sich in Luft auflösten. Es hatte beinahe etwas von Zauberei und ich hatte die Sache arrangiert. Es war mir geglückt, eine Reihe geheimnisvoller und märchenhafter Dinge für sie in die Wege zu leiten. In einer solchen Situation war ich in meinem bisherigen Leben selbst noch nicht gewesen. Es war also für uns beide Neuland. Es fühlte sich gut an – noch aber bestand ja die Möglichkeit, dass es schiefgehen könnte.

*

Begonnen hatte alles damit, dass ich auf die Geschichte zweier ehemaliger Harvard-Kommilitonen aus dem Fachbereich Philosophie gestoßen war, Graeme Wood und Phineas Upham. Die beiden hatten etwas an sich, das mich sehr an Michael Moynihan und Jonah Lehrer erinnerte. In Harvard – wie Graeme Wood später schreiben würde – hatte Phineas sich stets »adrett gekleidet und gehörte zu den dortigen Anhängern des Ayn-Rand-Kults. Arm war ich nicht, aber keiner in meiner Familie wusste, wie schwer sich eine Tasche anfühlt, in der 300 000 Dollar waren.«

Wovon Graeme Wood hier sprach, war, dass 2010 – zwölf Jahre, nachdem er Harvard verlassen hatte – Phineas Upham und seine Mutter Nancy der Steuerhinterziehung angeklagt und festgenommen worden waren. Laut Anklage hatten sie gemeinsam versucht, elf Millionen Dollar auf einem Schweizer Bankkonto zu verstecken und dann das Geld bar zurück in die USA zu schmuggeln. Graeme war von der Nachricht elektrisiert und richtete sich daher einen Google-Alert ein, um »was die weiteren Entwicklungen betraf, auf dem neuesten Stand zu sein.«

Der Skandal war bald vorüber. Nancy bekannte sich schuldig, erhielt eine Geldstrafe von 5,5 Millionen Dollar und eine dreijährige Haftstrafe, die zur Bewährung ausgesetzt wurde. Bald darauf bekam Greame einen Google-Alert zu Phineas:

USA LÄSST ANKLAGE GEGEN MANN FALLEN, DER MUTMASSLICH MUTTER BEIM GELDVERSTECKEN HALF

> Der Staatsanwalt Preet Bharara hat die Anklage gegen Samuel Phineas Upham aus dem Jahre 2010 fallen lassen. Er war in einem Fall der Mithilfe zur Steuerhinterziehung und in drei Punkten der Mithilfe bei der Anfertigung einer falscher Steuererklärung beschuldigt worden.
>
> »Die Regierung hat befunden, dass eine weitere Strafverfolgung des Angeklagten nicht im Sinne der Justiz wäre«, gaben Staatsanwälte im Zuge einer Wiedervorlage am 18. Mai am Bundesgericht in New York zu Protokoll. (David Voreacos, *Bloomberg Business Week,* 23. Mai 2012)

Die Anklage gegen Phineas war in allen Punkten fallengelassen worden. Und damit hatte es sich. Nur, dass Graeme sich danach nie die Mühe gemacht hatte, seinen Google Alert zu Phineas Upham zu annullieren. Weshalb er nun auf eine Reihe seltsamer Lobhudeleien stieß, wovon Upham plötzlich einen ganzen Schwung erhielt. So wurde er etwa zum »Cheffinanzberater von *Venture Cap Monthly*« ernannt, was auch immer das sein sollte. »Charity News Forum« wählte ihn zum »Philanthropen des Monats«. Er begann für ein Magazin zu schreiben, *Philanthropy Chronicle*, von dem Graeme noch nie gehört hatte, und publizierte eine Sammlung von Essays. Und er konzipierte sogar selbst ein Magazin, um »unterprivilegierten Jugendlichen philosophisches Schreiben näherzubringen und es zum festen Bestandteil von Nonprofit-Bildungsprogrammen in Entwicklungsländern zu machen«.

Allerdings, so schrieb Graeme später, »stimmte mit diesen Internetseiten etwas nicht, die in allen Fällen provisorisch und vorläufig aussahen, vor allem wenn man einmal die Startseite verlassen hatte.«

> Als ich zu der realen Adresse ging, wo das Magazin *Philanthropy Chronicle* angeblich sein Büro haben sollte, merkte ich, dass es 64 Prince Street überhaupt nicht gab – beziehungsweise es sich dabei um den Hintereingang eines indischen Restaurants handelte.

Der zunächst aus reiner Schadenfreude eingerichtete Google Alert zu Phineas Upham hatte Graeme mitten in die mysteriöse Welt des »Black-Ops Reputationmanagement« geführt. Das Ziel dieser gefakten Seiten lag auf der Hand – Berichte über die Anklage wegen Steuerhinterziehung in den Suchergebnissen so weit nach unten zu drücken, dass sie praktisch ganz verschwanden. Niemand hatte zu diesem Zeitpunkt von dem vom Europäischen Gerichtshof verbürgten Recht auf Vergessenwerden gehört – bis zum Inkrafttreten des Gesetzes sollten nämlich noch zwei Jahre vergehen. Ganz offensichtlich entwarf da aber jemand für Phineas Upham eine grobschlächtige, selbstgebastelte US-Version davon.

Graeme verfügte passenderweise über eine Fähigkeit, die die wenigsten besitzen. Er konnte HTML-Codes lesen und daraus seine Schlüsse ziehen. Also vergrub er sich in der Lektüre und »suchte nach Hinweisen auf eine verbindende Handschrift«. Und wurde fündig. Die gefakten Seiten waren das Werk eines Mannes namens Bryce Tom, Chef eines Unternehmens, das sich Metal Rabbit Media nannte. Er war ein junger Kalifornier, der in New York lebte.

Die beiden Männer trafen sich in einem Café. Graeme war begeistert, den Mastermind gefunden zu haben, Bryce Tom hingegen offensichtlich massiv beunruhigt:

»Das könnte böse Folgen für mich haben«, sagte er, sichtlich erschüttert. »Niemand wird meine Dienste mehr in Anspruch nehmen«. Wir starrten einander ein paar Minuten lang an, das Schweigen war peinlich, schließlich holte ich ihm zur Beruhigung eine nichtalkoholische Sangria. Als ich zurückkam, hatte er seine Serviette zerfetzt. (Graeme Wood: »Scrubbed«, *New York Magazine*, 16. Juni 2013)

Ich fand Graemes Geschichte bizarr und fesselnd, bis auf diesen letzten Teil. Bryce Tom hatte angesichts seiner Enttarnung derart verzweifelt gewirkt, dass das Ganze am Ende etwas Melancholisches bekam.

Und jetzt saßen Graeme und ich uns in einem New Yorker Café gegenüber. Ich sagte ihm, ich hätte keine Ahnung gehabt, dass es überhaupt Menschen wie Bryce Tom gab, und dass ich selbst ein wenig weiterrecherchieren wolle. Graeme gab mir ein paar Anhaltspunkte: Namen von Männern und Frauen, die er im Verdacht hatte, möglicherweise Kunden bei Metal Rabbit zu sein, einen hochdekorierten UN-Friedenswächter etwa, der bereits zweimal bei Selbstmordattentaten in die Luft gejagt worden war. Wieder zu Hause, las ich Artikel darüber, wie der Friedenswächter in beiden Fällen, obwohl er selbst aus Schrapnellwunden blutete, vor Ort geblieben war und Verwundeten und Sterbenden geholfen hatte. Die Berichte waren Lobeshymnen auf seinen Mut, »aber seine Wikipedia-Seite ist von einem Mann bearbeitet worden, der meines Wissens für Metal Rabbit arbeitet«, hatte Graeme mir erzählt. Und nachdem ich mich eine Stunde lang durch das Google-Unterholz geschlagen hatte, stieß ich schließlich auf eine Seite, auf der der Friedenswächter als Schürzenjäger tituliert wurde, als »dreckiger Scheißkerl« und

»pathologischer Lügner mit dämonischem Verhalten«, der drei Frauen gleichzeitig betrogen hatte. Als ich ihn anmailte und mich erkundigte, ob er Kunde bei Metal Rabbit sei, fiel die Antwort verquer aus, da er einerseits verneinte, dennoch hinzufügte: »Kennen tue ich die Typen allerdings.«

Wie Graeme Wood machte es mir Spaß, die Google-Suchergebnisse zu durchforsten, die sonst niemand nach unentdeckten Geheimnissen durchstöberte. Dann aber traf ich Justine und hörte von Lindsey und las Graemes Artikel zum zweiten Mal und wurde mir noch eines anderen Aspekts bewusst. Es war schlimm, dass 99 Prozent von uns sich niemals einen Dienst wie Metal Rabbit würden leisten können, gleichzeitig faszinierend und skandalös, dass Menschen wie Bryce Tom ihr Geschäft auf derart klandestine Weise betrieben. Das musste ans Licht gebracht werden. Aber Phineas Upham war von seiner Anklage in allen Punkten freigesprochen worden. Also hatte er sicher auch das Recht, vergessen zu werden. Oder etwa nicht?

Ich schrieb Byrce Tom eine E-Mail. »Gibt es Metal Rabbit Media noch?«

Er schrieb zurück. »Womit kann ich Ihnen helfen?«

Ich antwortet: »Ich bin Journalist ...«

Ich hörte nie wieder von ihm.

*

Der Village Pub in Woodside, Nähe Menlo Park, Silicon Valley, macht von außen nicht sonderlich viel her – erst im Innern bemerkt man, wie exklusiv er ist – und passt damit perfekt zu der unaufgeregten Kleidung der Tech-Milliardäre, mit denen er gefüllt ist. Meinem Gesprächspartner bei diesem Abendessen, Michael Fertik, erklärte ich, er sei der einzige Mensch aus der mysteriösen Welt des Reputationsmanagements, der sich auf meine E-Mails überhaupt gemeldet habe.

»Weil wir uns hier in einem Sektor bewegen, in dem man ganz leicht in unerfreuliche und verleumderische Dinge hineingerät«, sagte er.

»Inwiefern verleumderisch?«

»Weil hier ein paar richtig üble Scheißkerle unterwegs sind«, sagte Michael. »Da gibt es zum Beispiel diesen Typen, in gewisser Hinsicht durchaus einflussreich in unserem Bereich, der eine Firma leitet, aber verurteilter Vergewaltiger ist. Eine schwere Straftat begangen hat. Hat vier Jahre gesessen. Und ich glaube, er hat die Firma nur gegründet, um von dieser Sache abzulenken.« Michael nannte mir den Namen des Unternehmens. »Wir haben eine Datei zu ihm angelegt«.

Auch seine Konkurrenten, so Michael, hätten einen schlechten Ruf, ebenso wie eine Reihe seiner potentiellen Kunden.

»Ich erinnere mich, wie ich ganz zu Anfang, zwei Wochen, nachdem wir 2006 die Website gestartet hatten [Michaels Firma heißt reputation.com], dasaß und einige Anfragen von Männern erhielt. Also googelte ich sie. Es waren ausnahmslos Pädophile.«

»Erinnerst du dich noch an ihre Namen?«

»Natürlich nicht«, sagte Michael. »Warum fragst du so einen Scheiß?«

»Keine Ahnung. Aus Neugier.«

»Nein, das ist diese lüsterne Neugier von der Sorte, die du in deinem Buch eigentlich verdammst«, sagte Michael.

Michael unterschied sich optisch von den anderen Restaurantgästen. Ich erkannte niemanden, aber alle sahen unfassbar reich aus – adrett, mit Gesichtern, die an luxuriöse Yachten erinnerten, an Marthas Vineyard im Sommer, angelsächsich-protestantisch-weiß und mit der Welt im Einklang.

Sie schwebten beinahe durch das Lokal, während Michael ein großer, wütender, angespannter jüdischer Bär von einem Mann war. Er war in New York geboren, hatte an der Harvard Law School seinen Abschluss gemacht und das Konzept eines Online-Reputationsmanagements entwickelt, während er als Protokollführer für das Sixth Circuit of the US Court of Appeals in Louisville, Kentucky, arbeitete. Das war um 2005 herum gewesen. Erste Geschichten über Internetmobbing und Vergeltungspornos begannen gerade durchzusickern. Und so war Michael auf die Idee gekommen.

Nachdem er die Pädophilen abgewiesen hatte, erzählte Michael, bekam er verstärkt Anfragen von Neonazis, wenn auch ehemaligen, die nun Reue zeigten – »›Mit siebzehn war ich Nazi. Ich war übel drauf als Jugendlicher. Jetzt bin ich über vierzig und versuche klar zu kommen, aber das Internet denkt noch immer, ich sei ein Nazi‹.« Sie waren sympathischer als die Pädophilen, aber Michael, der Jude ist, wollte sie trotzdem nicht als Kunden. Er erstellte einen Kriterienkatalog. Er würde niemanden annehmen, gegen den wegen eines schweren Gewaltverbrechens, schweren Betrugs oder irgendwelcher Sexualverbrechen ermittelt wurde, oder der deswegen bereits verurteilt worden war, ebenso niemanden, der – auch nur informell – eines Sexualverbrechens gegen Kinder bezichtigt wurde. Und es gebe da einen weiteren moralischen Unterschied zwischen ihm und seinen Konkurrenten. Er erfinde die Lobhudeleien nicht einfach. Sondern veröffentliche nur wahre Dinge. Allerdings: »Im großen Stil Fakten zu überprüfen, ist nicht unsere Aufgabe.«

»Ich weiß eigentlich gar nicht, was du da genau tust«, hatte ich im Vorfeld unseres Abendessens am Telefon zu Michael gesagt. »Ich habe keine Ahnung, wie genau du die Suchergebnisse bei Google manipulierst.«

Was ich allerdings verstand, war, dass Michael eine Art heimliche Umsetzung des Rechts auf Vergessenwerden europäischen Vorbilds anbot. Aber anders als die Verordnung übte er weltweit Einfluss aus, nicht nur in Europa. Und für viele Bewerber hatten die Maßnahmen auch gar nicht den gewünschten Effekt. Weil viele Journalisten und Blogger es sich zur Aufgabe gemacht hatten, sie ins Licht der Öffentlichkeit zu zerren, gerieten sie stattdessen noch weniger in Vergessenheit als je zuvor. Aber niemand überprüfte die Kundenlisten der Online-Reputationsmanagement-Firmen tatsächlich. Bloß ein paar wirkliche Pechvögel, wie etwa Phineas Upham, waren dadurch exponiert worden.

»Deine Arbeit ist mir ein völliges Rätsel«, sagte ich wieder zu Michael. »Speziell die technische Seite. Vielleicht könnte ich jemandem während des Prozesses über die Schulter schauen?«

»Aber klar«.

Und so schmiedeten wir unseren Plan. Wir mussten nur noch einen willigen Kunden finden. Was nicht ganz leicht sein würde – war mein Pitch doch, dass ich etwas näher untersuchen wollte, was sie ja alle verzweifelt zu verbergen suchten. Kein wirklich starkes Argument.

Wir gingen typische Fälle durch. Vielleicht könne ich das Opfer eines »Vergeltungspornos« überzeugen, schlug Michael vor, eine Frau, dessen verschmähter Freund Nacktbilder von ihr ins Netz gestellt hatte. Oder einen Politiker, der irgendetwas Unpassendes gesagt hatte und es ungeschehen machen wollte, bevor es ihn vernichtete. Oder den Führer einer religiösen Gruppe, der derzeit im Netz fälschlicherweise des Mordes an seinem Bruder beschuldigt wurde?

»Der Führer einer religiösen Gruppe, der derzeit in Netz fälschlicherweise des Mordes an seinem Bruder beschuldigt wird?« Ich musste husten.

Nennen wir den Religionsführer Gregory. Das ist nicht sein echter Name. Außerdem habe ich einige Details seiner Geschichte geändert, um ihn unkenntlich zu machen, aus Gründen, die einleuchten werden. Gregorys Bruder – Mitglied der Religionsgemeinschaft – war tot in einem Hotelzimmer aufgefunden worden. Ein Schäfchen aus Gregorys Herde war festgenommen worden. Offenbar hatten die ermittelnden Beamten Gregory als Mitverschwörer ausgeschlossen. Die Pinnwände im Netz glühten nichtsdestoweniger vor Spekulationen darüber, ob er ihn dazu angestiftet habe, wie eine Art Charles Manson.

Und hier war reputation.com auf den Plan getreten. Nicht Gregory war auf sie zugegangen. Das Team für Öffentlichkeitsarbeit hatte von den Vorwürfen Wind bekommen und ihm ihre Dienste angeboten. Ich weiß nicht, wie weit die Verhandlungen bereits gediehen waren. Aber Michael bot Gregory nun an ihn *pro bono* als Klienten zu nehmen. Allerdings unter der Bedingung, dass es mir gestattet war, alles haarklein mitzuverfolgen.

Gregory schrieb mir eine E-Mail. Er wisse Michaels Angebot zu schätzen und werde unter Umständen einem Interview zustimmen. Sein Tonfall sorgte allerdings dafür, dass »unter Umständen einem Interview zustimmen« klang wie, »sich unter Umständen dazu herablassen, einem Interview zuzustimmen«. Aber er sei doch etwas verblüfft. Wieso sei ich, vor dem Hintergrund, dass meine vorherigen Bücher sich mit derart belanglosen Themen wie Militärpsychologie und Verschwörungstheoretikern beschäftigt hätten, der Meinung, meine Leser würden sich nun für das wichtige Thema öffentliche Bloßstellung interessieren?

»Ach du lieber Gott«, dachte ich. »Da hat er sicher Recht.«

Gregory fügte hinzu, es tue ihm leid, sollte er mir zu nahe treten, aber wieso ginge ich davon aus, dass auch nur irgendjemand meine Ansichten bezüglich dieses bedeutenden Themas ernst nehmen würde, wo doch meine vorherigen Bücher ziemlich unglaubwürdig gewesen seien?

»Das IST schon etwas unverschämt«, dachte ich.

Gregory hegte offenbar den Verdacht, mich interessierte die mysteriöse Mordgeschichte mehr als die öffentliche Bloßstellung. Und was konnte ich dagegen sagen? Er hatte Recht. Herzlich gern sollte Gregorys Name aus dem Netz verschwinden, würde ich nur die Gelegenheit bekommen, alle spannenden Details zu hören. Ich war der selbstsüchtige Riese, der den üppigen Garten für sich und seine Leser allein haben wollte und sogar eine hohe Mauer darum hochzog, damit niemand sonst hineinsehen konnte.

In den Tagen darauf schickten Gregory und ich uns sicher dreißig Mails hin und her. Meine Nachrichten klangen locker-flockig, seine spielten nebulös auf »Bedingungen« an. Ich ignorierte das Wort »Bedingungen« und blieb bei locker-flockig. Schließlich schrieb Gregory, er habe gute Nachrichten, er werde mir ein Exklusivinterview geben und habe deshalb seinen Anwalt beauftragt, einen Vertrag aufzusetzen, laut dem ich mich dazu verpflichten würde, ihn in positivem Licht erscheinen zu lassen. Ansonsten hätte ich mit einer erheblichen Geldstrafe zu rechnen.

Und damit endete meine Beziehung zu Gregory.

Da ich mich in meinen E-Mails nun nicht mehr von der besten Seite zeigen musste, geigte ich ihm so richtig die Meinung: »Aus ungefähr tausend Gründen würde ich nie im Leben einen Vertrag unterschreiben, in dem ich mich zu einem positiven Urteil verpflichte, ansonsten aber mit einer erheblichen Geldstrafe zu rechnen hätte«, schrieb ich. »Niemals habe ich von so etwas auch nur gehört! Ich kann Ihnen gar nicht sagen, wie verpönt so etwas im Journalismus ist.

SO ETWAS macht man einfach nicht. Hätte ich das unterschrieben, hätten Sie ja irgendetwas einfach als negativ auslegen und auf das Geld bestehen können! Und was, wenn Sie doch noch belangt werden? Was, wenn wir eine Meinungsverschiedenheit gehabt hätten?«

Gregory wünschte mir für mein Buch alles Gute.

Es war frustrierend. Michael Fertik bot einer öffentlich bloßgestellten Person meiner Wahl kostenlos seine Dienste an und ich fand niemanden, der nicht unerträglich überheblich war. Tatsache war aber auch, dass, auch wenn Gregory keines Verbrechen beschuldigt worden war, seine eigenartigen und kontrollierenden E-Mails meine Skepsis gegenüber der Online-Reputationsmanagement-Welt hatten größer werden lassen. Welche anderen Risse wurden da noch kaschiert?

Angesprochen auf die frühen Anfragen von Pädophilen, die er abgeschmettert hatte, hatte Michael mir die »lüsterne Neugier von der Sorte, die du in deinem Buch eigentlich verdammst« vorgeworfen. Genau dieser Vorwurf versetzte mich jetzt in Panik. Ich wollte kein Buch schreiben, das sich für eine weniger neugierige Welt starkmachte. Lüsterne Neugier ist womöglich nicht so toll. Neugier an sich aber schon. Und über die Defekte von Menschen muss geschrieben werden. Denn die Defekte einiger Menschen sorgen dafür, dass anderen Schlimmes angetan wird. Auch kleinere Makel zu beleuchten hilft dabei, Menschen zu entdämonisieren, die man ansonsten vielleicht für Monster gehalten hätte.

Und doch gab es da etwas an Michaels Geschäft, das ich respektieren konnte – und zwar, dass es Menschen zur Erlösung verhalf, die im Grunde nichts falsch gemacht hatten und trotzdem auf dramatische Weise entblößt worden waren. Wie Justine Sacco. Weshalb ich nun Michaels Pressereferenten Leslie anmailte und ihm Justine als Ersatz für Gregory vorschlug: »Ich denke, Sie ist jemand, der es verdient hat«, schrieb ich. »Möglicherweise ist sie dagegen. Aber sollte ich es ihr nicht wenigstens vorschlagen?«

Leslie antwortete nicht auf meine Nachricht. Ich schrieb noch eine zweite und erkundigte mich, warum sie Justine nicht in Betracht ziehen wollten. Auch darauf antwortete sie nicht. Ich verstand den Wink. Da ich es mir mit ihnen nicht verscherzen wollte, opferte ich Justine und schlug jemand anderen vor – ihrerseits Opfer einer öffentlichen Demütigung, mit der ich dreimal erfolglos versucht hatte, Kontakt aufzunehmen: Lindsey Stone.

Einem zögernden Interviewpartner einen wirklichen Anreiz liefern zu können, war für mich eine Premiere. Ich hatte Journalisten dabei beobachtet und sie von der anderen Seite des Raumes aus hasserfüllt beäugt. Vor zwanzig Jahren hatte ich etwa über das Gerichtsverfahren eines britischen TV-Moderators berichtet, der der Vergewaltigung beschuldigt war. In der Hoffnung auf ein Exklusivinterview, sollte er für unschuldig befunden werden, hatten ihm die Journalisten auf der Pressebank immer wieder ein kleines, nettes Lächeln zugeworfen. Es war peinlich. Und außerdem vergebens: Denn am Tag seines Freispruchs tauchte aus dem Nichts eine Frau im Pelzmantel im Gericht auf und schnappte sich ihn einfach. Sie kam von *News of the World*, wie sich herausstellte. Alle anderen – trotz ihres oder seines kleinen, netten Lächelns – hatten nie eine Chance gehabt. Die Frau hatte das Scheckbuch.

Ein Scheckbuch hatte ich noch immer nicht, aber ohne Michaels Angebot, hätte ich bei Lindsey niemals eine Chance gehabt. Und das konnte sich nun ja auch wirklich sehen lassen.

»Das wird uns mehrere Hunderttausende Dollar kosten«, sagte Michael. »Hunderttausend mindestens.«

»Hunderttausend?«, sagte ich.

»Ihre Situation ist ziemlich düster«, sagte er.

»Warum ist das so teuer?«, fragte ich.

»Wir treten gegen Google an«, sagte er und zuckte mit den Schultern. »Ganz schöner Mist, Lindsey Stone zu sein.«

Ich war der Meinung, Michael müsse einfach unfassbar großzügig sein.

*

Ich erzählte Lindsey nicht, dass sie beinahe gegen Justine Sacco und den Führer einer Religionsgemeinschaft den Kürzeren gezogen hatte, der fälscherlicherweise des Mordes an seinem Bruder beschuldigt worden war. Gregorys Geschichte war mir schlicht eine Nummer zu heftig gewesen. Lindsey hingegen war perfekt. Und bei ihr gab es keine merkwürdigen Vorbehalte, keine tyrannischen E-Mails. Alles, was sie wollte, war mit autistischen Kindern zu arbeiten und ansonsten von dem Psychoterror nichts mitzubekommen.

»Wenn Michael zustimmt, könnte das Foto praktisch vollständig verschwinden«, sagte ich ihr.

»Das wäre unglaublich«, antwortete sie. »Schon wenn es nur von den ersten zwei Trefferseiten bei Google verschwinden würde. Bloß gruselige Leute scrollen weiter.«

Aber Lindsey wusste, so perfekt wie für mich, war es für sie nicht. Denn mein Buch würde die Sache zwangsläufig wieder aufbringen. Aber ihr war klar, alles war besser, als wie die Dinge jetzt standen. Und man bot ihr kostenlos einen Service, der Hunderttausende Dollar wert war. Einen »Bloßstellungsaufhebungsservice« quasi, den sich normalerweise nur Superreiche leisten konnten – und zwar nach Maß. Nach meinem Besuch bei Lindsey telefonierten sie und Michael miteinander. Danach rief Michael mich an.

»Sie war absolut liebenswürdig, entgegenkommend und kooperativ«, sagte er. »Ich denke, wir können die nächsten Schritte überlegen.«

*

Aus Termingründen konnte Michael erst in einigen Monaten mit der Arbeit für Lindsey beginnen, also legte ich mal eine Pause ein. Ich hatte auch vorher schon an finsteren Geschichten gearbeitet. Geschichten von unschuldigen Menschen, die ihr Leben an das FBI verloren hatte, über Banken, die Schuldner jagten und sie in den Selbstmord getrieben hatten. Aber auch wenn mir diese Leute leid getan hatten, war die Angst doch noch nie so in mich hineingekrochen wie bei diesen Demütigungsgeschichten. Die Treffen mit Jonah, Michael und Justine hatten mich jedes Mal aufgewühlt und deprimiert. Daher war es eine schöne Überraschung, eine E-Mail von Richard Bransons Schwester Vanessa zu bekommen, die mich zu einem Vortragssalon in ihr Anwesen in Marrakesch, das Riad El Fenn, einlud. »Außerdem werden u. a. sprechen: Clive Stafford Smith – Menschenrechtsanwalt. David Chipperfield – Architekt. Hans Ulrich Obrist – Serpentine-Kurator. Redha Moali – Selfmademan und Förderer algerischer Kunst«, schrieb sie. Ich googelte das Riad, das, wie ich erfuhr, »Grandeur und historische Architektur mit versteckten Nischen, Terrassen und Gärten« verbinde und »nur fünf Minuten« vom weltberühmten Djemaa-el-Fna-Platz und dem geschäftigen Labyrinth aus Gassen, die den Souk bilden, entfernt liege.

Und so kam es, dass ich vier Wochen später unter einem Orangenbaum in Vanessa Bransons Innenhof in Marrakesch saß und ein Buch las. Sie selbst lag ausgestreckt auf einer purpurnen Liege am Rande. Ihre Freunde lagerten um sie herum und tranken Kräutertees. Einer war Firmenchef bei Sony in Deutschland gewesen, ein anderer besaß eine Diamantenmine in Südafrika. Ich war müde, nervös und entscheidend weniger tiefenentspannt als die anderen, die weiße Leinenkleidung trugen und vollkommen sorglos wirkten.

Ich hörte ein Geräusch und sah von meinem Buch auf. Vanessa Branson eilte durch den Innenhof, um einen neuen Gast zu begrüßen. Auch er war in weißes Leinen gehüllt, war groß und schlank und sein Gang war der eines privilegierten Engländers. Er hätte gut ein Diplomat sein können. Ein paar Minuten später beugte er sich über mich. »Ich bin Clive Stafford Smith«, sagte er.

Von seinem Interview in der Sendung *Desert Island Discs* auf Radio 4 des BBC wusste ich das eine oder andere über ihn – etwa, dass er sich schon ganz auf ein Leben innerhalb der britischen Gesellschaft eingerichtete hatte, bis er im Internat eines Tages in einem Buch über Johanna von Orleans eine Zeichnung entdeckt hatte, eine Darstellung ihrer Verbrennung auf dem Scheiterhaufen, auf der sie wie seine Schwester aussah. Mit Anfang zwanzig wurde er Anwalt für Todeskandidaten in Mississippi und verteidigt bis heute zum Tode verurteilte Straftäter und Guantanamo-Häftlinge. Die Moderatorin von *Desert Island Discs* behandelte ihn mit ungläubiger Bewunderung, so wie Queen Victoria einem Lord begegnet wäre, der von einer Expedition ins tiefste Afrika zurückgekehrt war. Zehn Minuten nachdem wir uns kennengelernt hatten, lief er mit mir durch die Korridore von Vanessa Bransons labyrinthischem Palast und erklärte mir, warum man Gefängnisse abschaffen müsse.

»Lassen Sie mich Ihnen drei Fragen stellen«, sagte er. »Dann werden Sie es so sehen wie ich. Frage eins: Was ist das Schlimmste, das sie je jemandem angetan haben? Schon ok. Sie müssen es nicht aussprechen. Frage zwei: Was ist die schlimmste kriminelle Tat, die je gegen Sie begangen wurde? Frage drei: Welche der beiden hat für das Opfer den größeren Schaden bedeutet?«

Die schlimmste kriminelle Tat, die je gegen mich begangen wurde, war ein Einbruch gewesen. Welchen Schaden hatte ich erlitten? Kaum einen. Auf theoretischer Ebene hatte mich die Vorstellung verletzt, dass ein Fremder durch mein Haus gelaufen war. Davon abgesehen war die Versicherung für den Schaden aufgekommen. Dann war ich einmal ausgeraubt worden. Ich war achtzehn gewesen. Der Täter Alkoholiker. Er sah, wie ich aus dem Supermarkt kam. »Gib mir deinen Alkohol«, brüllte er. Er schlug mich ins Gesicht, riss mir die Einkäufe aus der Hand und rannte weg. Alkohol hatte ich keinen in meiner Tasche gehabt. Die Sache verfolgte mich wochenlang, aber auch das verging.

Und was war das Schlimmste, das ich je selbst jemandem angetan hatte? Es war etwas Fürchterliches. Für sie alle war es niederschmetternd gewesen. Aber gegen das Gesetz verstoßen hatte ich nicht.

Clives Argument war, dass das Justizsystem ja eigentlich Schaden beheben solle, die meisten Insassen aber – jung, schwarz – für Taten eingefahren waren, die emotional wesentlich weniger verletzend waren als die Verletzungen, die wir Nichtkriminellen und uns gegenseitig permanent beibrachten – als schlechte Ehemänner, schlechte Ehefrauen, gnadenlose Bosse, Schulhoftyrannen, Banker.

Ich dachte an Justine Sacco. Wie viele der Leute, die auf sie eingedroschen hatten, waren davon emotional verletzt worden, was sie gelesen hatten? Soweit ich wusste, hatte bei der Sache nur eine Person einstecken müssen.

»Ich schreibe an einem Buch über öffentliche Demütigungen«, erzählte ich Clive. »Durch eine neue Form von Bürgerjustiz erlebt das öffentliche An-den-Pranger-Stellen derzeit eine große Renaissance. Sie haben viel Zeit in tatsächlichen Gerichten verbracht. Ist es dort ähnlich? Gehört das Bloßstellen dort ebenfalls zu den gängigen Verfahren?«

»Aber ja!«, antwortete er, fast amüsiert. »Ich mache das ständig. Ich habe eine Menge Leute gedemütigt. Besonders Sachverständige.«

»Und wie gehen sie da vor?«

»Ach, das ist denkbar einfach«, erklärte er. »Man muss bloß etwas so Abwegiges finden, dass der Sachverständige unmöglich darüber Bescheid wissen kann. Das kann etwas sein, das für den Fall überhaupt nicht relevant ist. Entscheidend ist allein, dass er darauf keine Antwort hat. Sie sind nämlich nicht dazu in der Lage, sich Unwissen einzugestehen. Man führt sie also immer weiter ins Dickicht bis zu dem Punkt, wo sie dann wirklich dumm dastehen.«

»Wieso können sie sich ihr Unwissen nicht eingestehen?«

»Darum geht es ja gerade in dem Metier«, sagte Clive. »Es geht um Respekt. Ein Experte zu sein, ist eine große Sache. Für welch interessante Tischgespräche man bei einem Abendessen sorgen kann, im Gegensatz zu den anderen langweiligen Gästen. Sie sind derjenige, dessen Aussage Ted Bundy überführt hat. Sie werden alles tun, um nicht dumm dazustehen. Das ist das Entscheidende. Aber wenn es einem doch gelingt, sie an den Punkt zu bringen, ist der Rest bloß ein Spaziergang.«

Bei Clive hörte es sich nun so an, als sei das Bloßstellen im Gerichtssaal so natürlich wie das Atmen - und auch schon immer gewesen. Und natürlich verstand ich, dass man Zeugen in die Zange nehmen und ihre Ehrlichkeit auf den Prüfstand stellen musste. Befremdlich aber fand ich, dass viele von uns das Bloßstellen ähnlich betrachteten wie die Verfechter freier Märkte den Kapitalismus. Nämlich als hübsche Bestie, der es erlaubt sein musste, sich auszutoben.

Jene von uns, die in den sozialen Netzwerken aktiv waren, traten ihren Bloßstellungskreuzzug ja gerade erst an. In den echten Gerichten aber wurde Clive zufolge dem Bloßstellen als gängiger Anfangstaktik gehuldigt. Was aber waren die Konsequenzen, wenn Demütigung innerhalb einer erhabenen Institution zu einer solch disproportionalen Bedeutung gelangen und sich über Generationen hinweg etablieren konnte? Was hatte das für Auswirkungen auf die Beteiligten?

12
PSYCHOTERROR

Im Piccadilly Hotel in Manchester saßen ein Dutzend Männer und Frauen um einen Konferenztisch herum. Darunter etwa ein Metallurg der Marine, eine Kinderkrankenschwester, ein auf Gehirnverletzungen spezialisierter Beschäftigungstherapeut, ein Labortechniker im Dienste der städtischen Drogenfahndung, jemand aus der Tabakindustrie, ein Sozialarbeiter, der Eltern besuchte, die im Verdacht standen, ihre Kinder zu vernachlässigen oder zu misshandeln, und so weiter. Diese Leute hatten nur eines gemeinsam: Sie alle waren zukünftige Sachverständige bei Gericht. Alle hofften, auf diese Weise ihr Gehalt etwas aufbessern zu können. Und sie hatten, so wie ich, keine Vorstellung davon, wie der Gerichtsalltag tatsächlich aussah. Bestellt worden war bisher noch keiner von ihnen. Weshalb sie sich zu diesem Kurs »Eingewöhnung in die Gerichtspraxis« angemeldet hatten, den Bond Salon, ein Unternehmen für juristische Fachbildung, anbot. Ich hatte mich nach meinem Gespräch mit Clive dort angemeldet. Ich war neugierig, ob das Bloßstellen tatsächlich ein so integraler Teil der Gerichtspraxis war, dass davon sogar in einem Eingewöhnungskurs für Gerichtsmitarbeiter die Rede sein würde.

Was dann gleich zu Beginn der Fall war. John, unser Kursleiter an dem Tag, stand neben der Tafel. »Man wird an ihnen zerren, wie zwei Hunde an einem Knochen«, begrüßte er uns. »Es wird schmerzhaft werden, sollten Sie dem Anwalt irgendwie in die Quere kommen.« Er ließ den Blick durch den Raum schweifen. »Erkennen Sie an, was der Anwalt zu erreichen versucht. Er will sie kleinmachen. Er wird sie als inkompetent oder unerfahren hinstellen. Möglich, dass sie das wütend machen oder aufregen wird. Er wird versuchen, sie aus dem Bereich ihrer Expertise herauszuzerren, ihrem Faktenwissen. Aber wie? Auf welche Art wird er das versuchen?«

Es trat Stille ein. Dann dämmerte es den zukünftigen Sachverständigen. Die Frage war nicht rhetorisch gemeint gewesen.

»Mimik?«, sagte der Metallurg.

»Wie meinen Sie das genau?«, sagte John.

»Indem er lächelt oder eben nicht lächelt. Unbeeindruckt guckt. Dafür sorgt, dass wir uns in falscher Sicherheit wiegen, um dann zuzuschlagen. Indem er gelangweilt schaut?«

John schrieb die Vorschläge an die Tafel.

»Uns versucht mit einem ungläubigen, herablassenden oder sarkastischen Tonfall aus dem Konzept zu bringen?«, warf der Sozialarbeiter ein.

»Vielleicht sogar kichert?«, sagte der Labortechniker.

»Nein, das käme unprofessionell daher«, sagte John. »Aber vielleicht würde er es mit Erstaunen versuchen. Würde vielleicht sagen: ›*Wirklich?*‹«

»Was wäre, wenn ich nervös lachen würde?«, erkundigte sich der Labortechniker. »Manchmal wenn ich unter Druck stehe, lache ich nervös.«

»Tun sie das nicht«, warnte ihn John. »Sonst wird er sagen: ›Finden sie das *lustig*? Mein *Mandant* nämlich nicht‹.«

»Dürfen wir ihn bitten aufzuhören, sollte es uns mal zu viel werden?«, fragte der Metallurg der Marine.

»Nein«, sagte John. »Das dürfen Sie auf keinen Fall tun. Weitere Vorschläge?«

»Indem er extra unseren Namen falsch ausspricht?«, sagte jemand.

»Durch Schweigen?«, schlug ein anderer vor. Alle erschauderten bei dem Gedanken an Schweigen.

»Sollten wir uns Gedanken über die Farbe unserer Kleidung machen?«, erkundigte sich der Sozialarbeiter. »Ich habe gehört, jemand mit brauner Kleidung gilt als weniger glaubwürdig.«

»Das ist mir zu hoch«, sagte John.

Ich nahm an, John würde bis zum Mittagessen seine Vorbereitung auf Bloßstellungsversuche abhaken und auf andere Aspekte der Gerichtspraxis zu sprechen kommen. Das aber passierte nicht. Bloßstellung war, wie deutlich wurde, ein derart integraler Teil des Verhandlungsprozesses, dass es im Grunde den ganzen Tag nur darum ging. Am Nachmittag lernten die Sachverständigen in spe Techniken, mit deren Hilfe sie das Bloßstellen abwenden konnten. Gleich, wenn sie den Zeugenstand betraten, so erklärte John, sollten sie den Gerichtsdiener um ein Glas Wasser bitten. So hätten sie einen Moment lang Gelegenheit ihre Nerven zu beruhigen. Und sie sollten sich auch nicht selbst das Wasser einschenken, sondern den Gerichtsdiener darum bitten. Stellte der Anwalt eine Frage, sollten sie sich zum Richter drehen und ihm die Antwort direkt mitteilen.

»Auf diese Weise wird es viel schwieriger für ihn, sie kleinzukriegen«, sagte John. »Ohnehin komisch, dass wir unsere Peiniger gern anschauen. Hat vielleicht mit dem Stockholm-Syndrom zu tun.«

Der Tag ging mit einem gespielten Kreuzverhör zu Ende – eine Gelegenheit für die Sachverständigen auszutesten, was sie gelernt hatten. Matthew, der Metallurg, betrat als Erster den improvisierten Zeugenstand. John bat mich, die Rolle des Richters zu übernehmen. Alle lächelten Matthew aufmunternd zu. Er war ein junger Mann und trug zum pinken Shirt eine pinke Krawatte. Er zitterte leicht. Er schenkte sich ein Glas Wasser ein. Das Wasser im Glas zitterte wie ein Teich während eines schwachen Erdbebens.

»Er hat vergessen, den Gerichtsdiener um das Glas Wasser zu bitten«, dachte ich.

»Welche Qualifikationen haben Sie?«, sagte John in der Rolle des verhörenden Anwalts.

»Ich habe einen sehr guten Abschluss, Verzeihung, einen guten Abschluss in Metallurgie«, sagte Matthew und sah John dabei in die Augen.

Dann senkte er den Blick wie eine Geisha.

»Wieso schaut er nicht zu mir?«, dachte ich.

Das Rollenspiel dauerte eine Viertelstunde. Matthews Gesicht wurde rot wie ein verrosteter Überseecontainer, während er irgendetwas über korrodierte Spulen murmelte. Sein Mund war trocken, seine Stimme zitterte. Er war ein Wrack.

»Er ist ängstlich«, ging es mir durch den Kopf. »Er ist einfach total ängstlich.«

Dann besann ich mich. Jemanden danach zu beurteilen, wie nervös er während einer Bloßstellung wirkte, war eine ziemlich eigenartige und willkürliche Art, sich eine Meinung über jemanden zu bilden.

*

Ich begann mit einer Frau aus New Cumnock in Schottland zu korrespondieren. Ihr Name war Linda Armstrong. Eines Abends im September war ihre sechzehnjährige Tochter Lindsay auf dem Heimweg von der nahegelegenen Bowling-Bahn gewesen, als ein vierzehnjähriger Junge aus dem Ort mit ihr aus dem Bus stieg, sie in den Park lockte, zu Boden stieß und vergewaltigte. Während des Strafverfahrens gegen den Jungen war Lindsay von dessen Anwalt John Carruthers verhört worden. Linda schickte mir eine Kopie der Mitschrift. »Ich habe das selbst nie gelesen«, schrieb sie mir, »weil ich es nicht ertragen hätte«.

Lindsay Armstrong: Er lief mir hinterher und fragte, ob ich mit ihm ausgehen würde und so weiter, und ich sagte immer wieder nein und dann bin ich weggegangen und er rannte hinter mir her und zerrte an meinem Arm und versuchte mich zu küssen und alles und ich hab ihn immer wieder weggeschubst. Ich sagte, er solle mich in Ruhe lassen. Da hat er mich zu Boden geworfen …

John Carruthers: Könnten wir vielleicht Beweisstück Nr. 7 sehen? Erkennen Sie die?

Lindsay Armstrong: Mhm-mhm.

John Carruthers: Worum handelt es sich hierbei?

Lindsay Armstrong: Meine Unterhose.

John Carruthers: Ist das die Unterhose, die sie an diesem Tag trugen?

Lindsay Armstrong: Mhm-mhm.

John Carruthers: Könnten Sie sie vielleicht mal hochhalten, damit alle sie sehen können? Wäre es zutreffend, würde man diese Unterhose als ziemlich durchsichtig beschreiben?

Lindsay Armstrong: Ich glaube nicht, dass die Art der Unterhose, die ich trage, irgendetwas damit zu tun hat …

John Carruthers: Nun, bitte halten Sie sie nochmal hoch. Es gibt doch einen Namen dafür, für diese spezielle Art, oder nicht? Wie heißen die? Ist das nicht ein Tanga?

Lindsay Armstrong: Ja.

John Carruthers: Verzeihen Sie bitte, Miss Armstrong. Aber könnten Sie sie nochmal hochhalten?

Lindsay Armstrong: Tut mir leid.
John Carruthers: Man kann da praktisch durchsehen durch diese Unterhosen, oder nicht?
Lindsay Armstrong: Mhm-mhm.
John Carruthers: Und was steht da vorne drauf?
Lindsay Armstrong: Little Devil.
John Carruthers: Wie bitte?
Lindsay Armstrong: Little Devil.

»Lindsay erzählte mir, wie angewidert und peinlich berührt sie gewesen sei, dass er sie gezwungen habe, die Unterwäsche hochzuhalten«, schrieb Linda mir per Mail. »Sie meinte, sie habe sie schnell wieder runtergenommen, doch er habe sie angefahren, sie wieder hochzuhalten. Nur um der Jury zu zeigen, was für Unterwäsche sie trug. Das war für sie wohl der belastendste Teil des Verhörs, denke ich, weil sie diese Kleidungsstücke nie wieder hatte sehen wollen. Es war absolut unnötig, sie vorlesen zu lassen, was vorne draufstand.«

Der Junge wurde für schuldig befunden und zu vier Jahren Jugendarrest verurteilt (von denen er zwei absaß). Drei Wochen nach dem Verhör fanden Lindsays Eltern sie um zwei Uhr morgens in ihrem Schlafzimmer. Sie hatte »Bohemian Rhapsody« aufgelegt und eine tödliche Dosis Antidepressiva geschluckt.

Öffentlich bloßgestellt zu werden, kann einen ähnlichen Effekt haben wie ein Zerrspiegel auf der Kirmes – man sieht etwas Menschliches, doch es erscheint monströs. Das Vorgehen eines John Carruthers etwa machte einen zwar glauben, in den sozialen Netzwerken ließe sich eine bessere Form der Gerechtigkeit üben. Aber: Reflexhaftes Bloßstellen war reflexhaftes Bloßstellen, und ich fragte mich, was passieren würde, wenn wir darauf einfach ganz verzichteten – wenn wir uns weigerten, überhaupt jemanden anzuprangern. Gab es innerhalb des Rechtssystems womöglich sogar irgendwo einen Winkel, wo man nach dieser Prämisse zu handeln versuchte? Wie sich zeigte, gab es den. Und dafür war ungefähr die allerletzte Person verantwortlich, von der man es vermutete hätte.

13

RAQUEL IN EINER ZUKÜNFTIGEN WELT OHNE BLOSSSTELLUNG

Ein kleiner Junge und sein Vater saßen in einem fast leeren Restaurant im New Yorker Meatpacking District beim Frühstück, als sie einen Mann auf sich zueilen sahen. Offenbar wollte er ihnen dringend etwas mitteilen. Ängstlich wartete der Junge, was nun passieren würde. Der Fremde holte Luft.

»IMMER SCHÖN MATHE ÜBEN!«, brüllte er.

Es entstand eine Pause. »Ok«, sagte der Junge.

Dann kam der Mann auf mich zu, setzte sich, augenscheinlich glücklich, ein Kind positiv motiviert zu haben. Sein Telefon klingelte. »Entschuldigung«, formte er lautlos mit den Lippen. Er nahm den Anruf an. »HAST DU GESTERN ABEND NOCH ZEHN KRASSE POWEREINHEITEN GEMACHT?«, schrie er in den Apparat. »EHRENWORT? SUPER! HAB DICH LIEB, CIAO.« Er legte auf. Dann lächelte er, hocherfreut darüber, wie fruchtbar sich dieser Morgen für ihn gestaltete, was das Verteilen inspirierender Botschaften anging.

*

Sein Name war Jim McGreevey. Früher war er Gouverneur von New Jersey gewesen. Und zwar einer von der strengen Sorte: »Ich habe nicht einmal jemanden begnadigt«.

»Wie funktioniert das mit dem Begnadigen überhaupt genau?«, fragte ich ihn.

»Der Generalbundesanwalt spricht eine Empfehlung aus«, erklärte er. »Sein Büro nimmt Kontakt mit den lokalen Behörden auf, die den Bewährungshelfer der betreffenden Person kontaktieren, der wiederum dem Gouverneur einen offiziellen Vorschlag unterbreitet. Und der war ich.«

Ich stellte mir die Gefangenen in ihren Zellen vor, die sich den Kopf zerbrachen, wie sie ihre mildernden Umstände am besten in Worte fassen konnten. Was würde Jim erweichen? Was die Aufmerksamkeit des Gouverneurs erregen?

»Können Sie sich an eine der Geschichten erinnern?«, fragte ich Jim.

»Ich habe nicht eine davon gelesen«.

»Sie haben sie sich nicht einmal *angeschaut*?«

Jim schüttelte den Kopf.

»Dann waren Sie im Grunde ja Schafrichter«, sagte ich.

»Ich war Law-and-Order-Demokrat«, sagte Jim.

*

Bill und Hillary Clinton hatten sich 2001 im Wahlkampf für Jim eingesetzt. Er war jung, gutaussehend, verheiratet und hatte zwei hübsche Töchter. Er hatte mit überwältigender Mehrheit gewonnen und seinen Posten im Herzen der Machtelite von New Jersey angetreten – wo Zustände herrschten, »die denen in Machiavellis mörderischen venezianischen Fürstentum so nahe kamen wie nur irgendwas«, wie er es später in seinen Memoiren formulierte. Einem Ort, wo »politische Sitzungen mit einer ungestümen Umarmung begannen«, damit die Umarmer sich gegenseitig heimlich nach versteckten Mikrophonen abtasten konnten, »einem New-Jersey-Tätscheln unter Freunden.« Jetzt hatte Jim ein Haus am Strand, einen Hubschrauber, eine Reihe von Köchen und Drumthwacket, das Gouverneursanwesen.

Drumthwacket

Jim hatte sich spitze gefunden. Er war unantastbar gewesen. Das war gleich nach den Terroranschlägen am 11. September 2001. Er tauchte etwa unangekündigt in den Büros des *Bergen Record* auf – der Regionalzeitung im nördlichen New Jersey –, hielt lange Ansprachen, kommandierte Journalisten herum und gab großspurige Erklärungen ab: »Beim Thema Sicherheit ist Schludern für uns tabu. Wir haben sogar einen Sicherheitsberater der israelischen Armee engagiert. Den Besten der Besten.« Dann dampfte er in dem Glauben wieder ab, wie super das gelaufen war. Nur war er sich nicht bewusst, dass die Chefredaktion des *Bergen Record* sich nun fragte, warum um alles in der Welt der Gouverneur von New Jersey jemanden von den israelischen Streitkräften als Berater in lokalen Sicherheitsfragen engagierte.

*

Als kleiner Junge hatte Jim im Ferienlager im Zelt gelegen und gemeint »zu hören, wie mich die Leute in den anderen Zelten als Homo bezeichneten, um dann zu begreifen, dass sie sich selbst meinten.« Jim rührte in seinem Kaffee. »Witzig, dass man diese Dinge nicht vergisst.«

»Die vergisst man tatsächlich nicht«, sagte ich. »Mein Leben als Fünfzehn- und Sechzehnjähriger werde ich auch niemals vergessen.«

Wir sahen einander an – ich und Jim – zwei Männer mittleren Alters in einem Café in New York.

Jim wurde erwachsen, schrieb sich an der Columbia University ein und lief an manchen Abenden den ganzen Weg von der 116th Street bis hinunter zum Meatpacking District, um dort in die Fenster der Schwulenbars zu schauen. Aber er konnte sich nicht überwinden hineinzugehen und lief dann wieder hoch bis zur 116th Street.

Schließlich wurde er stellvertretender Staatsanwalt – »Staatsanwalt hinter dem Staatsanwalt« – und Bürgermeister. Er las Bücher darüber, wie man homosexuelle Gedanken unterdrückte. Als Abgeordneter votierte er gegen die Schwulenehe.

Seine erste Wahl ins Gouverneursamt verlor er mit bloß 27000 Stimmen. Beim nächsten Anlauf begab er sich während des Wahlkampfs auf eine diplomatische Vergnügungsreise nach Israel. Während des Mittagessens in einer Stadt irgendwo auf dem Land kam er mit seinem Sitznachbarn ins Gespräch. Sein Name war Golan und er arbeitete für den lokalen Bürgermeister.

»Ich habe Ihren Wahlkampf intensiv verfolgt«, ließ Golan Jim wissen. »27000 Stimmen, da hat nicht viel gefehlt.«

Jim fühlte sich, wie er später schrieb, »in einem Maße geschmeichelt, wie ich es noch nie erlebt hatte. Niemand merkt sich die demographischen Daten eines Politikers auf der anderen Erdhalbkugel.«

Er verliebte sich in Golan. Sagte ihm, wenn er nach New Jersey käme, würde er sich irgendeine wichtige Jobbezeichnung für ihn ausdenken, etwa »spezieller Berater des Gouverneurs«. Golan willigte ein und bestand, als er nach Amerika kam, auf ein besonders feudales Büro, das eigentlich längst einem von Jims Mitarbeitern versprochen war. Jim gab Golan das Büro.

*

Einige Wochen nach Jims Besuch beim *Bergen Record* veröffentlichte die Zeitung ein Portrait des ungewöhnlichen israelischen Mitarbeiters, in dem Golan als »Kapitän« (er hatte zuvor in der isralischen Marine gedient) und »Poet« (in der Highschool hatte er eine Sammlung von Gedichten verfasst) bezeichnet wurde. Jim hatte die Sorge, es handele sich dabei um Code-Wörter, aber er war sich nicht sicher und konnte darüber auch mit niemandem sprechen. Seine Mitarbeiter verhielten sich, als sei nichts Außergewöhnliches passiert, was aber nicht hieß, dass dem auch so war.

»Die Leute sagen dem Gouverneur nie, was er ihrer Meinung nach nicht hören will«, erklärte er mir.

Jim rückte von Golan ab. Er bat ihn im Interesse der Regierung, seinen Job niederzulegen. Golan war am Boden zerstört. Er hatte auf eine große Karriere in der US-Politik gehofft und nun opferte Jim ihn, um die eigene zu retten.

Einige Wochen später bekam Jim Post von Golans Anwalt. Golan drohte, Jim wegen sexueller Übergriffe und Belästigungen zu verklagen.

»Als mich der Brief erreichte, sah ich den Porzellan-Schrank meiner Großmutter vor mir«, erzählte mir Jim. »Und es lag darin alles in Scherben.«

*

Nach drei Jahren an der Macht war es aus für Jim. Er berief eine Pressekonferenz ein. »Ich bin ein homosexueller Amerikaner«, verkündete er.

Er gestand die Affäre, trat als Gouverneur zurück, verließ die Bühne und wies sich in The Meadows ein, einer Klinik in Arizona, wo man bei ihm eine posttraumatische Belastungsstörung diagnostizierte.

*

»Sie *kennen* James Gilligan?«, sagte Jim im Restaurant zu mir. »Oh, ich *liebe* Gilligan. Ich liebe Gilligan.«

Tatsächlich hatte ich James Gilligan bereits ganz zu Beginn meiner Reise kennengelernt – einige Tage, nachdem Jonah Lehrer beim Knight-Lunch seine desaströse Entschuldigungsrede gehalten hatte. Gilligan ist mittleren Alters, hat ein besorgtes Gesicht, flaumiges Haar und trägt die für Ostküsten-Psychiater, zu denen er ja gehört, typische drahtgefasste Brille. Wir saßen im Gemeinschaftsgarten seines Apartmenthauses im New Yorker West Village. Er ist weltweit der wohl kundigste Chronist in Bezug darauf, welche Folgen Demütigungen auf unser Seelenleben haben können, weshalb er deren Renaissance in den sozialen Netzwerken auch äußerst harsch verurteilt. Ich wollte von ihm erfahren, wie das Thema zu seiner Lebensaufgabe wurde.

In den 70er Jahren, so Gilligan, habe er als junger Psychiater an der Harvard Medical School gearbeitet. Er habe die Tage damit verbracht, »Mittelschichtsneurotiker zu behandeln, so wie Sie und ich welche sind«. An der merkwürdigen Epidemie, die in den Gefängnissen und psychiatrischen Krankenhäusern in Massachusetts um sich griff, war er zunächst vollkommen uninteressiert – »in Form von Selbstmorden, Morden, Aufständen, Geiselnahmen, Brandstiftungen und allem anderen, was man sich an Gefährlichem so vorstellen kann. Häftlingen wurden ermordet, Beamte wurden ermordet, Besucher wurden ermordet. Die gesamten 1970er Jahre über war die Lage völlig außer Kontrolle. Pro Monat gab es einen Mord pro Gefängnis und alle sechs Wochen einen Selbstmord.«

Gefangene schluckten Rasierklingen und blendeten und kastrierten sich selbst und andere. Der Bezirksrichter W. Arthur Garrity wies die Gefängnisbehörde an, der Sache auf den Grund zu gehen, und beauftragte ein Team von Psychiatern mit der Untersuchung. Gilligan wurde gebeten, die Gruppe zu leiten. Er willigte ein, wenn auch wenig begeistert. Er nahm an, dass es sich bei den Gewalttätern in den Gefängnissen durchweg um Psychopathen handelte.

»Mir war beigebracht worden, Psychopathen kämen bereits als solche zur Welt, und dass sie einen bloß manipulieren wollten, damit man eine kürzere Haftstrafe verhängte«, sagte er zu mir.

Er hatte sie betrachtet, als seien es andere Lebewesen. Und genau diesen Eindruck hatten sie auch auf ihn gemacht, als er zum ersten Mal das Bridgewater State Hospital for the Criminally Insane betreten hatte.

»Einer der ersten Männer, den ich kennenlernte, war Zuhälter in einer verkommenen Gegend von Boston gewesen«, berichtete Gilligan. »Er hatte ein paar seiner Mädchen umgebracht und auch andere Menschen getötet. Er tötete noch weitere aus seiner Umgebung, bis er schließlich festgenommen wurde. Sie steckten ihn in das Charles-Street-Gefängnis, wo er auf seinen Prozess warten sollte. Und prompt brachte er dort einen der Insassen um. Also sagten sie sich: ›Er ist zu gefährlich, um in einem normalen Gefängnis auf den Prozess zu warten. Schicken wir ihn nach Walpole – das Hochsicherheitsgefängnis‹. Aber auch *dort* brachte er jemanden um. Dann lernte ich ihn kennen. Er sah aus wie ein Zombie. Er war stumm, ziemlich paranoid, nicht ausgeprägt psychotisch, sondern schlicht und einfach abnorm. Alle hatten Todesangst vor ihm. ›Dieser Typ ist nicht therapierbar‹, dachte ich. Aber wir mussten ja für die Sicherheit der Leute garantieren. Also verlegten wir ihn in ein abgeschottetes Schlafsaal-Gebäude und ich gab der Belegschaft für tagsüber folgende Anweisung: ›Sorgt für unsichtbare Mauern um ihn herum. Aber haltet stets zwei Meter Abstand. Bedrängt ihn nicht. Wenn ihr ihn bedrängt, könntet ihr euch wehtun.‹«

So ging es eine Weile. Und ganz allmählich öffnete sich der Mann – und andere, die ihm ähnlich waren – ein wenig gegenüber Gilligan. Und was sie ihm erzählten, überraschte ihn über alle Maßen.

»Diese Männer gaben allesamt zu Protokoll, bereits tot zu sein«, sagte Gilligan. »In allen Fällen handelte es sich um unveränderlich gewalttätige Persönlichkeiten. Alle gaben an, selbst bereits gestorben zu sein, bevor sie begonnen hatten, Menschen zu töten. Was sie damit meinten, war, dass ihre Persönlichkeiten gestorben seien. Sie fühlten sich innerlich tot. Für Gefühle hatte sie keine Kapazitäten. Seelischer Art. Oder sogar für körperliche Gefühle. Einige fügten sich deshalb Schnittverletzungen zu. Oder verstümmelten sich auf die furchtbarste Art und Weise. Nicht weil sie sich schuldig fühlten – es ging ihnen nicht um eine Buße für ihre Sünden –, sondern weil sie wissen wollten, ob sie überhaupt Gefühle *hatten*. Ihre innere Taubheit erlebten sie als wesentlich quälender als die physischen Schmerzen.«

Gilligan füllte Notizbuch um Notizbuch mit seinen Erkenntnissen aus den Interviews. Er schrieb: »Einige berichteten, sich wie Roboter oder Zombies zu fühlen, dass ihre

Körper leer oder mit Stroh gefüllt seien, nicht mit Fleisch und Blut, und dass sie statt Adern und Nerven Seile oder Kabel hätten. Ein Häftling gab an, sich wie »verwesende Nahrungsmittel« zu fühlen. Die Seelen dieser Männer sind nicht nur einfach gestorben. Sie sind ihrerseits ermordet worden. Wie kam es dazu? Wie wurden sie ermordet?«

Dies war, das sah er nun deutlich, das Rätsel, das es zu lösen galt und weswegen man ihn in die Gefängnisse und Nervenheilanstalten von Massachusetts eingeladen hatte.

Und dann eines Tages ging ihm ein Licht auf. »Was alle gewalttätigen Straftäter miteinander verband, war die Tatsache, dass sie ein Geheimnis hatten«, schrieb Gillian. »Ein zentrales Geheimnis. Und das bestand darin, dass sie sich schämten – sich zutiefst schämten, chronisch schämten, akut schämten.« Ausnahmslos alle hatten mit Scham zu kämpfen. »Bisher ist mir noch keine schwere Gewalttat untergekommen, die nicht davon provoziert worden wäre, selbst Gefühle der Scham oder Demütigung erlebt zu haben, beleidigt und lächerlich gemacht worden zu sein. Diese Männer wurden als Kinder beschossen, mit einer Axt verletzt, verbrüht, verprügelt, stranguliert, gefoltert, unter Drogen gesetzt, Hunger ausgesetzt, gewürgt, angezündet, aus dem Fenster geworfen, vergewaltigt oder von ihren Müttern zwangsprostituiert. Mit anderen Worten: nichts als bloßgestellt, abgewiesen, beleidigt und gedemütigt, entehrt und in Schande gebracht – ihr Selbstwertgefühl wurde zerstört und ihre Seele getötet.« Jedem von ihnen war Erniedrigung »in einem solch extremen, so bizarren und gehäuften Maße widerfahren, dass man um die Erkenntnis nicht herumkommt, dass die Männer, die nun als Erwachsene durch extrem gewalttätiges Verhalten auffallen, als Kinder bereits in besonders extremer Weise gewalttätigen Misshandlungen ausgesetzt waren.«

Und so wuchsen sie auf– »da Gewalt stets der Versuch

einer Person ist, die eigene Scham durch Selbstaufwertung zu ersetzen« – und fingen an, Menschen umzubringen. Ein Häftling gab zu Protokoll: »›Sie glauben gar nicht, wie viel Respekt man ihnen zollt, wenn man jemandem eine Waffe ins Gesicht hält‹. Für Männer, die ihr Leben lang bloß Verachtung und Geringschätzung erfahren haben, kann der Reiz, sich auf diese Weise augenblicklich Respekt zu verschaffen, weit stärker sein als die Angst davor, ins Gefängis zu gehen oder selbst mit dem Leben zu bezahlen.«

Und einmal im Gefängnis, wurde alles nur noch schlimmer. In Walpole – während der 1970er Jahre die für Aufstände anfälligste Strafanstalt Massachusetts – fluteten die Vollzugsbeamten die Zellen und taten den Häftlingen Insekten ins Essen. Sie mussten sich mit dem Gesicht auf den Boden legen, bevor sie essen durften. Es wurde ihnen erzählt, sie hätten Besuch. Die Häftlinge bekamen fast nie Besuch, also waren das aufregende Neuigkeiten. Dann aber gab der Beamte zu, sie hätten doch keinen Besuch und es wäre nur Spaß gewesen. Und so weiter.

»Man war der Auffassung, man würde ihnen so Gehorsam beibringen«, erklärte mir Gilligan. »Aber es hatte den gegenteiligen Effekt. Es stimulierte die Gewalt nur noch.«

»Buchstäblich jeder Mörder hat ihnen das gesagt?«, hakte ich nach. »Dass es ein Gefühl von Scham gewesen sei, das ihn zu seiner Tat geführt habe?«

»Ich war verblüfft, wie universell gültig das war«, antwortete Gilligan. »Über Jahrzehnte hinweg.«

»Wie war es bei dem Zuhälter aus Boston?«, sagte ich. »Was war seine Geschichte?«

»Seine Mutter war der Überzeugung gewesen, er sei vom Teufel besessen«, sagte Gilligan, »also führte sie in einem völlig finsteren Keller Voodoo-Zeremonien und Teufelsaustreibungen durch und er litt Todesängste. Er machte in die

Hose. Liebe im üblichen Sinne gab man ihm keine. Seine Mutter hatte ihm diese negative Identität gegeben – dass der Satan ihn im sei – also verhielt er sich auch dementsprechend.« Gilligan schwieg einen Moment. »Bei einigen dauerte es eine Zeit, bis sie es mir gestanden. Es ist beschämend, zugeben zu müssen, dass man sich schämt. Übrigens sprechen wir da ja immer von einem ›Gefühl‹. Dem ›Gefühl‹ der Scham. Ich aber glaube, ›Gefühl‹ ist eigentlich nicht das richtige Wort.«

> Es erscheint mir in gewisser Weise paradox, Scham als ein »Gefühl« zu beschreiben, denn auch wenn Scham anfänglich wehtut, so führt dauerhaftes Beschämtsein doch zu einer Betäubung des Gefühls. Scham, wie etwa Kälte auch, bedeutet im Wesentlichen die Abwesenheit von Wärme. Und erreicht sie überwältigende Intensität, wird Scham auch ähnlich wie Kälte erlebt, als ein Gefühl der Betäubung und Abstumpfung. In Dantes *Inferno* ist der letzte Höllenkreis kein Ort der Flammen, sondern des Eises – absoluter Kälte. (James Gilligan: *Violence: Reflections on our Deadliest Epidemic*, 1999)

»Und dann verstand ich plötzlich«, sagte Gilligan. »Unsere Sprache verrät es uns. Eines der Worte, das wir für überwältigende Beschämung benutzen ist Kränkung. Wie in ›Das hat mich sehr gekränkt.‹«

*

Einige berichteten (...) dass ihre Körper leer oder mit Stroh gefüllt seien, nicht mit Fleisch und Blut, und dass sie statt Adern und Nerven Seile oder Kabel hätten.

Als Gilligan mir das erzählte, musste ich an die Situation

denken, als Jonah vor dem Twitter-Feed auf dem riesigen Bildschirm gestanden und sich zu entschuldigen versucht hatte. Als jemand, dem es extrem unangenehm war, Gefühle zu zeigen, hatte er sehr unglücklich ausgesehen.

»Ich hoffe, wenn ich meiner Tochter dieselbe Geschichte erzähle, die ich Ihnen gerade erzählt habe, ich wegen dieser Geschichte selbst ein besserer Mensch sein werde ...«

»Als Schriftsteller ist er für immer beschädigt«, antworteten die Tweets. »Er hat nicht bewiesen, dass er überhaupt in der Lage ist sich zu schämen«. »Jonah Lehrer ist ein verdammter Soziopath«.

*

Später, als Jonah und ich über diesen Moment sprachen, hatte er mir erzählt: »Ich musste in mir irgendeinen Gefühlsknopf ausstellen. Ich glaube, ich musste mich irgendwie zumachen.«

Jonah hatte ein Haus in den Hollywood Hills und eine Frau, die ihn liebte. Er hatte genügend Selbstbewusstsein, um die Sache durchzustehen. Aber ich glaube, dass er vor diesem riesigen Bildschirm eine Sekunde lang dieselbe Taubheit spürte, die Gilligans Häftlinge beschrieben hatten. Auch ich habe sie schon gefühlt. Ich weiß genau, was Jonah und Gilligan meinten, wenn sie davon sprachen, einfach zuzumachen – von dem Moment, wenn Schmerz zu Taubheit wird.

*

James Gilligan ist in seinem Leben viel Anerkennung zuteil geworden. Er hat für Präsident Clinton und UN-Generalsekretär Kofi Annan in Gremien zur Ursachenforschung von Gewalt gesessen. Martin Scorsese legte die von Ben Kingsley gespielte Figur in *Shutter Island* nach ihm an. Aber trotz all dieser Ehrungen, verließ ich Gilligans Apartment in dem Eindruck, dass er selbst sein Lebenswerk nicht als Erfolg verstand. Es hatte eine Zeit gegeben, als er den Umgang der Vereinigten Staaten mit ihren Sündern grundlegend hätte verändern können. Doch dazu war es nicht gekommen.

Da lag der Grund. Während der 1980er Jahre hatte Gilligan in den Strafanstalten von Massachusetts experimentelle therapeutische Gemeinschaften geleitet. Sonderlich radikal waren sie nicht gewesen. Es war dabei bloß darum gegangen, »die Gefangenen mit Respekt zu behandeln«, wie Gilligan berichtete, darum, »Menschen die Möglichkeit zu geben, ihre Trauer, ihre Hoffnungen, Wünsche und Ängste zum Ausdruck zu bringen.« Das Ziel war es, ein Ambiente zu schaffen, in dem Scham vollständig verschwand. »Es gab da einen Psychiater, der die Häftlinge als Abschaum bezeichnete. Ich gab ihm zu verstehen, dass ich ihn nie wiedersehen wollte. Das war nicht nur anti-therapeutisch für die Patienten, es war sogar gefährlich für uns.« Anfänglich waren die Gefängniswärter skeptisch gewesen, »schließlich aber begannen sogar einige von ihnen, die Häftlinge zu beneiden«, erzählte Gilligan. »Auch viele von ihnen brauchten psychiatrische Hilfe. Das waren schlecht bezahlte Jungs, wenig gebildet. Wir sorgten dafür, dass einige sich in Behandlung begeben konnten. Mit dem Ergebnis, dass sie viel weniger beleidigend und dominierend auftraten. Und sich die Gewalt erstaunlich verringerte.«

Auch bei scheinbar hoffnungslosen Fälle, waren Veränderungen zu beobachten, so Gilligan. Selbst bei dem Zuhälter aus Boston. »Kurz nachdem er in unser Programm eingestiegen war, nahm er sich eines schwer geistig zurückgebliebenen Achtzehnjährigen an. Der junge Mann konnte sich kaum die Schuhe alleine zubinden. Also kümmerte er sich um ihn.

Beschützte ihn. Geleitete ihn in den Speisesaal und zurück. Achtete darauf, dass ihm keiner der anderen Insassen etwas tat. ›Gott sei Dank‹, dachte ich. ›So kann der Kerl vielleicht in die menschliche Gemeinschaft zurückkehren‹. Ich wies die Belegschaft also an: ›Interveniert hier bitte nicht‹.« Die Verbindung wuchs und wurde erwachsener. Heute führt er ein selbständiges Leben und hat seit 25 Jahren niemandem auch nur ein Haar gekrümmt. Verhält sich wie ein normaler Mensch. Natürlich geht er nirgendwo hin. Normal genug, um die Öffentlichkeit zurückzukehren, ist er nicht. Aber das würde er auch nicht wollen. Er weiß, er würde das nicht schaffen. Dazu hat er nicht das nötige psychische Rüstzeug, die Selbstkontrolle. Aber er hat sich ein Level an Menschlichkeit zurückerobert, das ich niemals für möglich gehalten hätte. Er arbeitet in der Gefängnispsychiatrie. Er hilft anderen Menschen. Und wenn ich hingehe und ihn besuche, lächelt er und sagt: ›Hallo, Dr. Gilligan. Wie geht es Ihnen?‹« Gilligan hielt inne. »Ich könnten Ihnen Hunderte solcher Geschichten erzählen. Es gab da zum Beispiel Männer, die sich selbst das Augenlicht genommen hatten, indem sie mit dem Kopf gegen den Wand schlugen.«

*

1991 hatte Gilligan angefangen, Harvard-Dozenten dafür zu gewinnen, in seinen Gefängnissen ohne Bezahlung Seminare zu geben. Was konnte wirksamer als ein Bildungsprogramm gegen Scham sein? Seine Aktivitäten fielen zeitlich mit der Wahl eines neuen Gouverneurs zusammen, William Weld. Bei einer seiner ersten Pressekonferenzen wurde Weld zu Gilligans Initiative befragt. »Er sagte: ›Wir müssen dieses Vorhaben, Häftlingen eine kostenlose College-Bildung zu ermöglichen, stoppen‹«, erzählte mir Gilligan, »›sonst beginnen Leute, die sich das College nicht leisten können, Straftaten zu begehen, damit sie ins Gefängnis wandern und dort kostenlos studieren können.›«

Und so war das Bildungsprogramm gestoppt worden.

»Er hat es buchstäblich kaputt gekürzt«, so Gilligan. »Er hat einfach die Gelder immer weiter gekürzt. Und bei einer solchen Mogelpackung wollte ich nicht länger mitmachen.« Also quittierte er den Dienst.

Im Laufe der Jahre wurde er so vom Erneuerer des Strafvollzugs zu einer Art nostalgischen Figur. Bloß eine Handvoll therapeutische Gemeinschaften, inspiriert von denen, die er damals in Massachusetts geleitet hatte, existieren in amerikanischen Gefängnissen heute noch. Und eine davon befindet sich, wie der Zufall so spielt, im obersten Stockwerk des Hudson County Correctional Center in Kearny, New Jersey. Und geleitete wird sie, ganz still und leise, von dem ehemaligen Gouverneur von New Jersey, Jim McGreevey.

*

Die unteren Stockwerke des Hudson County Correctional Center, wo nicht therapeutisch gearbeitet wird, wirken düster und braun – erinnern an einen heruntergekommenen städtischen Freizeitkomplex, wo ein langer Flur von der Umkleide zu einem Schwimmbecken führt, das es dort allerdings niemals geben wird. Hier hält New Jersey seine mutmaßlich illegalen Einwanderer unter Verschluss. Im November 2012 wurde es in einem Bericht des Detention Watch Network zu einer der zehn schlimmsten Haftanstalten der Vereinigten Staaten erklärt. Wärter sollen Häftlinge als »Tiere« bezeichnet, sie ausgelacht und unnötigen Leibesvisitationen unterzogen haben. Im dem Bericht hieß es außerdem: »Viele Einwanderer gewannen zudem den Eindruck, dass die Beamten offenbar persönliche Probleme mit zur Arbeit brachten und ihren Frust und Ärger an ihnen ausließen.«

»JEDER TAG IST EIN GESCHENK!«, rief Jim einem vermeintlich illegalen Einwanderer dröhnend zu, der den Boden wischte. Der Mann blickte verwirrt drein. Dann lächelte er unsicher.

Wir liefen weiter – vorbei an Häftlingen, die einfach dasaßen und die Wände anschauten. »Ein normales Gefängnis bedeutet Strafe im schlimmsten Sinne«, erklärte Jim. »Die Seele blutet dabei. In einem extrem negativen Umfeld sind Menschen Tag für Tag zum Nichtstun gezwungen.«

Ich dachte daran, wie Lindsey Stone beinahe ein Jahr lang an ihrem Küchentisch gesessen, auf den Bildschirm gestarrt und verfolgt hatte, wie Leute wie sie im Netz bloßgestellt wurden.

»Die Menschen entfernen sich von sich selbst«, sagte Jim. »Häftlinge erzählen mir immer wieder, dass sie einfach zumachen, eine Mauer um sich herum errichten.«

Jim und ich stiegen zu einem Häftling in den Fahrstuhl. Alle schwiegen.

»Jeder Tag ist ein Geschenk«, sagte Jim.

Schweigen.

»Achte auf deinen Charakter! Er wird über dein Schicksal entscheiden!«, sagte Jim.

Wir erreichten das oberste Stockwerk. Die Türen öffneten sich.

»Nach dir«, sagte Jim.

»Oh, nein, bitte, nach Ihnen«, sagte der Häftling.

»Nein, nach dir«, sagte Jim.

»Oh, nein, nach Ihnen«, sagte der Häftling.

Wir standen alle da. Der Häftling ging zuerst. Jim lächelte mich vergnügt an.

Als ich Jim das ersten Mal begegnet war – als er einem überraschten fremden Kind ›IMMER SCHÖN MATHE ÜBEN!‹ zugebrüllt hatte – war er mir ein bisschen durchgeknallt vorgekommen. Im Laufe der Zeit hatte er aber für mich etwas Heroisches bekommen. Ich hatte viel über einen Tweet nachdenken müssen, der in dem riesigen Feed hinter Jonahs Kopf aufgetaucht war: »Als Schriftsteller ist er für immer beschädigt«. Und einen weiteren, der sich an Justine gerichtet hatte: »dein Tweet wird ewig leben«. Während meiner zwei Jahre im Kreise der öffentlich Gedemütigten war das Wort *ewig* häufig gefallen. Jonah, Justine und die anderen ließ man wissen: »Nein. Es gibt keine Tür. Es führt kein Weg zurück. Wir sind zur Vergebung nicht bereit.« Dabei war uns doch klar, dass Menschen kompliziert sind und aus einer Mischung aus Fehlern, Talenten und Sünden bestehen. Warum also taten wir, als sei das bei uns selbst nicht der Fall?

Jim McGreevey hingegen versuchte inmitten all dieses Leidens etwas Außergewöhnliches.

Vor uns lag ein gigantischer, vergitterter Schlafsaal, Jims therapeutische Abteilung. Vierzig Frauen lebten dort. Wir warteten, dass uns jemand aufschloss. Anders als unten, so Jim, seien die Frauen hier bereits »um 8.30 Uhr auf den Beinen. Alle haben Aufgaben. Alle gehen einer Arbeit nach. Alle müssen körperlich arbeiten. Dann finden Workshops statt – zu sexuellem Missbrauch, häuslicher Gewalt, Wutbewältigung –, dann gibt es Mittagessen und am Nachmittag liegt der Fokus auf beruflicher Fortbildung und Hausarbeit. Es gibt Bücher. Es gibt Kuchen. Es gibt die Bücherei. Und die Mütter können ihren Kinder über Skype Gute-Nacht-Lieder vorsingen.«

Durch die Fenster konnte man vereinzelt Blicke hinaus in

den Sommertag werfen, und als die Vollzugsbeamtin uns hineinließ, erklärte sie uns, die Stimmung sei ziemlich angespannt, weil der Mensch sich an warmen Tagen besonders eingekerkert fühle.

Jim rief die Frauen zu einer Gruppensitzung zusammen. Tonaufnahmen zu machen, war mir nicht erlaubt und so konnte ich lediglich ein paar Gesprächsfetzen mitnotieren: »… ich komme aus einer Kleinstadt, also weiß jeder, wo ich bin, und das frisst mich innerlich richtig auf …«. Oder: »… und die meisten wissen ja wohl, warum *Raquel* hier ist …«.

Hierbei sahen einige zu einer Frau herüber, von der ich deshalb annahm, es müsse Raquel sein. Die Blicke schienen Misstrauen und Respekt auszudrücken. So ziemlich alle Frauen waren wegen Drogen oder Prostitution hier. Aber sowohl der Kommentar als auch die Blicke ließen mich vermuten, dass das bei Raquel anders war.

Raquels Blicke flogen durch den Raum. Sie zappelte viel. Die anderen Frauen verhielten sich ruhiger. Ich fragte mich, was Raquel wohl getan hatte, war mir aber unsicher, ob ich danach fragen konnte. Dann, gleich nachdem sich die Gruppe zerstreut hatte, kam Raquel zielstrebig auf mich zu und erzählte mir von sich aus alles über sich. Irgendwie gelang es mir, mitzuschreiben – besessen wie eine Sekretärin aus *Mad Men* machte ich mir Notizen.

»Ich bin in Puerto Rico geboren«, begann sie. »Ich wurde sexuell missbraucht, seit ich vier bin. Als ich sechs war, sind wir nach New Jersey gezogen. Jede Erinnerung an mein Heranwachsen hat damit zu tun, ins Gesicht geschlagen zu werden und gesagt zu bekommen, ich sei nichts wert. Mit fünfzehn brach mein Bruder mir die Nase. Mit sechzehn hatte ich meinen ersten Freund. Nach drei Monaten wurde ich verheiratet. Ich fing an zu kiffen und zu trinken. Ich betrog meinen

Mann. Verließ ihn schließlich. Achtzehn, neunzehn – das sehe ich nur verschwommen. Ich habe Heroin probiert. Gott sei Dank bin ich kein Suchttyp. Aber gesoffen habe ich wie nichts. Wir sind zu den Bars gegangen, haben gewartet, bis jemand rauskam, ihnen das Geld abgeknöpft und sie verhöhnt, wie sie nach ihren Müttern gebrüllt haben. Dann plötzlich, heilige Scheiße, bin ich schwanger geworden. Schwanger mit dem einzigen Wesen, das mich je lieben würde. Am 25. Januar 1996 kam mein Sohn zur Welt. Ich fing an, Wirtschaft zu studieren, hab dann wieder abgebrochen. Bekam eine Tochter. Wir zogen nach Florida. In Florida haben wir im Wasser rumgetollt und die ganze Nacht Filme geschaut. Ich hab ihnen all ihre Lieblingsfressalien gekauft und sie auf dem Bett ausgebreitet und wir haben uns reingelegt und Filme geguckt, bis wir eingeschlafen sind. Wir haben im Regen Baseball gespielt. Mein Sohn liebt Komödien, Schauspiel, er singt. Mit vierzehn hat er bei einem Talentwettbewerb gewonnen. Ich hab ihn immer gezwungen, seine Hausaufgaben zu machen. Früher sogar, fünfseitige Berichte zu schreiben und Lexika zu lesen. Als er vierzehn war, hab ich ihn aus dem Bett gestoßen und ihn geschlagen. Ein Mädchen hatte ihm getextet: »Bist du noch Jungfrau?« Ich bin durchgedreht. Hab ihn windelweich geprügelt. Man konnte die Spuren meiner Fingernägel sehen.«

Vor zehn Monaten hatte Raquel die Kinder zu ihrem Vater nach Florida in den Urlaub geschickt. Während sie zusah, wie sie den Gang hinunter zum Flugzeug gingen, hatte sich ihr Sohn plötzlich umgedreht und ihr zugerufen: »Was wollen wir wetten, dass ich nicht zurückkomme?« Dann aber hinzugefügt: »War nur'n Scherz.«

Raquel hatte zurück gerufen: »Was wollen wir wetten, dass du nicht ins Flugzeug steigst?«

Ihr Sohn war ein paar Schritte weitergegangen. Dann hatte er gerufen: »Die Wette gehe ich ein.«

»Und das war das Letzte, was er je zu mir gesagt hat«, sagte Raquel.

Nur wenige Tage danach war das Jugendamt bei Raquel zuhause aufgetaucht. Ihr Sohn beschuldigte sie des Kindesmissbrauchs.

»Er hat mich gefragt, ob er bis neun Uhr draußen bleiben könne«, sagte Raquel. »Ich sagte nein. Er fragte wieso. Und ich sagte: ›Es gibt da draußen Leute, die dir wehtun könnten‹. Dabei habe ich ihm mehr wehgetan als irgendjemand sonst. Gott sei Dank sind sie damals von mir weggegangen. Er ist jetzt in Sicherheit. Er hat nun die Chance, ein Teenager zu sein. Er ist ein sehr wütender Junge, weil ich ihn dazu gemacht habe. Und meine Tochter ist sehr schüchtern, zurückgezogen, weil ich sie dazu gemacht habe. Ich bete einfach, dass sie normal werden.«

Die ersten paar Monate ihrer Haftstrafe hatte Raquel unten in einem der nicht-therapeutischen Stockwerke verbracht.

»Wie war das so?«, erkundigte ich mich.

»Unten herrscht Chaos. Es grenzt an Barbarei. Mädchen werden mit Tabletts verprügelt. Ein Mädchen entscheidet sich einfach, dich nicht zu mögen. Zerrt dich in einen Raum, schließt ab, und man kämpft, und wer heil wieder rauskommt, hat gewonnen. Hier oben essen wir Kuchen. Wir gucken Fernsehen. Wir breiten Bücher auf dem Tisch aus. Es ist, als säßen wir in der Uni-Cafeteria und schlürften Kaffee. Sehr kultiviert!«

Just in dem Moment gab es einen Tumult. Hinter uns war eine Frau kollabiert und hatte einen Anfall erlitten. Sie wurde auf einer Trage hinausgebracht.

»Gute Besserung!«, brüllten ihr einige der anderen Frauen hinterher.

»Letzter Aufruf zu Medikamentenausgabe«, rief ein Beamter.

Jim und ich verließen das Gefängnis und gingen zurück zu seinem Auto.

»Wie lange wird Raquel Ihrer Meinung nach noch hinter Gittern bleiben?«, fragte ich ihn.

»Nun, in zwei Wochen wissen wir mehr«, antwortete er. »Dann müsste sich der Ankläger melden. Ich schätze noch ein paar Monate.«

Jim versprach, mir Bescheid zu sagen, wenn er es erfuhr. Dann brachte er mich zum Bahnhof.

Zwei Wochen später hatte ich noch nichts von Jim gehört, also schrieb ich ihm eine E-Mail: »Wie ist es für Raquel gelaufen?«

Jim schrieb zurück: »Sie hat gestern schlechte Neuigkeiten bekommen. Sie wird in acht Punkten beschuldigt. Sie leidet sehr darunter.«

Ich rief ihn an. »Wessen wird sie beschuldigt?«, fragte ich.

»Versuchter Mord«, antwortete Jim. Er klang erschüttert. »Sie hat ein Messer nach ihrem Sohn geworfen. Sie plädieren auf zwanzig Jahre.«

*

Sechs Monate später. Im Sitzungssaal der Newark City Hall saßen drei Personen beieinander: ich, Jim und Raquel.

Jim hatte interveniert. Man hatte die Ankläger davon überzeugen können, dass Raquel Opfer eines »Missbrauch-Kreislaufs« war. Deshalb hatte sie bloß vier weitere Monate gesessen und war dann freigekommen.

»Wenn Demütigung funktionieren würde, wenn Einsperren funktionieren würde, dann würde das ganze System funktionieren«, sagte Jim. »Aber es funktioniert nicht.« Er schwieg kurz. »Sehen Sie, einige Leute sollte man tatsächlich besser lebenslang einsperren. Einige Menschen sind nicht in der Lage … aber die meisten …«

»Es ist irritierend«, sagte ich, »das der Grat zwischen Hölle und Vergebung im amerikanischen Rechtssystem derart schmal ist.«

»Die Pflichtverteidiger sind einfach vollkommen überlastet und die Ankläger folgen stumpf den Richtlinien«, antwortete Jim.

Bisher ging es in diesem Buch um Leute, die nichts wirklich Wesentliches falsch gemacht hatten. Justine und Lindsey waren jedenfalls für nichts weiter zerstört worden, als dafür, schlechte Witze erzählt zu haben. Und während wir uns damit beschäftigt hatten, ihnen unerschütterlich Vergebung zu verweigern, hatte Jim im Stillen die Rettung eines Menschen in die Wege geleitet, der eine weitaus gravierendere Straftat begangen hatte. Mir wurde klar, dass wenn eine Ent-Demütigung bei einem Mahlstrom wie Raquel funktionierte, dafür sorgte, dass jemand wie sie wieder gesundete, wir dringend darüber nachdenken mussten, ob unser Standardverfahren, stumpf Vergeltung zu üben und andere mit unserem Zorn zu überziehen, tatsächlich das Wahre war.

Aber grenzenlos war Raquels Freiheit nicht. Fünf Jahre lang durfte sie keinen Kontakt zu ihren Kindern aufnehmen. Ihr Sohn würde dann einundzwanzig sein, ihre Tochter siebzehn. »Und auch dann muss jeder Kontakt erst mit ihrem Vater abgestimmt werden«, erklärte mir Raquel, »weil mein Elternrecht stark eingeschränkt wurde.« Und doch hält man sie auf dem Laufenden. »Meine Freunde in Florida haben noch Kontakt zu ihnen. Erst gestern rief mich ein Freund an und meinte: ›Du wirst nicht glauben, wer mich gerade auf Facebook angeschrieben hat‹. ›Wer denn‹?, fragte ich. Und sie sagte: ›Deine Tochter‹. Und ich: ›Gibt's ja nicht!‹ Meine Tochter schickt ihr also Nachrichten und sie sitzt da und liest sie mir vor. Offensichtlich ist meine Tochter gerade in jemanden verliebt. Er hat ein Grübchen. Und sandbraunes Haar …«

Ich sagte Raquel, es sei schön, sie so positiv gestimmt zu erleben. Und da weihte sie mich in eine weitere Neuigkeit ein.

»Gestern nach der Gruppe rief Miss Blake mich in ihr Büro.«

Miss Blake war die Leiterin von Raquels Übergangswohnheim.

»Sie sagte: ›Raquel, ich habe gesehen, wie sie sich führen, wie die anderen auf sie hören. Ich möchte Ihnen hier einen Job anbieten. Könnten Sie mir Ihren Lebenslauf zukommen lassen?‹«

Und Raquel hatte geantwortet: »Zufälligerweise habe ich sogar einen bei mir«.

Und dann hatte sie gefragt: »Miss Blake, passiert das gerade wirklich?«

Und Miss Blake hatte genickt.

*

Ein Mitarbeiter aus Michael Fertiks Team rief mich an. Sie waren nun bereit, sich um Lindsey Stone zu kümmern.

14

KATZEN, EISCREME UND MUSIK

»Gibt es irgendwelche Hobbies, die du gerade besonders begeistert betreibst? Marathonlauf? Fotografie?«

Farukh Rashid sprach per Konferenzschaltung von San Fransisco aus mit Lindsey Stone. Ich hörte von meinem Sofa in New York aus zu.

Ich hatte Farukh einige Monate vorher kennengelernt, als Michaels Mann für Öffentlichkeitsarbeit, Leslie Hobbs, mich durch die Räumlichkeiten von reputation.com geführt hatte – zwei offene Büroetagen mit schalldichten Kabinen für vertrauensvolle Gespräch mit wichtigen Kunden. Sie hatte mir Farukh vorgestellt und erklärt, für gewöhnlich arbeite er für Michaels VIP-Klienten – Firmenkapitäne und Promis.

»Es ist toll, dass ihr Lindsey diesen maßgeschneiderten Service zuteil werden lasst«, sagte ich.

»Den braucht sie«, antwortete Leslie.

Das tat sie wirklich. Michaels Strategen hatten Lindseys Online-Leben unter die Lupe genommen und außer dem Stille-und-Respekt-Vorfall praktisch nichts über sie gefunden.

»Diese fünf Sekunden ihres Lebens machen ihr gesammte Internetpräsenz aus?«, sagte ich.

Farukh nickte. »Und das ist nicht nur bei *dieser* Lindsey Stone der Fall. Alle, die genauso heißen, haben das gleiche Problem. Es gibt in den USA sechzig Lindsey Stones, darunter sogar eine Turnerin, und sie alle werden durch das eine Foto definiert.«

»Tut mir leid, dass ich euch ein derart kniffeligen Fall gegeben habe«, sagte ich und war sogar ein wenig stolz auf mich.

»Oh, nein, das ist spannend«, antwortete Farukh. »Das ist ein herausforderndes Szenario, aber toll. Wir werden dem Internet die wahre Lindsey Stone präsentieren.«

»Hast du Katzen gern?«, wollte Farukh jetzt über die Konferenzschalte von Lindsey wissen.

»Total«, sagte Lindsey.

Ich hörte Farukh etwas in seinen Computer tippen, wahrscheinlich das Wort »Katzen«. Farukh war jung und energiegeladen und genauso optimistisch, heiter und wenig zynisch, wie er auch Lindsey zu präsentieren hoffte. Seinem Twitter-Profil nach liebte er »Fahrradfahren, Wandern und Zeit mit der Familie zu verbringen«. Seine Idee war Lindsey Stones Tumblr- und LinkedIn-Seiten einzurichten, zudem WordPress-Blogs und Instagram- und YouTube-Accounts, um so das furchtbare Bild zu kaschieren, es mit einer Flutwelle Positivismus wegzuspülen, hinfort an einen Ort bei Google, wo normale Menschen nicht nachschauten – auf Seite zwei der Suchergebnisse. Gemäß Googles eigenen Untersuchungen des »Blickverlaufs«, ließen 53 Prozent von uns es bei den ersten beiden Suchergebnissen bewenden, 89 Prozent bei der ersten Seite.

»Was man auf der ersten Seite findet«, erklärte mir Michaels Strategie-Spezialist Jered Higgins während meines Rundgangs, »bestimmt, was die Leute von einem denken.«

Als Schriftsteller und Journalist – ebenso als Vater und menschliches Wesen – erschien mir das eine ziemlich furchtbare Art und Weise, die Welt zu sehen.

»Musik ist auch total wichtig für mich«, sagte Lindsey zu Farukh. »Ich liebe Top-40-Musik«.

»Das ist super«, sagte Farukh. »Daraus können wir etwas machen. Spielst du auch ein Instrument?«

»Hab ich mal«, sagte Lindsey. »Hab ich mir mehr so selbst beigebracht. Aber das ist jetzt nichts, was ich …« Sie verstummte plötzlich. Anfänglich hatte sie geklungen, als machte ihr das Ganze Spaß, jetzt aber wirkte sie befangen, so als löse das Ganze existentielle Zweifel bei ihr aus – werfe Fragen auf wie etwa »Wer bin ich?« und »Was tun wir hier eigentlich?«

»Mir fällt das hier ganz schön schwer«, sagte sie. »Ich weiß als Durchschnittsmensch gar nicht so recht, wie ich … mich online darstellen soll. Ich versuche mir Dinge zu überlegen, damit ihr darüber schreiben könnt. Aber ich finde das ziemlich schwierig«.

»Klavier? Gitarre? Schlagzeug?«, sagte Farukh. »Oder Reisen? Wo warst du schon?«

»Keine Ahnung«, sagte Lindsey. »Ich besuche hier die Höhlen. Ich gehe an den Strand. Ich hole mir ein Eis.«

Auf seine Nachfrage hin hatte Lindsey Farukh Bilder gemailt, auf denen sie nicht leichtsinnig Kriegsfriedhöfen den Mittelfinger zeigte. Auch biographische Details hatte sie geliefert. Ihre Lieblingsserie war *Parks and Recreation*. Und sie hatte mal fünf Jahre bei Walmart gearbeitet, was »qualvoll, kaum auszuhalten« gewesen war.

»Bist du sicher, dass du sagen willst, bei Walmart sei es qualvoll gewesen, kaum auszuhalten?«, sagte Farukh.

»Äh … was? Im Ernst jetzt?« Lindsey lachte, so als wolle sie sagen: ›Komm schon! Jeder weiß das über Walmart!‹ Dann aber zögerte sie.

Die Konferenzschaltung erwies sich als unerwartet melancholische Erfahrung. Was nichts mit Farukh zu tun hatte. Er brachte Lindsey echtes Mitgefühl entgegen und wollte seine Arbeit gut machen. Das Traurige war, dass Lindsey den Zorn des Internets auf sich gezogen hatte, weil sie anmaßend, verspielt, tollkühn und direkt gewesen war. Und nun hockte sie da und half Farukh dabei, sie auf unkritische Banalitäten zu reduzieren – auf Katzen, Eis und Top-40-Musik. Wir erschufen eine Welt, in der es, wollte man überleben, am klügsten war, uninteressant zu sein.

*

Es hatte eine Zeit gegeben, in der Michael Fertik nicht so strategisch hätte vorgehen müssen. Damals, Mitte der 1990er Jahre hatten sich die Suchmaschinen lediglich dafür interessiert, wie häufig ein bestimmter Begriff auf einer Seite auftauchte. Um mit dem Suchbegriff »Jon Ronson« bei AltaVista oder HotBot der Nummer-Eins-Treffer zu sein, hatte man bloß wieder und wieder »Jon Ronson« eingeben müssen. Aber während der Link für mich wohl der fantastischste Fund überhaupt gewesen wäre, wäre das allen anderen sicher eher nicht so gegangen.

Dann aber hatten zwei Studenten aus Stanford, Larry Page und Sergey Brin, eine Idee gehabt. Warum nicht eine Suchmaschine entwerfen, die die Websites stattdessen nach Beliebtheit auflistete? Verlinkte jemand zu deiner Seite, bekam man dafür eine Stimme. Ein Link, so ihre Überlegung, war wie ein Zitat – ein anerkennendes Nicken. Und hatte die Seite, die zu deiner führte, eine Menge Links dorthin, gab es dafür mehrere Stimmen. Wenn also eine geschätzte Person ihre Bewunderung dir gegenüber kundtat, war das mehr wert, als wenn ein Unbekannter dasselbe tat. Und das war's. Sie nannten ihre Erfindung PageRank, nach Larry Page, und kaum hatten sie den Algorithmus eingerichtet, waren wir frühen Suchenden davon wie verzaubert.

Und genau deshalb musste Farukh für Lindsey LinkedIn-

und Tumblr- und Twitter-Seiten einrichten. Bei ihnen war ein hoher PageRank quasi bereits eingebaut. Und der Google-Algorithmus bewertete sie von vorneherein als sehr beliebt. Bei Google hatte Michael allerdings das Problem, dass der Algorithmus sich permanent änderte – und es das Geheimnis des Konzerns war, nach welcher Logik.

»Google ist ein raffiniertes Biest und ein bewegliches Ziel«, erklärte mir Michael. »Wir versuchen es zu entschlüsseln und die dahinterliegende Systemarchitektur zu verstehen.«

Als gesetzt konnte Michael zum damaligen Zeitpunkt Folgendes ansehen: »Google mag tendenziell Dinge, die schon älter sind und misst ihnen offenbar eine gewissen Autorität zu. Google mag aber auch ganz neues Zeug. Bei allem dazwischen, sechste Woche, zwölfte Woche, geht die Kurve runter.« Weshalb Michaels Leute voraussagten, dass beispielsweise Lindseys Liebe zu Katzen »unmittelbar starke Wirkung« zeigen würde, gefolgt von einer »Fluktuation«. Und auf Fluktuation folge dann: der »Rückfall«.

Und diesen Rückfall fürchteten Michaels Kunden. Denn nichts war entmutigender als zu sehen, wie die netten neuen Bewertungen auf Seite zwei verschwanden und die schrecklichen alten wieder nach oben ploppten. Dabei sei der Rückfall im Grunde dein Freund, wie mir Jered Higgins erklärte. Es sei damit wie mit Glenn Close in *Eine verhängnisvolle Affäre*, die man erst für tot halte, die dann aber in der Badewanne hochschnelle, gepackt von neuem blutrünstigen Eifer, wobei sie in Wirklichkeit aber konfus, verwundet und verwundbar war.

»Rückfälle beweisen, dass der Algorithmus sich unsicher ist«, erklärte mir Jered. »Er schiebt die Dinge hin und her und fragt sich, allerdings von einer mathematischen Warte aus, was jetzt das Entscheidene ist, das über diese Person erzählt werden sollte.«

Und während dieser Unsicherheitsphase, sagte Jered, »gehen wir rein und ballern aus allen Rohren.«

Und dieses Feuerfrei – das Bombardement des Algorithmus mit Tumblr-Seiten über Lindseys Strandausflüge, das *Shock and Awe* der hübschen Banalitäten – musste exakt choreographiert werden. Denn Google merkte jede Manipulation. Alarmglocken begannen zu schrillen. »Wir folgen bei Contentproduktion und Veröffentlichung also einem strategischen Fahrplan«, sagte Jered. »Wir sorgen für eine Online-Aktivität, die natürlich aussieht. Da fließt eine Menge angesammeltes Knowhow mit ein.«

*

Michael Fertik lud mich zum Abendessen ein und erzählte mir von der Kritik, die Leute ihm gegenüber häufig übten, nämlich dass »jedes Verändern der Suchergebnisse eine Manipulation der Wahrheit und eine Einschränkung der freien Meinungsäußerung« bedeute. Er trank einen Schluck Wein. »Dabei bedeutet virtuelles Lynchen eine Einschränkung des Verhaltens. Es stellt das ganze Leben auf den Kopf.«

»Ich weiß«, sagte ich. »Lindsey Stone war ein Jahr lang derart mitgenommen, dass sie nicht einmal zum Karaoke gegangen ist«. Dabei war gerade das etwas, das man in einem Raum gemeinsam mit Freunden tat.

»Keine ungewöhnliche Reaktion«, meinte Michael. »Die Leute besorgen sich neue Telefonnummern. Sie gehen nicht mehr aus dem Haus. Sie machen eine Therapie. Sie zeigen Symptome einer posttraumatischen Belastungsstörung. Es erinnert einen an die Stasi. Wir erschaffen ein Klima, in dem Menschen ein Gefühl permanenter Überwachung haben, Angst, sie selbst zu sein.«

»Wie die NSA«, sagte ich.

»Es ist sogar noch beunruhigender als die NSA«, sagte Michael. »Die NSA sucht nach Terroristen. Ihnen geht es nicht um den psychosexuellen Lustgewinn durch Schadenfreude. Uns schon.«

Ich überlegte, wie Michaels Stasi-Analogie zu verstehen war. Es gab da die alte Internet-Weisheit, dass man zwangsläufig den Kürzeren zog, sobald man in einer Diskussion eine Analogie zum Nationalsozialismus anbrachte. Womöglich galt das Gleiche für die Staatssicherheit. Die sich Zugang zu den Wohnungen vermeintlicher Staatsfeinde verschafft hatte, diese im Schlaf radioaktiven Stoffen aussetzte, um sie anhand der Strahlung besser verfolgen zu können. Agenten liefen mit Geigerzählern durch Menschenmassen hinter ihnen her. Zahlreiche vermeintliche Staatsfeinde starben während des Stasi-Regimes an auffälligen Krebserkrankungen.

Aber der Staatssicherheit ging es nicht nur um das Zufügen physischer Qualen. Ihr Hauptanliegen war, das differenzierteste Überwachungssystem in der Geschichte der Menschheit zu etablieren. Sich diesen Aspekt unter der Maßgabe anzuschauen, dass er uns womöglich etwas über unser eigenes Überwachungssystem der sozialen Netzwerke lehren würde, schien daher nicht zu weit hergeholt.

In ihrer bahnbrechenden Geschichte der Staatssicherheit – *Stasiland* – interviewt Anna Funder eine Frau namens Julia, die eines Tages zur Befragung einbestellt worden war. Die Stasi hatte Liebesbriefe zwischen ihr und ihrem Freund aus dem Westen abgefangen. Sie lagen im Verhörzimmer auf dem Schreibtisch des Offiziers.

> Es gab einen Stapel Briefe von ihr an den Italiener. Und es gab einen Stapel Briefe von ihm an sie. Dieser Mann wusste alles. Er wusste, wann sie Zweifel hatte, wusste,

durch welches Süßholzraspeln sie sich beschwichtigen ließ. Er kannte das darin offenbarte Verlangen des italienischen Freundes und seine Fantasien über das weit entfernte Mädchen.

Julia gab gegenüber Anna Funder an, durch den Vorfall »bestimmt psychisch geschädigt« worden zu sein – durch die Art und Weise, wie der Beamte vor ihren Augen in den Briefen gelesen und diese kommentiert hatte. »Wahrscheinlich reagiere ich deshalb so heftig auf Annäherungsversuche von Männern und so. Ich empfinde sie als einen Eingriff in meine Intimsphäre.«

Anna Funder hatte *Stasiland* 2003 geschrieben – vierzehn Jahre nach dem Ende der Staatssicherheit und drei Jahre bevor Twitter erfunden wurde. Natürlich hatte kein lüsterner oder übertrieben strenger Bürokrat Justine Saccos private Gedanken abgefangen. Justine hatte sie selbst getweetet, allerdings in der fälschlichen Annahme – derselben, der auch ich mich eine Zeit lang hingegeben hatte – dass man bei Twitter problemlos Fremden die Wahrheit über sich erzählen konnte.

Doch wie man gesehen hatte, war hier ein idealistisches Experiment gründlich schiefgegangen.

Anna Funder hatte sich mit einem Führungsoffizier der Staatssicherheit getroffen. Gerade vor dem Hintergrund, dass die Bezahlung miserabel war und die Arbeitsbelastung ständig wuchs, weil der Katalog feindlicher Aktivitäten permanent erweitert wurde, wollte sie herausfinden, wie es ihm gelungen war, Menschen zum Mitmachen zu überreden.

»›Und warum haben sie es dann gemacht?‹«, hatte sie ihn gefragt.

»›Na ja, einige von ihnen waren von der Sache überzeugt‹, erzählt er. ›Aber ich glaube, viele taten es hauptsächlich deshalb, weil es ihnen das Gefühl gab: *Ich bin wer. Die anderen wissen nicht, was ich tue.* Da war jemand, der ihnen ein paar Stunden lang in der Woche zuhörte und Notizen machte. Dadurch hatten sie das Gefühl, anderen überlegen zu sein‹.«

Das über seine Informanten zu sagen, kam mir herablassend vor. Und das über Twitter-User zu sagen, wäre genauso herablassend. Gaben die sozialen Netzwerke doch jenen eine Stimme, die keine hatten –Egalitarimus zeigte sich hier in seiner schönsten Form. Doch der Bericht eines Stasi-Psychologen, den Anna Funder entdeckt hatte und der damit beauftragt worden war, herauszufinden, warum sie derart viele willige Informanten anzog, gab mir zu denken. Er hatte in seiner Schlussfolgerung »den Trieb« verantwortlich gemacht, »dafür zu sorgen, dass der Nachbar sich korrekt verhält«.

*

Im Oktober 2014 machte ich mich auf den Weg, um Lindsey Stone ein letztes Mal zu besuchen. Vier Monate waren vergangen, seit ich mit ihr oder Farukh gesprochen hatte – ich hatte sie nicht angerufen und sie mich nicht – und da sie sie ja nur mir zuliebe angenommen hatten, war ich nun fast davon überzeugt, dass das alles in meiner Abwesenheit womöglich einfach still und heimlich zur Ruhe gekommen war.

»Gott, nein«, sagte Lindsey. Wir saßen an ihrem Küchentisch. »Sie rufen mich jede Woche an. Wusstest du das nicht?«

»Nein«, sagte ich.

»Ich war der Meinung, ihr Jungs stündet permanent in Kontakt«, sagte sie.

Lindsey holte ihr Telefon hervor und scrollte die unzähligen E-Mails von Farukh durch. Sie las ein paar Blogeinträge vor, die sein Team für sie formuliert hatte, darüber, wie wichtig es auf Reisen sei, den Hotelsafe zu nutzen – »Bleibt wachsam, Reisefreunde!« – und dass man in Spanien unbedingt mal Tapas probieren solle.

Lindsey war alles zur Genehmigung vorgelegt worden und sie hatte nur in zwei Fällen nein gesagt, erzählte sie. Bei einem Blogeintrag darüber, wie sehr sie sich auf das kommende Jazzalbum von Lady Gaga freue (»Ich mag Lady Gaga, aber ihr Jazzalbum finde ich jetzt nicht so super«) und bei einem Tribut an Disneyland anlässlich des fünfzigjährigen Bestehens: »Herzlichen Glückwunsch, Disneyland! Dem glücklichsten Ort auf Erden!«

»Herzlichen Glückwunsch, Disneyland!« Lindsey wurde rot. »Ich würde niemals … Ich meine, ich hatte riesigen Spaß in Disneyland …«

»Wer hat das nicht?«, sagte ich.

»Und trotzdem …« Lindsey verstummte.

Nachdem wir beide über den Disneyland-Blogeintrag gelacht hatten, hörten wir auf zu lachen. Wir hatten ein schlechtes Gewissen.

»Sie geben sich solche Mühe«, sagte Lindsey.

»Und etwas anderes bleibt ihnen ja auch nicht«, sagte ich.

»Ja, klar«, sagte Lindsey. »Aber einer meiner Highschool-Freunde meinte schon: ›Ich hoffe, das bist immer noch *du*. Ich will, dass die Leute wissen, wie lustig du bist.‹ Aber das ängstigt mich. Nach allem, was passiert ist, was heißt da für mich schon lustig … ich will dieser Grenze nicht zu nahe kommen, geschweige denn sie überschreiten. Deshalb sage ich permanent: ›Ich weiß ja nicht, Farukh, was meinst du dazu?‹«

»Für mich begann diese Reise damit, dass meine Identität von einem Spambot gekapert wurde«, sagte ich. »Deine ist dir nun bereits zweimal von Fremden genommen wurden. Aber zumindest gehen sie dieses Mal nett damit um.«

Elf Monate lang hatte Lindsey ihren Namen nun nicht mehr gegoogelt. Das letzte Mal war ein Schock für sie gewesen. Es war am Veterans Day gewesen und sie war auf eine Reihe ehemaliger Army-Soldaten gestoßen, »die sich fragten, wo ich wohl sei, das aber nicht auf nette Art und Weise.«

»Sie dachten darüber nach, dich zu finden, um dich erneut zerstören zu können?«, fragte ich.

»Genau«, sagte sie.

Seit da hatte sie nicht mehr geschaut. Nun schluckte sie und begann zu tippen: L … I … N …

Lindsey schüttelte den Kopf, fassungslos. »Das ist überwältigend«, sagte sie.

Vor zwei Jahren hatte sich das Foto noch bis zum Google-Images-Horizont erstreckt – serielle Demütigung, lückenlos, »Seite um Seite um Seite«, sagte Lindsey, »unendlich reproduziert. Es war so übermächtig. So niederschmetternd.«

Und nun: verschwunden.

Nun ja – beinahe verschwunden jedenfalls. Hier und da fanden sich noch ein paar, vielleicht drei oder vier, daneben aber gab es jede Menge Bilder, auf denen Lindsey nichts Schlimmes tat. Nur lächelte. Zudem, was noch besser war, eine Menge Fotos *anderer* Lindsey Stones – Menschen, die gar nicht sie waren. Etwa einer Lindsey-Stone-Volleyballerin, oder eine Wettkampfschwimmerin namens Lindsey Stone. Die Schwimmerin war mitten in der Bewegung abgelichtet worden, nur Sekunden bevor sie 500-Yard-Freistil-Meisterin des New York State wurde. Die Bildunterschrift lautete: »Lindsey Stone hatte die richtige Taktik in petto und dann lief auch noch alles nach Plan.«

Eine völlig andere Person, die, da würde wohl jeder zustimmen, etwas Schönes und Löbliches tat. Ein besseres Ergebnis konnte man gar nicht erzielen.

15

SIE FAHREN JETZT …

Einen gewissen Einfluss auf das Rechtssystem haben wir immer gehabt. Seit 180 Jahren aber, seit Schandstock und Pranger verbannt sind, liegt es nun zum ersten Mal in unserer Macht, bei gewissen Strafen auch deren Härte zu bestimmen. Weshalb wir darüber nachdenken müssen, welches Maß an Erbarmungslosigkeit wir eigentlich selbst gut ertragen. Ich persönlich beteilige mich nicht mehr an ekstatischen öffentlichen Aburteilungen, es sei denn, der Betreffende hat sich eines Verbrechens schuldig gemacht, bei dem es tatsächlich Opfer zu beklagen gibt, aber auch dann nicht mehr so intensiv, wie ich vielleicht sollte. Der Spaß fehlt mir schon ein wenig. Das gleiche Gefühl hatte ich, als ich Vegetarier wurde. Ich vermisste das Steak, dann aber doch nicht so sehr wie eigentlich angenommen. Den Schlachthof aber konnte ich nicht länger ausblenden.

Immer wieder musste ich an etwas denken, das Michael Fertik im Village Pub in Woodside zu mir gesagt hatte. »Die größte Lüge überhaupt«, hatte er gesagt, »lautet: ›Im Internet geht es um dich‹.

Wir denken gern, wir hätten die Wahl oder Geschmack und würden uns unseren Content selbst suchen. Aber es geht im Internet nicht um uns. Es geht um die Firmen, die dort die Datenströme dominieren.«

Jetzt kam ich ins Grübeln. Verdiente Google womöglich an der Zerstörung Justine Saccos? Ließ sich dazu eine Summe errechnen? Um Antworten auf diese Fragen zu bekommen, nahm ich Kontakt zu dem Forscher und Zahlenfreak Solvey Krause auf und begann außerdem, Ökonomen, Analysten und Online-Werbestrategen anzuschreiben.

Einige Eckdaten standen fest. Im Dezember 2013, dem Monat von Justines Auslöschung, hatte es bei Google 12,2 Milliarden Suchanfragen gegeben – eine Zahl, die dafür sorgte, dass ich mir etwas weniger Sorgen darüber machte, dass im Google-Hauptquartier Menschen saßen, die über mich urteilten. Googles Werbeeinnahmen hatten sich in dem Monat auf 4,69 Milliarden Dollar belaufen. Was bedeutete, sie hatten pro Suchanfrage durchschnittlich 38 Cent verdient. Jedes Mal, wenn wir bei Google etwas eingaben: 38 Cents für Google. Unter diesen 12,2 Milliarden Suchanfragen jenes Dezembers waren 1,2 Millionen gewesen, die nach dem Namen Justine Sacco gesucht hatten. Das also hatte Google, überschlug man es einmal, auf einen Schlag 456 000 Dollar eingebracht.

Aber es wäre nicht akkurat, einfach jene 1,2 Millionen mit 38 Cents zu multiplizieren. Denn einige Suchbegriffe sind Google um einiges mehr wert als andere. Werbestrategen setzen auf »ertragstarke« Suchbegriffe wie »Coldplay«, »Schmuck« oder »Urlaub in Kenia«. Es ist sogar möglich, dass kein Werber sein Produkt je mit Justines Namen verlinkt hat. Was aber wiederum nicht heißt, Google hätte nicht doch an ihr verdient. Justine war bei Twitter Trending Topic Nr. 1 weltweit. Ihre Geschichte hatte an jenem Abend mehr User der sozialen Netzwerke in ihren Bann gezogen als jede andere. Und ich denke, sogar Leute, die sonst nicht auf Google gegangen wären, eine Ausnahme gemacht hatten, nur um nach ihr zu suchen. Sie hatte die Leute hineingezogen. Und als sie einmal angebissen hatten, hatten sich sicherlich auch einige entschieden, einen Kenia-Urlaub zu buchen oder ein Coldplay-Album herunterzuladen.

Ich bekam eine E-Mail von dem Wirtschaftswissenschaftler Jonathan Hersh. Er war mir von den Leuten sehr empfohlen worden, die *Freakonomics Radio* auf WNYC machten. Seine Nachricht hatte denselben Tenor: »Irgendetwas an der Geschichte fand bei den Leuten Widerhall, sodass sie ihren Namen praktisch googeln mussten. Und schon hatte man sie an der Angel. War das Interesse an Justine nun so groß, dass die Nutzer ihretwegen länger online blieben, als sie es sonst getan hätten, resultierte das unmittelbar in einem Anstieg der Werbeeinnahmen. Google folgt zwar dem informellen Motto »Tue nichts Böses«, aber wenn online etwas passiert, verdienen sie eben daran, auch an den schlechten Dingen.«

In Ermangelung genauerer Daten über Google, schrieb er, könne er natürlich nur eine Kalkulation der »Marke Briefumschlagrückseite« anbieten. Aber er hielte es für angemessen vorsichtig geschätzt – etwas zu vorsichtig vielleicht – Justines Wert (als »geringwertige Anfrage«) mit einem Viertel des veranschlagten Betrags zu taxieren. Was, sollte das stimmen, bedeutete, dass der Konzern an der Zerstörung von Justine Sacco 120 000 Dollar verdient hatte.

Vielleicht stimmte die Zahl. Vielleicht aber hatte Google auch mehr daran verdient, vielleicht weniger. Aber eine Sache stand fest: Diejenigen von uns, die die tatsächliche Hinrichtung betrieben hatten, wir hatten gar nichts bekommen. Wir waren unbezahlte Demütigungspraktikanten für Google gewesen.

*

Von Anfang an hatte ich zu verstehen versucht, warum – waren Gustave Le Bons und Philip Zimbardos Theorie der Viren, der Ansteckung und des Bösen doch ein für allemal vom Tisch – sich die öffentlichen Demütigungen im Netz derart erbarmungslos gestalteten. Jetzt glaubte ich, die Antwort zu kennen. Und fündig geworden war ich ausgerechnet in einem Artikel über ein Programm zur drastischen Verkehrsberuhigung in Kalifornien zu Beginn der 2000er Jahre. Die Geschichte des Journalisten Thomas Goetz hatte etwas herrlich Esoterisches. Er berichtet darin, wie in Garden Grove, Kalifornien, Autofahrer die Geschwindigkeitsbegrenzungen in Schulgebieten ignorierten und »mit depremierender Regelmäßigkeit Fahrradfahrer und Fußgänger« überfuhren. Also probierte man es mit einem Experiment. Und erprobte die sogenannten »Your Speed«-Schilder.

Thomas Goetz schrieb dazu:

> Die Schilder waren in verschiedener Hinsicht merkwürdig. Zunächst einmal sagten sie den Autofahrern nichts, was sie nicht bereits wussten – schließlich hat ja jedes Auto ein Tachometer. Wollte ein Fahrer also seine Geschwindigkeit ermitteln, reichte ein Blick aufs Armaturenbrett … zudem hatten die »Your Speed«-Schilder auch keinerlei strafrechtliche Konsequenzen – es stand kein Polizeibeamter daneben, der nur darauf wartete, Knöllchen zu verteilen. Damit widerlegte man ein jahrzehntealtes Dogma der Polizeiarbeit, wonach die meisten Menschen Geschwindigkeitsbegrenzungen nur dann einhielten, wenn sie sich über die negativen Konsequenzen bei der Übertretung im Klaren waren.
>
> Mit anderen Worten: die Stadtverwaltung in Garden Grove setzte darauf, dass, wenn man Rasern redundante Informationen gab und ihnen zudem nicht mit Konsequenzen drohte, sie das irgendwie dazu bewegen würde, etwas zu tun, wozu nur wenige von uns bereit sind: langsamer zu fahren.

Und die Leute fuhren tatsächlich langsamer. Zahllose weitere Tests kamen zum immer gleichen Ergebnis. Die Leute verlangsamten ihr Tempo im Durchschnitt um 14 Prozent. Außerdem hielten sie die verringerte Geschwindigkeit noch mehrere Kilometer weiter bei. Warum? Dieses Rätsel hat die letzten zehn Jahre Sozialpsychologen in seinen Bann gezogen. Ihre Schlussfolgerung lautet: Feedbackschleifen.

Feedbackschleifen also. Man verhält sich auf eine bestimme Weise (fährt 33 km/h in der Tempo-30-Zone). Man erhält ein sofortiges Feedback in Echtzeit (das Schild zeigt einem, dass man 33 fährt). Man entscheidet, ob man aufgrund des Feedbacks sein Verhalten ändern will oder nicht (man verringert die Geschwindigkeit auf 30 km/h.) Auch auf diese Entscheidung erhält man sofortiges Feedback (das Schild zeigt einem, dass man nun 30 km/h fährt. Einige gratulieren einem zusätzlich mittels eines blinkenden Smiley-Emoticons). Und

das alles passiert in Sekundenbruchteilen – in den paar Augenblicken, die es dauert, an dem »Your Speed«-Schild vorbeizufahren.

In Goetz' *Wired*-Artikel – »Harnessing the Power of Feedback Loops« – bezeichnet er diese als »überaus effektives Werkzeug, um Verhalten zu ändern«. Und auch ich bin sehr dafür, dass die Leute in Schulgebieten langsamer fahren. Aber vielleicht führen Feedbackschleifen auf andere Art und Weise auch zu einer Welt, von der wir bloß denken, wir hätten sie gern. Vielleicht nämlich verwandeln sie die sozialen Netzwerke auch – wie mir mein Freund, der Dokumentarfilmer Adam Curtis schrieb – in »eine gigantische Echokammer, in der alles, was wir glauben, ständig von Leuten beglaubigt wird, die ohnehin derselben Auffassung sind.«

Wir bringen zum Ausdruck, unserer Meinung nach sei Justine Sacco ein Monster. Umgehend gratuliert man uns dazu, praktisch Rosa Parks zu sein. Und ebenfalls in Sekundenbruchteilen entscheiden wir uns dazu, das auch weiterhin zu glauben.

»Die Technik-Utopisten, wie die Leute bei *Wired*, verkaufen uns das als eine neue Form von Demokratie«, so Adams E-Mail weiter. »Aber das ist es nicht. Es ist das Gegenteil davon. Es kerkert die Leute in der Welt ein, in der Welt, aus der sie kommen und verhindert, dass sie auch andere Dinge erfahren. Sie sind gefangen in einem System ewig bestärkender Feedbacks. Die Vorstellung, es gebe da vielleicht noch eine andere Welt, mit anderen Menschen, die andere Ideen haben, wird dabei in unser aller Leben marginalisiert.«

Ich selbst verwandelte mich gerade in einen solchen Menschen mit anderen Ideen. Ich verlieh der wenig populären Überzeugung Ausdruck, dass Justine Sacco kein Monster war. Ich war gespannt, ob ich dafür eine Flutwelle negativen Feedbacks bekommen würde und, sollte dem so sein, mich die Angst zurück an einen Ort katapultieren würde, wo man mir gratulierte und mich willkommen hieß.

»Feedback ist ein Konstruktionsprinzip«, endete Adams E-Mail. »Wie bei allen Bauvorhaben geht es im Kern stets darum, das, was man errichtet, möglichst stabil zu machen.«

Kurz nach Justine Saccos öffentlicher Bloßstellung unterhielt ich mich mit einem befreundeten Journalisten, der mir erzählte, ihm gingen ständig irgendwelche Witze, kleine Beobachtungen, potentiell riskante Dinge durch den Kopf, die er sich aber nicht mehr zu posten traue.

»Bei den sozialen Netzwerken habe ich plötzlich das Gefühl, um einen unberechenbaren, wütenden, unausgeglichenen Elternteil herumzuschleichen, der jeden Moment aus der Haut fahren könnte«, sagte er. »Das ist furchtbar.«

Er wolle nicht beim Namen genannt werden, fügte er hinzu, für den Fall, er trete da etwas los.

Wir halten uns zwar alle für unangepasst, aber mit all dem, so glaube ich, ebnen wir einem Zeitalter des Konformismus und Konservatismus den Weg.

»Schaut her!«, sagen wir. »WIR sind normal! DAS hier ist der Maßstab!«

Wir definieren die Grenzen dessen, was normal ist, indem wir jene Menschen zerstören, die sich außerhalb befinden.

NACHWORT

Die Originalausgabe *So You've Been Publicly Shamed* erschien im März 2015. Ein paar Monate zuvor hatte mir mein amerikanischer Verleger eine Dose mit Weihnachtsplätzchen geschickt, samt einer Karte, auf der stand: »Erhol dich gut. 2015 wird unruhig.« Ich erkundigte mich per Mail, was er meinte. Er schrieb zurück, einige Leute würden das Buch sicher hassen. »Ach, *hassen* wird es ganz sicher niemand«, dachte ich. »Wie auch? Ich habe ja *Recht*«.

Im Januar bot mir das Magazin der *New York Times* einen Vorabdruck an, und zwar der Passage, in der es im Wesentlichen um Justine Saccos Geschichte geht. Vierzehn Monate waren vergangen, seit Justine ihren AIDS-Tweet verschickt hatte, und in dieser Zeit hatte sie sich auch von den sozialen Netzwerken ferngehalten.

Justine und ich waren in Kontakt geblieben. Sie machte sich zunehmend Sorgen. Sie hatte gerade erst ihr Leben wieder in den Griff bekommen. Nach einem Jahr in der Wüste hatte sie einen neuen Job im Bereich Öffentlichkeitsarbeit und jetzt sollte all das schon wieder durcheinander gewürfelt werden?

»Ich wünschte, ich hätte mehr Weitblick gehabt, als ich dem Interview zustimmte«, schrieb sie mir. »Dass mir klar gewesen wäre, dass immer, wenn etwas über mich geschrieben wird, das reale Auswirkungen auf das bisschen Normalität hat, das ich mir erkämpft habe – und dass ich niemandem irgendetwas beweisen muss.«

Niemandem etwas beweisen müssen. Das erschien mir doch als ziemlich fundamentale Umkehr, ging es doch bei Twitter in erster Linie darum, dass alle sich ständig gegenseitig irgendetwas bewiesen. Exakt das hatte ja auch zum Ausbruch der Katastrophe geführt – Justine war durch Heathrow geschlendert, hatte die Zeit bis zum Abflug totgeschlagen und auf den Zuspruch ihrer 170 Follower für ihren Humor gehofft. Und hier hatte auch der Grund gelegen, warum alles derart außer Kontrolle geriet, während sie schlief. Tausende von Menschen fühlten sich gezwungen, sich selbst und anderen zu zeigen, dass ihnen die Menschen, die in Afrika an AIDS starben, nicht egal waren. Es war das Verlangen, Mitgefühl zu zeigen, das so viele Leute dazu gebracht hatte, die ach so wenig mitfühlende Tat zu begehen, eine schlafende Frau in einem Flugzeug in Stücke zu reißen, die nicht in der Lage war, ihren eigenen Witz zu erklären.

Der Auszug erschien in der *New York Times* am Morgen des 12. Februar. Ein paar Stunden später schrieb Justine mir: »Ich habe jede Menge Feedback bekommen, Leute, die ich gar nicht kenne, melden sich, weil sie hinter mir stehen, und beglückwünschen mich, wie ich das Debakel mit Würde genommen hätte. Danke Jon. Ich bin so froh, dass du meine Geschichte erzählt hast.« (Ich erwähne das nicht aus Gründen der Selbstbeweihräucherung, sondern weil es bei mir zu einer Einsicht führte – der nämlich, dass das Heilmittel bei Demütigung Empathie ist.)

Aber einen Einwand hatte sie dennoch. Online hatte die *Times* den Artikel so überschrieben: »Wie ein Tweet Justine Saccos Leben ruinierte«.

»Mein Leben ist nicht *ruiniert*«, schrieb sie. »Gerade meine Widerstandskraft macht mich zu der, die ich bin. Die Welt kann zwar versuchen, jemanden zu zerstören, aber nur die

Person selbst kann entscheiden, ob sie zerstört ist. Ich habe große Anstrengungen unternommen, um über die Sache hinwegzukommen. Ich bin mir selbst treu geblieben, und das hat mir durch die dunkelste Phase meines Lebens hindurchgeholfen. Die Leute sollen nicht denken, ich hinge in tiefsten Depressionen fest. Weil das einfach nicht stimmt.«

Die *Times* erklärte sich bereit, die Überschrift zu ändern. Sie lautete nun: »Wie ein Tweet Justine Saccos Leben für immer veränderte«.

Auch ich bekam am Erscheinungstag eine Menge E-Mails. Der Tenor war durchgehend positiv – einige Leute schrieben, sie hätten ihren Kindern die Geschichte geschickt, als Warnung, nichts zu tweeten, was man missverstehen könnte. Mir war klar, warum Eltern das taten, aber das war nicht die Botschaft, die ich hatte senden wollte. Falls hier jemand sein Verhalten ändern sollte, dachte ich, dann die, die das Bloßstellen betrieben. Justines Verbrechen war ein schlecht formulierter Witz gewesen, der sich über Privilegien lustig machte. Ihr die Schuld für die Katastrophe zu geben, hatte etwas von »Dann zieh halt keinen Minirock an«. Das war reine Täter-Opfer-Umkehr.

»Der Essay könnte einen Wendepunkt markieren«, schrieb Peter Bradshaw im *Guardian*. »Der Pranger namens Twitter erlaubt Leuten, die sich selbstgefälligerweise für im Grunde ziemlich nett halten, dem dunklen Kitzel des Mobbings zu frönen – für eine gerechte Sache. Vielleicht wird es Ronsons Artikel gelingen, diese Kultur der Ad-Hoc-Hexenprozesse auf Twitter einmal zu hinterfragen.«

Die Leute merkten offenbar – wie Meghan O'Gieblyn in der *Boston Review* schrieb – dass das, was Justine widerfahren war, nichts mit sozialer Gerechtigkeit zu tun hatte. Es sei eine Art »kathartischer Ersatz« dessen.

DEM GEWÜTE AUF TWITTER SOLLTE MAN EINHALT GEBIETEN – ABER JUSTINE SACCO IST DAS FALSCHE BEISPIEL

Warum Sacco – und warum jetzt? Warum nehmen wir ausgerechnet *ihre* Geschichte als abschreckendes Beispiel dafür, wie die sozialen Medien Karrieren zerstören können, als Fallstudie ungerechter Strafverfolgung und Mutmacher-Geschichte einer Rehabilitierung des eigenen Rufs und der Vergebung? Es gibt viel verletzlichere Menschen, die man im Kampf gegen Cybermobs und Online-Trolle aber vollständig im Stich gelassen hat. Sicherlich, in den Anfeindungen, die Sacco während ihrer kurzen Zeit im Rampenlicht hat über sich ergehen lassen müssen, spielte Frauenhass spürbar eine Rolle. Aber auch hier gilt: Andere Frauen hat es weit schlimmer getroffen. Um sich weiterhin publizistisch äußern zu können, nehmen feministische Autorinnen und Aktivistinnen wie Jessica Valenti angesichts permanenter Anfeindungen im Netz einen permanenten Kampf in Kauf. Und die Verletzlichkeit farbiger Frauen ist ungleich empörender: Bekannte Gelehrte wie Anthea Butler von der University of Pennsylvania sehen sich ständig mit rassistischen Belästigungen konfrontiert, nur weil sie ihre Meinung sagen.

Justine Sacco ist eine Sympathieträgerin, weil sie eine gebildete, relative wohlhabende weiße Frau um die dreißig ist. Dies korrespondiert auf einem ganz bestimmten Level mit einigen der finstersten rassistischen Narrative Amerikas, in denen die blonde Sacco als verletzlicher Archetyp fungiert – des Fräuleins, das vor dem tobenden Mob errettet werden muss.« (Patrick Blanchfield, *Washington Post,* 24. Februar 2015)

Ich hatte nicht über Justine geschrieben, weil ich mich mit ihr identifizierte, auch wenn ich das tatsächlich tat, sondern weil ich mich mit den Menschen identifizierte, die sie zerstörten. Ich bin jemand, dem soziale Gerechtigkeit wichtig ist. Es waren Leute wie ich, die ihre Macht missbrauchten, und das erzeugte bei mir ein wesentlich rätselhafteres Gefühl, als wenn irgendein Rassist oder frauenfeindlicher Troll auf jemanden losging. Außerdem interessierten mich Bloßstellungen durch die *Masse* – solche, die große, sehr verschiedene Gruppen vereinten. Anständige, schlaue Menschen erkennen den Bösewicht sofort, etwa wenn ein Frauenhasser eine feministische Autorin attackiert. Aber es waren anständige, schlaue Menschen gewesen, die Justine demontiert hatten. Sie war in den sozialen Medien auf die Rolle des Bösewichts festgelegt worden – und sie hatte kein Netzwerk von Unterstützern gehabt. Außerdem war sie unverhältnismäßig hart angegangen worden. Die Journalistin Helen Lewis, die mein Buch für den *New Statesman* rezensierte, schrieb, auch sie sei in jener Nacht auf Twitter gewesen:

> Ich hatte damals versucht, wenn auch vorsichtig, darauf hinzuweisen, dass der Tweet vielleicht gar nicht so schlimm war: zumindest sicher nicht schlimm genug, um damit die pausenlos eintreffenden Vergewaltigungs- und Todesdrohungen zu rechtfertigen. Andere Tweeter begannen mir vorzuwerfen, mich wie die prototypische weiße Mittelklasse-Feministin zu verhalten, die für eine einflussreiche PR-Chefin eintrat und gleichzeitig die Stimmen der geschädigten Schwarzen ignorierte. Und so tat ich etwas, wofür ich mich bis heute schäme. Ich schwieg und sah nur noch zu, wie Justine Saccos Leben auseinandergenommen wurde. (Helen Lewis, *New Statesman*, 11. März 2015)

Die Ächtung meiner Geschichte entwickelte sich zu Beginn noch zögernd, unsicher, so als warte man darauf, dass sich ein Konsens fand: »Der Artikel hat nur dafür gesorgt, sie zurück ins Rampenlicht zu befördern, während wir alle das längst vergessen hatten«, tweetete jemand. »Ihr Vater ist Milliardär«, schrieb ein anderer. »Allzu viele Sorge mache ich mir um sie nicht.« (Justines Vater ist kein Milliardär. Er verkauft Teppiche.) »Dieser Tweet hat nicht ihr Leben ruiniert«, fügte jemand hinzu. »Justine Sacco hat längst einen neuen Job. Lasst mich endlich damit in Frieden.«

»Nach einem *Jahr*«, dachte ich, als ich das las. »Nach einem *Jahr* hat sie endlich wieder einen richtigen Job.« Dafür, sich in einem Tweet umständlich ausgedrückt zu haben – so als hätte in irgendwelchen unbeholfenen Formulierungen der Schlüssel zu ihrem geheimen inneren Bösen gelegen – hatten nette Leute wie wir Justine praktisch ein volles Jahr aufgebrummt. Dass sie nach diesem Jahr durch ihre eigene Beharrlichkeit wieder auf die Beine gekommen war, wurde nun als Beweis dafür verwendet, dass ihre Bloßstellung von allem Anfang an keine sonderlich große Sache gewesen war.

Ich erinnerte mich daran, wie ich einmal in Schottland am Strand gewesen war und ein Schwarm Seeschwalben es auf mich abgesehen hatte. Eine Weile lang kreisten sie über mir, um mich dann im Sturzflug zu attackieren und nach meinem Kopf zu picken. Kreischend rannte ich zurück zur Straße, ruderte dabei mit den Armen in der Luft.

»Wahrscheinlich bist du ihren Nester zu nahe gekommen«, hatte meine Frau Elaine mir hinterhergerufen. »Du solltest auf ihre Nester achten.«

»Ich habe keine Ahnung, wo ihre Nester sind«, brüllte ich zurück.

Die anfängliche, zaghafte Ablehnung erinnerte mich an

die kreisenden Seeschwalben. Und dann setzten bereits die Sturzflug-Attacken ein: »Nach der Lektüre des Auszugs aus seinem Buch kann ich wohl mit Fug und Recht behaupten, @jonronson ist ein beschissener Rassist.«

Eine Gruppe von Chelsea-Fans war in der Pariser Metro gefilmt worden, wie sie einen schwarzen Mann aus dem Zug geworfen und gebrüllt hatten: »Wir sind Rassisten, wir sind Rassisten und so gefällt es uns.« Es war ein schockierendes, ekelhaftes Video.

»Vielleicht wird Jon Ronson sie ja unter seine Fittiche nehmen«, schrieb jemand.

Ich schrieb Justine eine E-Mail: »Ich bekomme eine Ahnung davon, wie es gewesen sein muss, du zu sein.«

»Tut mir echt leid, das mit den Todesdrohungen«, schrieb sie zurück. »Niemand sollte bedroht oder brutal beschimpft werden.«

»Nun, mich tatsächlich *umbringen* zu wollen, damit droht mir keiner«, antwortete ich. (Wie so häufig, war die Bandbreite der Beleidigungen gegen Justine weit größer als die, die sich gegen mich, einen Mann, richteten.)

Aber den meisten Lesern gefiel das Buch. Allerdings begann sich innerhalb einer Gruppe von Leuten, die es gar nicht gelesen hatten, eine Meinung herauszubilden und hartnäckig zu halten, es handele sich dabei um einen Angriff auf die soziale Gerechtigkeit, um eine Verteidigungsschrift weißer Privilegien. Indem ich mich gegen öffentliche Demütigungen im Netz aussprach, brächte ich marginalisierte Stimmen zum Verstummen – weil öffentliche Demütigung die einzige Zuflucht der an den Rand gedrängten sei, während die Welt Menschen wie Justine automatisch zum Erfolg verhelfe. Mir allerdings erschloss sich nicht, wie sich durch Justines Bloßstellung irgendetwas zum Besseren gewandt hatte, vor allem, weil ihr Witz ja eigentlich Rassimus hatte auf die Schippe nehmen wollen. Es passierten viele schlimme Dinge auf der Welt, und das, was ihr passiert war, gehörte für mich dazu.

Wie viele Leute das Buch auf diese Weise sahen, war mir nicht klar. Es war jedenfalls zermürbend und ich beschloss, mich dazu nicht zu äußern – obgleich es Dinge gab, die ich sagen *wollte*. Etwa, dass ich seit Jahren Geschichten über Machtmissbrauch schrieb. Solange die Menschen, die ihn betrieben, *die da oben* waren – sei es im Militär oder in der Pharmaindustrie – waren alle begeistert. Wenn ich über das Diagnosechaos im Bereich der psychiatrischen Medizin schrieb, über vierjährige amerikanische Kinder, die wegen ihrer Wutanfälle als bipolar diagnostiziert wurden, waren sich alle einig, wie schlimm das war. Sobald ich aber schrieb, dass *wir* es waren, die unsere Macht missbrauchten – andere aufgrund fadenscheiniger Indizien in Schubladen steckten – waren die Leute der Meinung, dass auch ich ein Rassist sein müsse.

Ich beschloss, es zu versuchen und die Leute zu ermutigen, das Buch tatsächlich zu lesen, also tweetete ich: »Die Geschichte über Justine Sacco in der *New York Times* ist übrigens kein für sich stehender Artikel. Es handelt sich dabei um den Auszug aus einem Buch.«

»Oh, *jetzt* soll es laut Ronson auf einmal ein Auszug aus einem Buch sein«, schrieb jemand.

Was hatte das zu bedeuten? Es war *immer* ein Auszug aus einem Buch gewesen. Dachte er, ich sei nach Hause gerannt und hätte schnell ein Buch geschrieben? Mir wurde klar, dass alles, was ich in diesem Augenblick dazu sagen würde, der Anklage als weiteres Beweismaterial dienen würde, also verlegte ich mich wieder aufs Schweigen.

»Warum antwortet Jon Ronson niemandem von uns?, tweetete jemand.

»Weil Jon Ronson nur Männern antwortet«, schrieb jemand anderes zurück.

Mir gefiel es, wenn die Leute mir lächerliche Dinge an den Kopf warfen, denn sie ließen mich gut dastehen, wenn ich anderen davon erzählte.

Ich bereute es nicht, Justines Geschichte aufgeschrieben zu haben. Was man mir im Grunde mitteilen wollte, war: »Es ist in Ordnung, über *all diese* geschädigten Leute zu schreiben, aber schreib nicht über *diese eine* geschädigte Person, weil wir dabei schlecht wegkommen.« Aber eine Geschädigte bleibt eine Geschädigte, auch wenn die, die dafür verantwortlich sind, sich bei der Sache weiß Gott nicht mit Ruhm bekleckert haben.

*

In Philadelphia kam es zu einem schweren Zugunglück. Der Zug war bei fast 170 km/h entgleist. Es hatte die Waggons zerrissen. Acht Menschen waren ums Leben gekommen, und mehr als zweihundert in Krankenhäusern versorgt worden, einige mit lebensgefährlichen Verletzungen.

»Wo man nur hinsah, überall lagen Zugteile«, berichtete eine Augenzeugin auf CNN. »Menschen versuchten herauszukriechen.«

»Über uns lagen zwei Leute in der Gepäckablage und baten um Hilfe beim Heruntersteigen«, sagte ein anderer.

»Es gab wahnsinnig viele Kopfverletzungen und blutige Gesichter«, so ein Dritter. »Und eine Menge Brüche – Arme, Schultern, alle möglichen Brüche«.

Eine Überlebende befreite sich aus den Trümmern und tweetete: »Danke, dass ihr meinen Zug habt entgleisen lassen. Kann ich bitte meine Violine aus Wagen zwei wiederkriegen?«

In den Anfangstagen war Twitter ein Ort der Neugier und Empathie gewesen. Damals hätten die Leute der Frau womöglich geantwortet: »Geht es Ihnen gut?« Oder: »Wie war das?« So aber antwortete man heutzutage nicht mehr auf Twitter oder Facebook. Sondern so: »Irgendsoeine verzogene Kackbratze heult wegen ihrer Geige rum, die in dem entgleisten Amtrak liegt. In dem Zug sind Menschen gestorben.« Oder: »Leider denken einfach zu viele Menschen an sich selbst und nicht an ihre Mitmenschen«. Und: »Was für eine Idiotin. Ich hoffe, die Geige ist zertrümmert«. Und: »Ich hoffe, jemand zerschmettert sie am Zug«. Und: »Scheiß auf die kleine Schlampe und ihre verdammte Geige. Würd ich sie zu fassen kriegen, würde ich ihr die Fresse polieren. Du mieses Drecksstück«. Und dann – nachdem sie ihr Twitter-Account gelöscht hatte: »Leider ist sie feige und hat ihr Konto gelöscht. Wie soll man ihr denn jetzt die Geige wiedergeben?« Und: »Ich hoffe, du musst die Geige unter den blutenden Menschen hervorziehen. Viel Glück!« Und: »Ich hoffe, sie ist kaputt«. Und: »Deine Geige kann man ersetzen. Die TOTEN bringt nichts mehr zurück.« Und: »Egoistenschlampe«. Und: »Die verdient keine Gnade. Was für eine kranke Schlampe. Ich hoffe, sie kriegt das Leben, dass so eine dreckige Mistkuh verdient«. Und: »8 Passagiere sind tot, sie aber lebt. Die Welt ist nicht gerecht.« Und: »Anspruchsdenken in Reinform«.

Wie Justine war auch sie gedemütigt worden, weil sie der allgemeinen Auffassung nach ihre Privilegiertheit missbraucht hatte. Und tatsächlich eignete sich der Missbrauch von Privilegien ja auch viel besser dazu, Menschen dranzukriegen, als jene Dinge, derentwegen wir sie früher an den Pranger gestellt hätten, etwa uneheliche Kinder zu haben. Also beschuldigten nun eine Menge Menschen, die gerade keinen Zugunfall überlebt hatten, eine Frau, die gerade einen

Zugunfall überlebt hatte, ihre Privilegiertheit ausgespielt zu haben. Die Phrase »Missbrauch von Privilegien« entwickelte sich zu einem Freifahrtsschein, so ziemlich jeden auseinanderzunehmen, der uns zwischen die Finger kam. Und während der Begriff seine Bedeutung verlor, verloren wir unsere Fähigkeit zur Empathie, ebenso wie die, überhaupt noch zwischen schwerwiegenden und nichtigen Vergehen unterscheiden zu können.

*

Ich besuchte ein Fernsehstudio in New York, um einen Trailer für das Buch zu drehen. Vor mir war eine Ärztin dran, die das Gleiche vorhatte.

»Worum geht es in Ihrem Buch?«, wollte sie wissen.

»Um öffentliches Bloßstellen im Internet«, antwortete ich ihr.

»Oh, haben Sie den Artikel in der *New York Times* gelesen?«, sagte sie.

»Ich habe ihn geschrieben«.

»Oh, dann freuen Sie sich sicher riesig, oder?«, sagte sie.

»Ehrlich gesagt, nicht so richtig«, sagte ich.

»Und wieso nicht?«, fragte sie.

»Wegen der Gegenreaktionen. Es gibt Leute, die mich als Rassisten beschimpfen«, sagte ich.

»Was also brauchen Sie?«, sagte sie.

Es entstand eine Pause.

»Xanax?«, sagte ich.

Sie holte ihren Block hervor und schrieb mir ein Rezept für sechzig Xanax. Angst hatte ich danach keine mehr. Aber ich fühlte mich schlapp. Ich musste also abwägen, ob ich mich lieber schlapp oder ängstlich fühlen wollte. Das erzählte ich bei anderer Gelegenheit dem Comedian Joe Rogan. »Willkommen in den USA«, antwortete er. »Das ist unser Dilemma. Schlapp oder ängstlich.«

*

Wie sich herausstellte, lag Peter Bradshaw mit seiner *Guardian*-Kolumne vollständig daneben. Meine Geschichte markierte keinen Wendepunkt. Die Bloßstellungskampagnen auf Twitter wurden nicht weniger. Sie nahmen rasant zu. Mit einigen der Gedemütigten fühlte man, so wie mit Justine oder der Geigenfrau, gleich mit. Ihnen war bloß irgendein blöder Fauxpas unterlaufen, dem Wissenschaftler Matt Taylor etwa, der eine Sonde 500 Millionen Kilometer weit gesteuert und sie dann auf einem Kometen gelandet hatte, dabei aber ein unangemessenes Hemd getragen hatte. Das Hemd – entworfen von einer Freundin – zierten Barbarella-artige Frauen in Unterwäsche. Der Zorn, der ihm in den sozialen Netzwerken entgegenschlug, war derart heftig – »Nein, nein Frauen sind absoooolut willkommen in unserem Bereich, da braucht ihr bloß den Typen in dem Hemd fragen«, und so weiter – dass er am folgenden Tag während einer Pressekonferenz in Tränen ausbrach.

Was die massive Geschlechterdifferenz in der Wissenschaft betraf, hatten die Tweeter natürlich Recht. Aber dennoch: Er hatte gerade eine Sonde auf einem Kometen gelandet – es war das erste Mal in der Menschheitsgeschichte, dass das jemandem gelungen war – und nun weinte er im Fernsehen. Tat er mir so leid, weil seine Verzweiflung so sichtbar war, sich direkt vor meinen Augen abspielte, während die Verzweiflung der Frauen, die in der Wissenschaft kein Bein an den Boden bekamen, subtiler war, systematischer und weniger schmalzig? Oder weil er ganz allein war – irgendein Idiot, der Prügel bezog im Rahmen eines Riesenthemas, das weit über seinen Einfluss hinausging? Vielleicht etwas von beidem.

Einigen Leute reichte seine tränenreiche Entschuldigung nicht aus. »Ich persönlich hoffe, dass sich Taylor eines Tages (wenn er etwas weniger zu tun hat) noch einmal ausführlicher zum Thema äußern wird und unter Beweis stellt, dass er versteht, warum das Hemd nicht in Ordnung war«, bloggte ein Wissenschaftsjournalist in der *Washington Post.*

Andere Leute hingegen hatten ihre Demütigung wesentlich mehr verdient. Der Zahnarzt Walter Palmer aus Minnesota etwa, dessen Jagdgesellschaft den allseits geliebten Löwen Cecil aus seinem Schutzgehege des Hwange National Parks in Zimbabwe gelockt, ihn mit Pfeil und Bogen beschossen und dann vierzig Stunden lang gejagt hatte, bevor sie ihn erschossen, das Fell abgezogen und den Kopf abgetrennt hatte. Die Details waren derart abstoßend, dass ein Aufschrei durch die sozialen Medien ging wie selten zuvor. Ich kenne drei Leute, die so angewidert waren, dass sie seine Adresse und Telefonnummer auf ihren Facebook-Seiten veröffentlichten. Einer von ihnen rief ihn mitten in der Nacht zuhause an, um ihn anzubrüllen. (Er war nicht da.) Am nächsten Tag berichteten alle übereinstimmend, wie schockiert sie gewesen waren, sich derart erbittert in diese neue Hetzjagd geworfen zu haben. Auch Mia Farrow – mit der ich mich ab und zu bei Twitter unterhalte – hatte die Adresse an ihre 654 000 Follower gepostet. Später tweetete sie mir: »Da bin ich wohl etwas zuweit gegangen.« Als Rache posteten andere wiederrum Mia Farrows Adresse. Und so weiter. Bei öffentlichen Bloßstellungen geht es immer um mehr als nur das eine Vergehen.

Ich bin mir sicher, Walter Palmers Bloßstellung hat andere Abendländler so geschockt, dass sie doch lieber keinen

Großwildjagd-Urlaub buchten, und das hatte sich wie ein Sieg angefühlt (ein nicht ganz ehrlicher allerdings, wurden zwischen 2011 und 2014 doch 100 000 Elefanten von Wilddieben getötet, die die sozialen Netzwerke aber nicht verfolgten, weil es eben nicht den Anschein machte, als hätten sie irgendwelche Privilegien missbraucht. Ich habe, nebenbei bemerkt, von Wilderrei keine Ahnung. Ich weiß das bloß alles, weil ich auf einer Website darüber las). Aber seine Bloßstellung war auf irritierende Weise barbarisch gewesen – auch in den Augen einiger, die sich selbst barbarisch verhalten hatten. (Zudem hatte er natürlich Angestellte, eine Familie – es gab also große Kollateralschäden.) Ich fühlte mich sehr an die Bloßstellung der ESPN-Reporterin Britt McHenry erinnert, die auf CCTV dabei erwischt worden war, eine Parkwächterin eiskalt herunterzumachen, nachdem man ihren Wagen abgeschleppt hatte: »Ich bin im Fernsehen und du sitzt in einem beschissenen Wohnwagen, Süße«, hatte sie zu der Frau gesagt. »Mir wird schon schlecht, nur hier zu stehen … Meinst du, als Uni-Abbrecher würde ich das machen, was ich jetzt mache? … Nimm mal ein bisschen ab, Mädchen …« Und so weiter. Auf Twitter hieß es dann: »Wow, je länger ich dieses #BrittMcHenry Video gucke um so mehr will ich ihr die beschissene Visage polieren. JEDE die sich so verhält = #FOTZE«. Und: »Wie wär's mit ein bisschen Niveau? #BrittMcHenry#Fotze«. Und: »Du niveaulose Fotze.« Und »Geh sterben.« Und so weiter.

Bloßstellungen wurden zur reflexhaften Antwort auf nahezu jedes Benehmen, das den Menschen nicht gefiel, und daher war es wohl unvermeidlich, dass es schließlich auch mich treffen würde.

*

Angedeutet hatte sich die Entwicklung bereits, als ich mich 2014 mit Mercedes Haefer, der Frau von 4chan, unterhalten hatte. Ich hatte sie gefragt, warum die Sprache so viel gewalttätiger war, wenn es um die Bloßstellungen von Frauen ging, als bei Männern. Sollte ein Mann gedemütigt werden, hieß es meist: »Ich werde dafür sorgen, dass du entlassen wirst«. Im Falle einer Frau aber: »Ich werde dich vergewaltigen.«

»Ja, das ist schon ein bisschen krass«, hatte Mercedes geantwortet. »Bei 4chan wird immer nach dem Schlimmstmöglichen gerufen. Aber ich glaube nicht, dass das eine Drohung war, die jemand tatsächlich wahrmachen wollte. Und die Verwendung des Wortes meinte in den meisten Fällen auch eher einfach »zerstören« als tatsächlich sexuell attackieren. Aber 4chan will natürlich die Zielperson degradieren. Und eine der schlimmsten Degradierungen für Frauen unserer Kultur ist natürlich die Vergewaltigung. Vergewaltigungen von Männern wird nicht verhandelt, ich glaube also, dass die meisten das nicht als männliche Degradierung begreifen. Bei Männern ist das Thema Kündigung. In unserer Gesellschaft müssen Männer einen Job haben. Wenn sie gefeuert werden, verlieren sie Männlichkeitspunkte. Bei Donglegate wurde der Mann sinnloserweise um seine Arbeitsstelle gebracht. Sie hat ihn also in seiner Männlichkeit degradiert. Und deshalb antwortete die Community, indem sie *sie* in ihrer Weiblichkeit degradierte.«

In den Tagen danach hatte ich viel darüber nachgedacht, was Mercedes gesagt hatte. Meine eigene Angst manifestierte sich nämlich in zweierlei Gestalt.

1. Wenn ich meine Familie telefonisch nicht erreiche, gehe ich davon aus, alle sind tot. Früher, als mein Sohn noch ein Kleinkind war, war ich überzeugt, dass meine Frau die Treppe heruntergestürzt war und sich das Genick gebro-

chen hatte, während mein Sohn – just in dem Moment, als das Telefon klingelte – die Hand ausstreckte, um nach dem kochendheißen Teekessel zu greifen. Eines Nachts – noch in der Prä-Mobilfunk-Zeit – hatte ich mich in einem Hotel in Washington, D. C., derart in die Sache hineingesteigert – Nachbarn, Polizei und Feuerwehr angerufen –, dass sich die Telefonrechnung auf 900 Dollar belaufen hatte. Irgendwann konsultierte ich dann den Hypnotiseur Paul McKenna, der mich heilte. Allerdings nur, was den Teil mit meiner Frau anging. Wenn ich sie jetzt mal nicht erreiche, ist das *in Ordnung*. Bei meinem Sohn allerdings … Er ist jetzt siebzehn. Ich habe die Twitterfeeds von allen Notfalldiensten in New York City abonniert, sodass ich, wenn ich aufwache und er nicht da ist und auch nicht ans Telefon geht, zumindest überprüfen kann, ob jemand, auf den die Beschreibung passt, umgebracht worden ist. Ich bin über alles Schlechte in New York bestens informiert – Schießereien, Messerattacken, Personenschäden infolge herabfallender Baumaterialien (was häufiger vorkommt, als man denkt. Der Kran, unter dem Sie hindurchlaufen werden, wenn sie später noch rausgehen – er könnten ihnen auf den Kopf fallen!).

2. Arbeit: Habe ich jemanden falsch zitiert? Stimmt etwas sachlich nicht? Habe ich mich missverständlich ausgedrückt? Einmal fragte ich Randy Newman danach, warum er Songs schreibe. Er sagte: »Um mich selbst daran zu messen und mich besser zu fühlen.« Mit meinem eigenen Schreiben geht es mir genauso. Und es hat eine praktische Seite: Könnte ich nicht arbeiten, wie sollte ich dann meine Familie ernähren? Was würde mit uns *passieren*? Und so weiter. Das sind die Gedanken, die auf mein Gehirn einstechen, wenn ich nachts aufwache.

Aber als mir Mercedes diese Dinge erzählte, verstand ich

plötzlich, wie glücklich ich mich schätzen konnte. Es gab bei mir bloß diese beiden Punkte. So weit, Angst vor einer Vergewaltigung zu haben, ging mein ängstliches Gehirn nicht. Ich habe noch nie Angst davor gehabt, was zweifellos auch daran liegt, dass ich ein Mann bin.

Und so schrieb ich ein paar Zeilen, die direkt auf Mercedes' Zitat folgen sollten:

> So hatte ich das noch nie betrachtet – dass Männer hinsichtlich einer möglichen Kündigung ähnliche Gefühle haben wie Frauen hinsichtlich einer Vergewaltigung. Ich wusste nicht, ob Mercedes Recht hatte, aber eines wusste ich: Ich selbst konnte mir kaum etwas Schlimmeres vorstellen, als gefeuert zu werden.

Ich war zufrieden mit dem Absatz. In wenigen Worten war es mir gelungen, meiner Meinung nach einige recht komplizierte Gedanken über mögliche Ängste zu vermitteln. Ich gab zu erkennen, mir meiner Privilegiertheit bewusst zu sein: Nicht die fürchterliche Angst mit mir herumschleppen zu müssen, möglicherweise eines Tages vergewaltigt zu werden. Aber das Buch war eben auch voller Menschen, denen gekündigt worden war, weil die sozialen Netzwerke das geradeheraus gefordert hatten. Es war gut, die Leute daran zu erinnern, dass das eine große Sache *war.* Es war keine Vergewaltigung, aber es war auch nicht nichts.

Im August 2014, sechs Monate vor Veröffentlichung des Buches, wurden unkorrigierte Fahnenabzüge hinaus in die Buchwelt geschickt. Dabei handelt es sich um Kopien einer frühen Version, die Meinungsmachern innerhalb der Buchbranche zur Verfügung gestellt werden. Sie sollen Buchhändler überzeugen, bei der kommenden Fensterdeko ein Plätzchen frei zu halten. Oder einem helfen, auf irgendeine Liste mit dem Titel »Bücher, die man 2015 nicht verpassen sollte« zu kommen. Vorne drauf stehen die Worte: »Bitte nicht zitieren«. Dafür gibt es einen guten Grund. Autoren nehmen häufig gern in letzter Minute noch Änderungen vor. Ich mache das ständig – noch bis kurz vor Drucklegung.

Im November leitete mir mein englischer Verleger dann folgende E-Mail weiter:

> Bei der Lektüre von Jon Ronsons neuem Buch, das Sie mir letzte Woche hatten zukommen lassen, bin ich auf eine Passage gestoßen (und einen bestimmten Absatz), der mich sehr schockiert hat:
>
> »So hatte ich das noch nie betrachtet – dass Männer hinsichtlich einer möglichen Kündigung ähnliche Gefühle haben wie Frauen hinsichtlich einer Vergewaltigung. Ich wusste nicht, ob Mercedes Recht hatte, aber eines wusste ich: Ich selbst konnte mir kaum etwas Schlimmeres vorstellen, als gefeuert zu werden.«
>
> Ich bin mir bewusst, dass es sich hier um eine unkorrigierte Fahne handelt, aber dieser Gedanke ist einfach vollständiger Irrsinn. Ich bin mir ziemlich sicher, dass Männer und Frauen hinsichtlich einer Vergewaltigung die gleichen Gefühle haben. Ein gewalttätiger Seelen/ Leben zerstörender Akt ist nicht mit dem Verlust des Arbeitsplatzes zu vergleichen. Dies zu erleben ist furchtbar, gerade wenn man eine Familie zu ernähren hat. Aber eine Vergewaltigung ist es nicht.

Ich las die Mail noch zweites Mal. »Niemand kann ernsthaft annehmen, ich würde suggerieren, gefeuert zu werden sei genauso *schlimm* wie eine Vergewaltigung«, dachte ich. Und *doch* dachte es jemand. Und Leser beunruhigen, das wollte ich keinesfalls. Ich zeigte meiner Freundin Starlee Kine die E-Mail.

»Streich den Satz«, sagte sie. »Die Leute könnten ihn missverstehen.«

»Niemand wird ihn missverstehen!«, sagte ich.

»Streich den Satz«.

Und ich strich ihn. So wurde er nie Teil des Buches.

Im März begab ich mich auf eine zweimonatige Lesereise. In London verglich ich auf dem Podium Twitter mit der Stasi, worauf sich jemand im Publikum lautstark mokierte. (Ich verstehe, warum. Das klang total überzogen. Aber nach wie vor bin ich davon überzeugt, dass der *eigentliche* Grund darin lag, dass der Mann die Sache nicht wirklich gründlich bedacht hatte. Denn wie Anna Funders Untersuchungen gezeigt hatten, konnte ja auch die Stasi auf jede Menge Freiwillige zurückgreifen, die das Verlangen antrieb, dafür zu sorgen, dass die Nachbarn sich auch korrekt verhielten.) Später, als ich Bücher signierte, erzählte mir eine Frau in der Schlange, sie sei Kinderpsychiaterin und beinahe jedes Kind, mit dem sie es zu tun habe, laboriere an etwas, das ihm in den sozialen Netzwerken passiert war.

In Norwich ging es in der anschließenden Diskussion unerwartet hoch her. Die erste Frage hatte gelautet: »Sie als Jude sollten lange und gründlich über Netanyahu nachdenken.« Der Satz kam aus heiterem Himmel, da ich während des Gesprächs überhaupt nichts über Netanyahu gesagt hatte. Außerdem war es ja auch mehr ein Statement als eine Frage. Zudem hatte Netanyahu überhaupt nichts mit mir zu tun. Die zweite Frage, eine Reaktion darauf, dass ich die Justine-Sacco-Geschichte rekonstruiert hatte, lautete: »Sind Sie ein Rassist?«

In Santa Cruz schüttelte eine ältere Frau in der ersten Reihe während der Lesung praktisch ununterbrochen energisch den Kopf. Als unsere Blicke sich trafen, intensivierte sie das Kopfschütteln sogar noch. Im anschließenden Gespräch sagte sie: »Wenn man mit dem Twitter-Spielzeug spielen will, ist man selbst schuld, wenn man sich die Finger verbrennt.«

Dabei ging es hier gar nicht nur um Twitter. Es ging um *uns*. Natürlich handelte die Geschichte auch von Twitter, davon, wie dieser mangelhafte Informationsaustauschdienst den Ton angab – so als ob die Mainstream-Medien, weil sie sich ihres Platzes in der Welt ohnehin nicht mehr sicher waren, sich von den sozialen Netzwerken sagen ließen, was sie zu denken hatten, um sich dann dienstbeflissen dahinter einzureihen. Die sozialen Netzwerke waren im gleichen Maße ein Spielzeug, wie die Tagespresse ein Spielzeug gewesen war. Und Justine hatte 170 Follower gehabt. Niemand hatte *je* auf ihre Tweets geantwortet. Sie war ein Comedian gewesen, der seine Witze in einem leeren Raum erzählt hatte. Niemals hätte sie vorausahnen können, was ihr widerfahren würde, als sie in diesem Flugzeug einschlief. So etwas hatte es zuvor noch nie gegeben.

(Aber ich hatte auch Spaß. In Toronto trat ich in der kanadischen Variante von *Loose Women* bzw. *The View* auf. Ich erzählte die Justine-Sacco-Geschichte. Als ich ihren AIDS-Tweet vorlas, schnappte das Publikum schockiert und wütend nach Luft.

»Alles in Ordnung«, erklärte ich. »Sie hat das nicht rassistisch gemeint.«

»Ah!«, antwortete das Publikum erleichtert.

»Wow«, dachte ich. »Der Mensch ist so *anpassungsfähig*. Ich sollte Sektenführer werden.«)

Vor meiner Lesung in Minneapolis fuhr ich wegen einer

Live-Schalte nach Madison, Wisconsin, zum öffentlich-rechtlichen Radiosender. Bevor wir auf Sendung gingen, waren es noch ein paar Sekunden, also schaute ich kurz bei Twitter vorbei. Was ich dort sah, war dies:

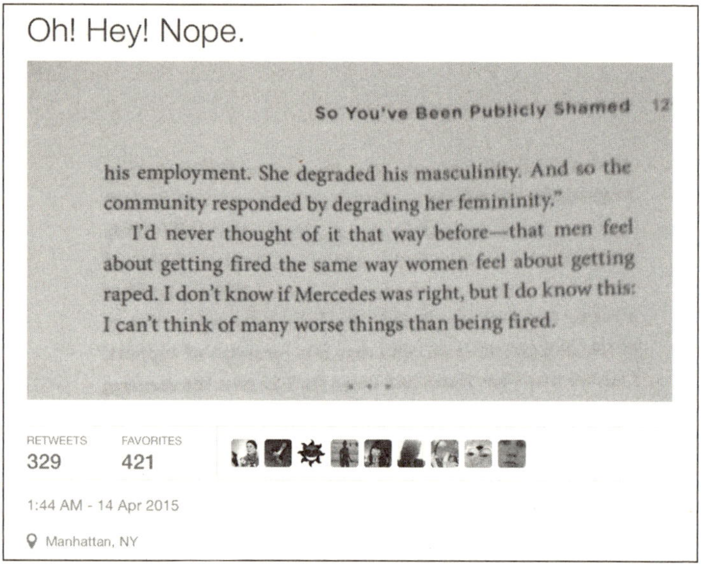

Der Tweeter war eine freie Journalistin aus New York.

»Sie hören Wisconsin Public Radio. In dieser Stunde haben wir hier Jon Ronson zu Gast …«

Unter dem Tweet tauchten erste Kommentare auf:

»OH MEIN GOTT«.

»Was zum Henker?«

»Was/Wer ist dieser Dreck?«

»Jon Ronsons neues Buch.«

»AHHHHHHHH«.

»WAS ZUM TEUFEL, WAS ZUM TEUFEL, WAS ZUM BESCHISSENEN TEUFEL«.

»Diese logischen Sprünge zwischen seinen Absätzen. Ich brech echt ab.«

»Man kann ihn flüstern hören: ›Soll ich das echt machen?‹«

»Ist fast so, als wolle er uns DAZU BRINGEN, ihn öffentlich zu demütigen.«

»Vielleicht IST das hier bereits seine Bloßstellung?«

»Ich hasse Männer. Sie werden uns nie verstehen.«

»OMG UND ES GIBT LEUTE, DIE FINDEN DAS BUCH AUCH NOCH SUPER OMG«.

»Scheiß auf den Typen. Scheiß auf den Typen. Scheiß auf den Typen. Scheiß auf den Typen.«

»Ihr wollt mich doch alle verarschen, oder?«

*

Schließlich wurde das Interview von einem Jazz-Intermezzo unterbrochen – das einzige Mal, dass ich während einer öffentlich-rechtlichen Radiosendung für ein Jazz-Intermezzo dankbar war – und ich tweetete der Journalistin: »Das ist nicht im Buch – sondern stand in den Fahnen, aus denen nicht zitiert werden sollte. Vielen Dank also dafür.«

»Vielen Dank dafür, es überhaupt geschrieben zu haben«, antwortete sie.

»Das hättest du nicht einmal denken sollen«, schrieb jemand anderes.

Aber dann geschah etwas, das Justine in der Nacht ihrer Bloßstellung nicht erlebt hatte. Ein Chor von Stimmen fing an, miteinander über die Zeile zu diskutieren. Einige ergriffen für mich Position. Andere kreisten über der freien Journalistin wie die Seeschwalben am Strand. Ich tweetete ihr und fragte sie, ob ich ihr wohl privat schreiben könne, um ihr zu erklären, wie ich die Zeile gemeint hatte. Sie willigte ein. Das tat ich also, fügte dann aber noch hinzu, ich hoffte, das sei so ok für sie und sie fühle sich nicht belagert. Sie antwortete mir nett. Dann begannen andere zu tweeten, mit meinen privaten Nachrichten betriebe ich bei ihr »Mansplaining«, also beendete ich das Ganze schnell wieder.

Reihum verhärteten sich die Positionen. Da ich mir im Leben nichts mehr wünsche, als dass Menschen auch *Einsicht zeigen* können, fand ich diese Sturheit ziemlich anstrengend. Meine Mini-Bloßstellung sorgte dafür, dass ich vor lauter Grübeln in meinem Hotelzimmer in Minneapolis eine schlaflose Nacht verbrachte. Und weil das Buch ja gerade untersuchte, wie sich Bloßstellungen auf die psychische Gesundheit eines Menschen auswirken konnten, tweetete ich am nächsten Morgen, selbst meine Mini-Bloßstellung habe bereits Auswirkungen gehabt.

»Hör auf zu heulen«, postete jemand.

Wie hatte Heather Mallik doch so treffend im *Toronto Star* angemerkt: »Auf Twitter hält man den Schmerz der Bloßgestellten oft für nicht der Rede wert, für beinahe lächerlich und oft genug gar für amüsant.«

*

> Zufälligerweise hat man sich nicht nur online schon einmal gegen mich zusammengerottet, ich bin auch schon von realen Männer-Gangs auf der Straße zusammengeschlagen worden. Die tatsächlichen Prügel sind – Überraschung! – um ein Vielfaches schlimmer.
>
> Aus den hier versammelten Geschichten geht unterschwellig und irgendwie zu wenig gründlich belegt hervor, dass, so qualvoll diese Erlebnisse auch sind, Männer sie häufig nahezu unbeschadet wegstecken … [Aber] Justine Sacco? Puh … (Choire Sicha, *The New York Times*, 19. April 2015)

Tatsächlich aber *ging* es Justine nun wieder gut. Vier Wochen später dann – Mitte Mai – wurde ein 47-jähriger israelischer Regierungsangestellter, ein Mann namens Ariel Runis, des Rassismus angeklagt. Eine Frau schwarzer Hautfarbe hatte in seiner Dienststelle in Tel Aviv versucht, ihren Pass zu verlängern. Wie sie später auf ihrer Facebook-Seite berichtete, hatte eine Beamtin ihr untersagt, sich in einer speziellen Schlange für Leute mit Kindern anzustellen. Weißen war das gestattet worden, ihr jedoch nicht. Also hatte sie sich bei Ariel Runis, dem Büroleiter, beschwert, der sie aber rüde abgewimmelt hatte.

»Ich berichtete ihm haarklein, was geschehen war«, schrieb sie, »und dass ich das Gefühl gehabt hätte, meiner Hautfarbe wegen benachteiligt worden zu sein. Ich erklärte ihm, dass mein Baby eine neue Windel bräuchte und mein Kleiner aufs Klo müsse und dass ich lediglich genauso behandelt werde wolle wie alle anderen Mütter, die in die Behörde kämen – mehr nicht. Allerdings auch nicht weniger.

Er erklärte mir, falls ich ihn der Diskriminierung beschuldige, solle ich ihm ›verdammt nochmal aus den Augen gehen‹. Das alles spielte sich in Anwesenheit Dutzender Leute ab. Ich gab mir wirklich Mühe, aber trotzdem kamen mir die Tränen, eine, zwei, die man sah, die anderen hielt ich zurück. Mein Sohn, der fünf ist, tröstete mich und wollte, dass wir gehen.«

Ihr Facebook-Post wurde 7000-mal geteilt.

Ariel Runis antwortete mit einem eigenen Post: »Bis vor zwei Tagen hatte mein Leben noch rosig ausgesehen«, schrieb er. »Aber jedes Mal [wenn der Facebook-Eintrag geteilt wird] ist es, als bohre sich eine Pfeilspitze in mein Fleisch. Mein ganzes Lebenswerk ist auf einen Schlag annulliert worden, hat sich durch die Wucht eines einziges Wortes in Luft aufgelöst. Jahrelang habe ich hart gearbeitet, um mir einen Namen zu machen, einen Namen, der nun als Synonym des abscheulichsten aller Worte verwendet wird – Rassismus. Dies ist von nun an mein Schicksal.«

Er schickte seine Nachricht ab. Dann schoss er sich in den Kopf. Sein Körper wurde ein paar Stunden später entdeckt.

> Als ich heute Morgen erwachte, erreichte mich die wohl schlimmste Nachricht meines Lebens. Von ganzem Herzen bedauere ich den Verlust eines Menschenlebens. Ich erlebe seit Jahren Diskriminierung in Israel. Dieses eine Mal habe ich nicht geschwiegen und dabei ist nun ein Mensch zu Schaden gekommen. Niemandem tut das mehr leid als mir selbst. Könnte ich es rückgängig machen, ich hätte auch dieses Mal geschwiegen. (Die Frau, die die Beschwerde ursprünglich vorgetragen hatte)

> Das Nachspiel war enttäuschend. Statt einen nüchternen Moment lang innezuhalten, um darüber nachzudenken, wie ernst das Problem öffentlicher Bloßstellung im Internet ist, richtete sich die machtvolle Waffe wie ein Bumerang wieder gegen die Frau, die anfänglich ihre Beschwerde dort gepostet hatte. (Allison Kaplan Sommer, *Haaretz*, 26. Mai 2015)

Frauen werden zweifellos auf wesentlich üblere Art und Weise beleidigt, als das bei Männern der Fall ist. Offenkundig aber hängt es nicht vom Geschlecht ab, wie man nach einer öffentlichen Demütigung in den sozialen Netzwerken zurück ins Leben findet. (Während ich das schreibe, wird berichtet, drei männliche Kunden der Seitensprung-Seite Ashley Madison hätten Selbstmord begangen, nachdem Hacker ihre Daten veröffentlicht hatten. »Lernt die Lektion und zahlt die Zeche«, hatten die Hacker geschrieben. »Jetzt ist es peinlich, aber ihr werdet darüber hinwegkommen.« Wenn Sie das hier lesen, wird es zweifellos weitere Selbstmorde gegeben haben, denn die Hacker veröffentlichten 34 Millionen Namen. Unser Motto schien mitunter zu lauten: Besser die Menschen bringen sich um, als wenn in den sozialen Netzwerken den ganzen Tag wieder nichts los ist.) Ein Mann, der ebenfalls öffentlich bloßgestellt worden war (den ich dann aber aus dem Buch herausgelassen hatte), hatte auf meine Frage, wie sich das angefühlt habe, einmal geantwortet: »Schlimmer, als von meinem Vater übel verhauen zu werden«.

»Zumindest«, meinte eine Freundin, »bekommen all die gedemütigten Männer jetzt mal eine Vorstellung davon, was *wir* jahrelang haben durchmachen müssen.« Weiße Männer wie ich würden nun Erfahrungen machen, die Frauen und Menschen anderer Hautfarbe seit langem bekannt waren: wie es sich anfühlte, als Objekt behandelt zu werden. (Was ja einen gewissen Fortschritt bedeutete, irgendwie.) Ich erinnerte mich an etwas, das Mike Daisey gesagt hatte: »Ich bin zuvor noch nie ein Hassobjekt gewesen. Das Schlimme ist nicht der Hass. Sondern ein Objekt zu sein.« Plötzlich verstand ich haargenau, was er gemeint hatte.

*

Während einige Leute mich fälschlicherweise auf die Rolle des Rassisten festlegten, der die Meinung vertrat, eine Vergewaltigung sei nicht schlimmer, als gefeuert zu werden, legte ich mich selbst irrigerweise auf die Rolle desjenigen fest, der sich in so ziemlich jede Bloßstellung einmischte und dabei eine Position einnahm, die meiner Intuition so überhaupt nicht mehr entsprach. Es begann also peinlich zu werden. Am 12. Juni dann las ich im *Guardian*:

BÜRGERRECHTLERIN RACHEL DOLEZAL GIBT SICH FÄLSCHLICHERWEISE ALS SCHWARZE AUS – BEHAUPTEN DIE ELTERN

Die biologischen Eltern der prominenten Bürgerrechtsaktivistin aus dem Staat Washington haben die Behauptung aufgestellt, sie habe sich entgegen ihrer »weißen« Herkunft als Schwarze ausgegeben.

Rachel Dolezal ist Wissenschaftlerin, Vorsitzende der Ombudsmann-Komission der Polizei in Spokane und Präsidentin der dortigen Abteilung der afroamerikanischen Bürgerrechtsorganisation NAACP.

(Jessic Elgot, *Guardian*, 12. Juni 2015)

Was für eine verrückte, außergewöhnliche Geschichte, dachte ich. Derart mysteriös und kompliziert. Was hatte sie dazu verleitet, sich als Schwarze auszugeben? Vielleicht litt sie an einer psychischen Erkrankung. Vielleicht aber auch nicht. Oder sie hatte zu Hautfarbe ein ähnliches Verhältnis wie einige Transgender-Menschen zu Genderfragen. Möglicherweise aber dachte sie überhaupt nicht so. Ich hatte jedenfalls tausende Fragen. Wie war ihr Familienleben gewesen? War sie eine gute Abteilungs-Präsidentin des NAACP? Wenn dem so war, war es überhaupt wichtig, dass sie ihr Schwarzsein nur gespielt hatte? Vielleicht war es das. Aber wie wichtig, wusste ich nicht. Die Lieblingsfrage aller Journalisten ist *Warum?*. Jedes *Warum* öffnet Türen zu anderen Welten.

»Wie mag man bei Twitter wohl darauf reagieren?«, dachte ich. Also schaute ich dort vorbei.

»#RachelDolezal man kann eine Kultur durchaus MÖGEN ohne sie sich gleich ANZUEIGNEN. Das nicht zu schnallen, macht dich zu einer rassistischen Idiotin«. Und: »#RachelDolezal hat ihr Leben lang Blackfacing betrieben, was ja wohl eindeutig rassistisch ist.« Und: »Wir sollten #Rachel-Dolezal superstarkes Anti-Locken-Shampoo auf den Kopf schütten & nicht auswaschen. Es soll sich durch ihren Schädel & ihr rassistisches Gehirn fressen«. Und: »Macht euch nichts vor: #RachelDolezal ist eine selbstfixierte, psychotische & soziopathische Rassistin«. Etc. Ich konnte all das nur noch schwer ertragen. Die sozialen Netzwerke boten uns die Möglichkeit, alles besser zu machen, statt aber einfach neugierig zu sein, ließen wir uns jedes Mal dazu hinreißen, kalt und hartherzig zu urteilen. An jenem Morgen wussten wir rein gar nichts über Rachel Dolezal. Vielleicht entsprach sie in allen Punkten dem Bild, das Twitter von ihr entwarf, was aber war so falsch daran, eine Weile auf Anhaltspunkte zu warten? Vielleicht las Rachel Dolezal alle diese Tweets und dachte darüber nach, sich umzubringen. Möglich war es. Es machte mich krank, wie wir permanent angeschlagene Menschen zu unseren Spielzeugen machten. Also twitterte ich: »Mir tut #RachelDolezal unfassbar leid, und ich hoffe, es geht ihr gut. Die Welt weiß sehr wenig über sie und ihre Motive.«

Zum Abendessen war ich verabredet. Am Tisch plauderte ich munter mit den anderen. Es war nett. Ich ging auf Twitter. Jemand bezeichnete mich als *White Supremacist*. Ich wandte mich wieder dem Tischgespräch zu. Alle waren freundlich. Wieder ging ich auf Twitter. Jemand, der vorgab, ich zu sein, hatte geschrieben: »Dylann Roof ist guut.« Dylan Roof war der Rassist, der in Charleston, South Carolina, neun Afroamerikaner getötet hatte.

Jemand belehrte mich, ich hätte kein Recht, mich in die Rachel-Dolezal-Geschichte einzumischen, da ich weiß und dies nicht meine Geschichte sei. Anders als sie, habe er keine Wahl schwarz oder weiß zu sein. Als schwarzer Mann würde er jedes Mal, wenn er die Straße entlangging, nach rassischen Kriterien beäugt. Er war richtig sauer auf mich. Ich erklärte meine Beweggründe – dass ich, nachdem ich dreißig Jahre lang über komplizierte, angeblich durchgedrehte Menschen geschrieben hatte, zu gewissen Überzeugungen gelangt war, wie man sie zu nehmen hatte. Aber er hatte Recht. Inmitten der sich verhärtenden Fronten war ich zu einer Karikatur geworden.

Ich beschwerte mich bei Twitter über den Mann, der unter meinem Namen den rassistischen Mörder von Charleston gelobt hatte. Twitter antwortete: »Dabei handelt es sich nicht um einen Verstoß gegen unsere Richtlinien zum Identitätsbetrug«. Ich spürte, wie Wut in mir aufstieg. Jemand tweetete: »Komischer Gedanke, dass etwas, das ich in dieses Kästchen tippe, mein Leben ruinieren könnte.« Twitter erschien mir plötzlich als unheilvolles Unternehmen – bedrohlich, ja sogar gefährlich.

Mein Freund, der Dokumentarfilmer Adam Curtis, schrieb mir per E-Mail: »Ich habe da diese perverse Theorie, dass in ungefähr zehn Jahren Bereiche des Internets aussehen werden wie ein John-Carpenter-Film – wo inmitten der Ruinen wildentschlossene Schlägerhorden hausen, alle mit ihren eigenen komplexen Codes und Regeln, und sich gegenseitig anschreien. Der Rest wird bereits in die Vororte des Internets geflohen sein, wo man sich weiterentwickeln und die Welt verändern kann. Ich glaube, in diesen Vororten liegt die aufregende, dynamische Zukunft des Internets. Aber um sie gestalten zu können, muss man die Kampftrolle hinter sich lassen.«

Ich hatte genug. Ich verließ Twitter.

Außerhalb von Twitter war die Welt GROSSARTIG. Ich las Bücher. Ich nahm mit Leuten, die ich aus dem echten Leben kannte, wieder Kontakt auf und traf mich persönlich mit ihnen auf einen Drink. Dann aber zog es mich zurück auf Twitter.

*

Jemand erklärte mir, ich hätte mir selbst einen Gefallen tun und mir eine Menge Kritik ersparen können, hätte ich mein Buch mit einem Regelwerk beendet, das klarstellte, wann öffentliches Bloßstellen in Ordnung war und wann nicht. Das hatte ich schon allein deshalb nicht in Erwägung gezogen, weil es viel zu sehr nach Lifestyle-Coach geklungen hätte. Außerdem schien mir die Sache doch ziemlich offensichtlich. 2014 und 2015 tauchten Videos auf – aus Staten Island, New York, Ferguson, Missouri, und Waller County, Texas – die Polizeigewalt gegenüber Menschen anderer Hautfarbe dokumentierten. Menschen kamen zu Tode: Eric Garner und Michael Brown und Sandra Bland. In McKinney, Texas, wurde ein Polizist gefilmt, wie er bei einer Poolparty gegenüber einer Gruppe unbewaffneter schwarzer Jugendlicher seine Waffe zog. Brutal schleuderte er ein Mädchen zu Boden und fixierte sie mit seinem Gewicht. Sie trug einen Bikini. »Ich will meine Mutter anrufen«, rief das verängstigte Mädchen.

Man musste nicht extra darauf hinweisen – vielleicht ja aber auch doch – dass dazwischen Welten lagen, die sozialen Netzwerke zur Verbreitung dieser Aufnahmen zu nutzen, oder dort eine Frau, die gerade eine Zugkatastrophe überlebt hatte, als privilegierte Schlampe zu titulieren, nur weil sie sich wünschte, ihre Geige möge heil geblieben sein. Das eine war ein einflussreicher und wichtiger Akt – man nutzte die sozialen Medien, um einen neuen Schauplatz im Kampf um Bürgerrechte zu erschaffen. Das andere bloßer Ersatz, vollkommen sinnlos und auf abstoßende Weise kathartisch.

Da es aber wir sind, die die Macht in Händen halten, ist es so unendlich wichtig, genau unterscheiden zu können. Natürlich wird es immer Leute geben, die genau zwischen den Stühlen landen werden. Das Mindeste, was wir für sie tun können, ist geduldig und neugierig zu sein, statt sie reflexhaft zu verurteilen. Und ertappen wir uns dabei, Menschen auf eine Weise zu demütigen, die ihr eigenes Vergehen bloß wiederholt, sollten bei uns alle Alarmglocken schrillen.

*

Vielleicht lassen sich die Menschen in zwei Kategorien einordnen. Da gibt es die, denen das menschliche Individuum wichtiger ist als jede Ideologie. Und dann jene, die Ideologie dem Individuum vorziehen. Mir ist das Individuum wichtiger, zurzeit aber machen die Ideologen Boden gut und bespielen eine Bühne künstlicher, hysterischer Dramen, auf der ein jeder entweder ein fantastischer Held oder übler Schurke ist. Wir können noch so gut und ethisch einwandfrei leben – ein schlecht formulierter Twittertweet kann all das vergessen machen, auch wenn wir eigentlich wissen, dass dies kein Bewertungskriterium für unsere Mitmenschen sein kann. Was für sie zutrifft, gilt auch für uns: Wir sind klug und dämlich zugleich. Wir alle sind Grauzonen.

Also: Auch wenn es ganz sicher unerfreulich für Sie wird, ergreifen Sie Partei, wann immer Sie Zeuge einer ungerechten oder fragwürdigen Bloßstellung werden. Ein Durcheinander sich widersprechender Stimmen – genau das bedeutet Demokratie.

Das Tolle an den sozialen Medien war, dass es denen ohne Mitspracherecht eine Stimme gab. Lassen wir nicht zu, dass daraus eine Welt wird, in der man am besten überlebt, indem man wieder in Schweigen verfällt.

BIBLIOGRAPHIE UND DANKSAGUNGEN

Ein Satz vielleicht zum Titel. Eine Weile sollte er schlicht *Shame* (Scham) lauten. Dann *Tarred and Feathered* (Geteert und gefedert). Es gab eine Menge Hin und Her. Für das Buch einen Titel zu finden, gestaltete sich überraschend schwierig, und ich glaube, ich weiß auch, wieso. Einer meiner Interviewpartner hatte mich darauf gebracht: »Scham ist eine extrem unberedete Emotion. Es ist etwas, worin man sich suhlt, nichts, worüber man schlau daherredet. Es ist ein derart tiefes, dunkles und fieses Etwas, für das man nur wenig Worte hat.«

Meine Begegnung mit den Spambot-Leuten hat Remy Lemont von Channel Flip gefilmt. Herzlichen Dank an ihn und Channel Flip und – wie immer – an meine Produzentin Lucy Greenwell. Greg Stekelman – einst besser bekannt als @themanwhofell – half mir, mich daran zu erinnern, wie Twitter, einst ein Ort unbefangener Ehrlichkeit, zu etwas wurde, das einem richtig Angst machen konnte. Greg ist nicht mehr bei Twitter. Sein letzter Tweet, gepostet am 10. Mai 2012, lautete: »Twitter ist kein Ort für menschliche Wesen«. Ziemlich pessimistisch, wie ich finde. Ich liebe es noch immer. Auch wenn ich selbst dort noch nie öffentlich gedemütigt worden bin. Was ihm aber auch nicht passiert war. Der Satz darüber, dass wir keine Verantwortung empfinden, während jemand am Pranger steht – »Die Schneeflocke muss sich ja auch nie für die ganze Lawine verantwortlich fühlen« – stammt von Jonathan Bullock. Dafür bedanke ich mich.

Die Geschichte, wie Michael Moynihan Jonah Lehrers Betrug aufdeckte, habe ich größtenteils anhand meiner Gespräche mit Michael rekonstruiert – Danke an ihn und seine Frau Joanna –, einige Hintergrundinformationen allerdings stammen aus »Michael C. Moynihan, The Guy Who Uncovered Jonah Lehrer's Fabrication Problem« von Foster Kamer, erschienen am 30. Juli 2012 im *New York Observer*.

Die Informationen über Stephen Glass stammen aus »No second chance for Stephen Glass: The long, strange downfall of a journalistic wunderkind« von Adam L. Penenberg, veröffentlicht am 27. Januar 2014 auf PandoDaily.com.

Den Bericht über Jonahs Reise nach St. Louis am Tag vor seinem Absturz habe ich Sarah J. F. Braleys Artikel »Jonah Lehrer Stumbles at MPI« entnommen, erschienen am 2. August 2012 auf meetings-conventions.com.

Während unseres Telefoninterviews hatte Jonah Lehrer ausführlich und ganz offiziell mit mir gesprochen. Erst später hatte er dann Bedenken geäußert, Teil des Buches zu werden, hatte gesagt, er wolle es seiner Frau und Familie ersparen, das alles erneut durchmachen zu müssen. Aber das, was er erlebt hat, war zu wichtig und zu öffentlich – und das, was man daraus alles lernen konnte, zu viel – als dass man es einfach hätte weglassen können.

Vielen Dank auch Jeff Bercovici vom *Forbes*-Magazin dafür, den Kontakt zu seiner Freundin Justine Sacco hergestellt zu haben.

Seit Jahren bereits dokumentiert der Rechtswissenschaftler Jonathan Turley das Leben und Wirken von Richter Ted Poe, seinem Erzfeind – in Artikeln wie etwa »Shame on You«, veröffentlicht in der *Washington Post* am 18. September 2005. Von Mike Hubacek und Kevin Tunell, die alkoholisiert Auto gefahren waren, erfuhr ich durch die Lektüre von »A Great Crime Deterrent« von Julia Duin, erschienen in *Insight on the News* vom 19. Oktober 1998, und »Kevin Tunell Is Paying $1 a Week for a Death He Caused and Finding the Price Unexpectedly High« von Bill Hewitt und Tom Nugent, erschienen in *People* am 16. April 1990.

Großen Spaß hatte ich bei der Rekonstruktion der massenpsychologischen Ideengeschichte von Gustave Le Bon bis zu Philip Zimbardo. Fünf Leute haben sich viel Zeit genommen und mir mit ihrer Expertise geholfen: Adam Curtis, Bob Nye, Steve Reicher, Alex Haslam und, ganz besonders, Clifford Stott. Er war so freundlich, mir in zwei langen Skype-Gesprächen haarklein die Risiken der Deindividuation zu erörtern. Ich empfehle sein Buch *Mad Mobs and Englishment? Myths and Realities of the 2011 Riots*, das er zusammen mit Steve Reicher verfasst hat und das 2011 bei Constable & Robinson erschienen ist.

Im Zuge meiner Recherche zur Geschichte von Le Bon stieß ich auf Bob Nyes Buch *The Origins of Crowd Psychology: Gustave Le Bon and the Crisis of Mass Democracy in the 3rd Republic,* 1975 bei Sage Publications verlegt, und auf sein Vorwort des 1995 bei Transaction Publishers erschienenen Nachdrucks der Dover-Ausgabe von Gustave Le Bons *The Crowd.* Einige Details über Le Bons Verhältnis zur anthropologischen Gesellschaft von Paris stammen aus *Nature and Nuture in French Social Sciences, 1859-1914 and Beyond* von Martin S. Staum, 2011 erschienen bei McGill-Queens University Press. Dass zu Le Bons Anhängern auch Goebbels und Mussolini gehörten, erfuhr ich durch die Lektüre von *Fascist Spectacle: The Aesthetics of Power in Mussolini's Italy* von Simonetta Falasca-Zamponi, 2011 bei California Press erschienen und von *The Third Reich: Politics and Propaganda* von David Welch, erschienen 2002 bei Routledge.

Durch meine Recherchen zu Philip Zimbardo stieß ich auf »Rethinking the Psychology of Tyranny: The BBC Prison Study« von Steven Reicher und Alex Haslam, 2006 veröffentlicht im *British Journal of Social Psychology* sowie auf Zimbardos Gegenschrift »On Rethinking the Psychology of Tyranny: The BBC Prison Study«, im selben Jahr am selben Ort erschienen.

Das Gary-Slutkin-Zitat, in dem er die Londoner Aufstände mit dem Ausbruch eines Virus vergleicht, stammt aus dem von ihm selbst verfassten Artikel »Rioting is a Disease Spread from Person to Person – the Key is to Stop the Infection«, am 13. August 2011 im *Observer* erschienen. Das Zitat von Jack Levin stammt aus »UK Riots: We Don't Want No Trouble. We Just Want A Job« von Shiv Malik, erschienen am 12. August 2011 im *Guardian.* Auf beide Geschichten gestoßen zu sein, verdanke ich Clifford Stotts Buch und seinen Hinweisen.

Mein Interview mit Malcolm Gladwell lief am 2. Oktober 2013 in der *Culture Show* des BBC. Mein Dank gilt der Sendeleiterin Colette Camden, der Produzentin der Reihe Emma Cahusac und der Redakteurin Janet Lee.

Auch wenn dieses Buch voller neuer Dinge ist, so habe ich doch einige Sätze bei mir selbst abgeschrieben, aus einer Kolumne und einem Feature für das *Guardian Weekend* Magazin. Dabei handelt es sich um Passagen aus der Geschichte, wie mein Sohn mich dazu zwang, nachzuspielen, wie ich den See gewurfen wurde, und aus meinen Interviews mit Mercedes Haefer von 4chan. Teile dieser Gespräche stammen aus dem Artikel »Security Alert«, der am 4. Mai 2013 im *Guardian* erschien. Mein Dank gilt hier Charlotte Northedge, die das Feature lektoriert hat.

Meine Informationen über Oswald Mosley und Diana Mitford stammen aus *The Mitfords: Letters between Six Sisters*, herausgegeben von Charlotte Mosley und 2007 bei 4th Estate veröffentlicht, und aus *Hurrah for the Blackshirts! Fascists and Fascism in Britain Between the Wars* von Martin Pugh, 2005 erschienen bei Jonathan Cape. Ich möchte mich zudem bei Jil Cove von der Cable Street Group bedanken, einem Geschichtsprojekt, das es sich zur Aufgabe gemacht hat, derjenigen zu gedenken, die gegen die British Union of Fascists aufgestanden waren. Biographisches über Max Mosley stammt zum einen aus seinem Interview mit John Humphrys in *On The Ropes* auf BBC4, gesendet am 1. März 2011, zum anderen aus »Max Mosley Fights Back« von Lucy Kellaway, erschienen am 4. Februar 2011 in der *Financial Times*. Als weitere Quelle diente mir Richter David Eadys Urteil vom 24. Juli 2008 im Verfahren Max Mosley gegen News Group Newspapers, das auch auf bbc.co.uk nachzulesen ist.

Im Falle des Selbstmords des walisischen Laienpredigers Arnold Lewis habe ich mich dreier Quellen bedient: *News of the World? Fake Sheikhs and Royal Trappings* von Peter Burden, 2009 bei Eye Books erschienen; *Tickle The Public: One Hundred Years of the Popular Press* von Matthew Engel, 1997 bei Phoenix erschienen; und Ian Cutlers im Selbstverlag publizierte Memoiren mit dem Titel *The Camera Assassin III: Confessions of a Gutter Photojournalist*, die man kostenlos auf seiner Homepage herunterladen kann – www.cameraassassin.co.uk.

Von David Buss – dem Autor von *The Murderer Next Door* – erfuhr ich zum ersten Mal in *Radiolab: The Bad Show*, die am 9. Januar 2012 auf WNYC lief. Ein Produzent der Sendung, Tim Howard, war derjenige, der für mich den Kontakt zu ihrem ehemaligen freien Mitarbeiter, Jonah Lehrer, herstellte. Auch dafür danke ich ihnen herzlich. *The Murderer Next Door* erschien 2005 bei Penguin.

Einige Hintergrundinformationen über den Zumba-Prostitutionsring in Kennebunk habe ich dem Artikel »Modern-Day-Puritans Wring Hands Over Madam's List Of Shame« von Patrik Jonsson entnommen, der am 13. Oktober 2012 im *Christian Science Monitor* erschien.

Jenen, die mehr über Larry Pages und Sergey Brins Zeit in Stanford erfahren wollen, empfehle ich »The Birth of Google« von John Batelle, erschienen August 2005 in *Wired*.

Meine einzige Quelle in Sachen Stasi war Anna Funders brillantes Buch *Stasiland: Stories from Behind the Berlin Wall*, 2003 bei Granta erschienen und 2011 bei Harper Perennial.

Bei meinen Recherchen zu Lindsay Armstrongs furchtbarer Geschichte stieß ich auf »She Couldn't Take Any More« von Kirsty Scott, erschienen am 2. August 2002 im *Guardian*. Ich danke Kirsty für den Artikel und ihre Hilfe den Kontakt zu Lindsays Mutter, Linda, herzustellen.

Das Foto von Lindsey Stone in Arlington auf Seite 216 hat Jamie Schuh gemacht.

Informationen zu Jim McGreeveys Biographie entnahm ich seinen Memoiren, *The Confessions*, die 2007 bei William Morrow Paperpacks erschien.

Die Rechte für die Aufnahme von Drumwacket auf Seite 251 liegen bei ClassicStock/Alamy.

Jenen, die mehr über das Walpole-Gefängnis während der 1970er Jahre erfahren wollen, lege ich *When Prisoners Ran Walpole: A True Story In The Movement For Prison Abolition* von Jamie Bissonette ans Herz (gemeinsam mit Ralph Hamm, Robert Dellelo und Edward Rodman), 2008 bei South End Press erschienen, ebenso wie James Gilligans *Violence: Reflections on a National Epidemic*, 1997 erschienen bei Vintage. 1981 schrieb Massachusetts State Senator Jack Backmann einen offenen Brief an Amnesty International, in dem er die Zustände in Walpole anprangerte. Einige Sätze daraus fanden in meiner Beschreibung des Lebens innerhalb des Gefängnisses Verwendung. Backmans früherem Assistenten S. Brian Wilson danke ich dafür, den Brief online zugänglich gemacht zu haben.

Zahllose Ökonomen, Journalisten und Werbefachleute waren mir netterweise dabei behilflich, zu verstehen, in welcher Weise Google womöglich von Justine Saccos Bloßstellung profitiert haben könnte. Ein herzlicher Dank dafür an alle: Chris Bannon, Aarti Shanhani, Jeremy Gin, Ruth Lewy, Solvej Krause, Rebecca Watson, Paul Zak, Darren Filson, Brian Lance, Jonathan Hersh, Alex Blumberg, Steve Henn und Zoe Chace.

Mein Dank gilt außerdem Thomas Goetz, der mir half, den Erfinder der »Your Speed«-Schilder ausfindig zu machen, außerdem Richard Drdul für die Erlaubnis, auf Seite 287 eines seiner Fotos verwenden zu dürfen.

Meine Frau Elaine war eine brillante frühe Leserin, genauso wie meine Lektoren Geoff Kloske bei Riverhead, Kris Doyle und Paul Baggaley bei Picador sowie Natasha Fairweather und Natasha Galloway bei A.P. Watt/United Artists. Sie haben mir ungemein geholfen, die richtige Form für dieses Buch zu finden, als wirklich Hilfe nötig war. Mein Dank gilt außerdem: Derek Johns, Sarah Thickett und Georgina Carrigan bei A.P. Watt/United Artists; Casey Blue James, Laura Perciasepe und Elizabeth Hohenadel bei Riverhead; Ira Glass, Julie Synder und Brian Reed bei *This American Life*; Jim Nelson und Brendan Vaughan bei *GQ*, Ashley Cataldo von der American Antiquarian Society; Toni Massaro von der University of Arizona und Dan Kahan in Yale. Darüber hinaus: Sarah Vowell, Jonathan Wakeham, Starlee Kine, Fenton Bailey, Geoff Lloyd, Emma-Lee Moss, Mike McCarthy, Marc Maron, Tim Minchin, Daniel und Paula Ronson, Leslie Hobbs, Brian Daniels, Barbara Ehrenreich, Marty Sheehan und Camilla Elworthy.

Mein größter Dank aber gebührt meinen Interviewpartnern, insbesondere Jonah Lehrer, Justine Sacco, Lindsey Stone, Hank, Adria Richards und Raquel. Diese Personen hatten bis dahin noch mit keinem Journalisten darüber gesprochen, was ihnen passiert war. Was ich von ihnen verlangte, war, einige der traumatischsten Momente ihres Lebens ein weiteres Mal zu durchleben. Bei einigen war viel Überzeugungsarbeit nötig, aber ich hoffe, dass alle der Meinung sind, es hat sich gelohnt.

Der Übersetzer dankt dem internationalen Schriftsteller- und Übersetzerhaus Ventspils / Lettland.

ZITIERTE QUELLEN

Funder, Anna: Stasiland. Aus dem Englischen von Harald Riemann. Europäische Verlagsanstalt, Hamburg, 2004.

Hawthorne, Nathaniel: Der scharlachrote Buchstabe. Übersetzt und herausgegeben von Jürgen Brôcan. Carl Hanser Verlag, München, 2014.

Le Bon, Gustave: Psychologie der Massen. Alfred Kröner Verlag, Stuttgart, 1973.

Le Bon, Gustave: »Recherches anatomiques et mathématiques sur les lois des variations du volume du cerveau et sur leurs relations avec l'intelligence«, zitiert nach Stephen Jay Gould: Der falsch vermessene Mensch. Aus dem Amerikanischen von Günter Seib. Birkhäuser Verlag, Basel, 1983.

Lehrer, Jonah: Imagine! Wie das kreative Gehirn funktioniert. Aus dem Englischen von Enrico Heinemann. C.H. Beck, München, 2014.

Shakespeare, William: Othello, der Mohr von Venedig. Übersetzt von Christoph Martin Wieland. Haffmanns Verlag, Zürich, 1995.

Zimbardo, Philip G.: Der Luzifer-Effekt. Die Macht der Umstände und die Psychologie des Bösen. Aus dem Englischen von Karsten Petersen. Spektrum, Heidelberg, 2008.

BILDNACHWEIS

S. 35: © Foto von Michael K. Wilkinson
S. 78: © Foto von @Zac_R
S. 122, 123, 140: © Foto von Adria Richards
S. 177: © Jon Ronson
S. 216, 221: © Foto von Jamie Schuh
S. 251: © Foto von ClassicStock/Alamy
S. 287: © Foto von Richard Drdul
S. 310: © Meredith Haggerty